LA

Caisse de Crédit Raiffeisen

LE

Raiffeisénisme en France et à l'Étranger

PAR

LOUIS FAGNEUX
DOCTEUR EN DROIT

PARIS
ALFRED LECLERC, EDITEUR
19 — Rue Monsieur-le-Prince — 19
1908

LA

Caisse de Crédit Raiffeisen

LE

Raiffeisénisme en France et à l'Étranger

PAR

Louis FAGNEUX
DOCTEUR EN DROIT

PARIS
ALFRED LECLERC, ÉDITEUR
19 — Rue Monsieur-le-Prince — 19

1908

A ma mère je dédie ce livre, le seul sans doute qui sortira jamais de ma plume, en témoignage de mon affection et de ma reconnaissance filiales.

Mais il serait ingrat d'oublier, et je n'en n'ai garde, celle qui, pour employer une expression imitée du langage juridique, m'a voué dès longtemps un amour quasi-maternel, car elle s'est, comme ma mère elle-même, intéressée à mes efforts et à mes travaux.

Enfin, dans cette page consacrée à la gratitude, je ne saurais négliger de remercier, comme ils le méritent, tous mes bienveillants informateurs français et étrangers. Ils sont trop nombreux pour que j'en cite ici les noms ; on les rencontrera dans le cours de l'ouvrage. Mais je veux dire combien j'ai vivement senti la haute bonté avec laquelle ils ont accueilli les questions d'un inconnu, jeune, sans mandat ni titre officiel et mis à sa disposition les documents précieux qu'une longue expérience du crédit populaire, une compétence reconnue de tous, une situation élevée dans les cadres de l'armée raiffeiséniste leur avaient permis de réunir. A chacun d'eux je considère comme un agréable devoir d'adresser l'hommage de ma profonde reconnaissance.

LA

CAISSE DE CRÉDIT RAIFFEISEN

LE

RAIFFEISÉNISME EN FRANCE ET A L'ÉTRANGER

INTRODUCTION

Notre dessein ne fut pas, en entreprenant un travail sur le Raiffeisénisme, de nous livrer à un historique complet et détaillé du système. Nous avons voulu, autant qu'il nous était possible, présenter comme un tableau d'ensemble de cette institution féconde, vieille de quarante-deux ans ; montrer, comme en un tryptique, sa naissance, les règles de son activité et son développement actuel dans les différentes contrées où elle a pénétré.

Les deux premières parties ont fait le sujet de bien des études, livres, articles, opuscules de toutes sortes et de toutes dimensions ; la troisième se rencontre moins souvent traitée. Sans doute les unions Raiffeisen dressent chaque année leurs statistiques, mais ces statistiques restent isolées ou sont tout au plus réunies par Etat. Suite de l'absence d'un office général chargé de colliger ces données, elles demeurent éparses aux quatre coins de l'Europe, peut-être conviendrait-il de dire aux quatre coins du monde, puisque des caisses rurales commencent à se fonder un peu partout dans l'empire colonial anglais. Tenter de les recueillir présente quelques obstacles : pertes de temps pour arriver à découvrir l'existence ou le siège de certaines fédérations, incertitude sur le point de savoir si telles ou telles doivent être considérées comme raiffeisénistes, gêne provenant de la diversité des langues, difficulté parfois de trouver des informateurs... Bref, l'enquête s'annonce à première vue longue, peu commode et sujette à l'erreur.

Est-ce à ces peu engageantes perspectives qu'il faut attribuer la rareté des ouvrages publiés sur l'universalité des caisses Raiffeisen ? Nous l'ignorons, mais en tout cas, nous n'en n'avons trouvé qu'un seul pour aborder cette étude, celui de M. l'abbé Trigant : *Les caisses rurales en Belgique et à l'étranger.* La très intéressante brochure de M. l'abbé Trigant parut en 1903, les statistiques qu'elle contient s'arrêtent donc au début de cette année et sont anciennes aujourd'hui. De plus, à l'époque même où elle vit le jour, elle était incomplète : ni l'Angleterre, ni certaines de ses possessions, ni la Hongrie, la Hollande, la Suisse, la Russie, la Bulgarie n'y sont mentionnées. Elles étaient déjà pourvues cependant de sociétés Raiffeisen.

Nous avons pour notre part essayé d'éviter toute lacune. Nous croyons avoir au moins réussi à obtenir des documents sur tous les pays où fonctionne notre institution. Si nous nous trompions, il faudrait l'attribuer à ces difficultés particulières d'investigation, auxquelles un peu plus haut nous avons fait allusion.

Première Partie

BIOGRAPHIE DE RAIFFEISEN

SOURCES : *Friedrich Wilhelm Raiffeisen und die nach ihm genannten ländlichen Darlehenskassen-Vereine* ; — par Adolphe Wuttig, 4e édition ; Nemvied, 1903. (Imprimerie Raiffeisen.)

Raiffeisens Leben. — Vortrag gehalten anf dem Rechnerkursus zu Cassel am 26 november 1902 ; Pfarrer A. Meyenschein.

Rapport de M. l'abbé Müller au Congrès Raiffeiséniste de Tarbes, séance du 24 août 1897 au soir. (Bulletin mensuel de l'union des caisses rurales et ouvrières à responsabilité illimitée. Lyon, 97, avenue de Saxe. N° d'octobre 1897.)

Frédéric Guillaume Raiffeisen naquit à Hamm sur la Sieg (province Rhénane), le 30 mars 1818. Son père, bourgmestre de la localité, mourut bientôt (1822), laissant sa femme veuve avec neuf enfants. La famille était trop nombreuse, les ressources trop modiques pour que Frédéric Guillaume, arrivé à l'âge d'acquérir des connaissances supérieures à celles qu'on recevait à l'école du village, fût mis au collège. Son instruction serait donc restée rudimentaire, si le pasteur Seippel, frappé de la précoce intelligence de l'enfant, n'avait consenti à lui consacrer ses loisirs trois années durant. Muni du bagage de science acquis près de ce maître, et que son amour passionné de l'étude avait augmenté, Raiffeisen entra à dix-sept ans comme aspirant officier dans l'artillerie de forteresse à Cologne.

Bientôt une grave maladie des yeux le forçait à quitter l'armée et à vingt-cinq ans, il débutait dans l'administration comme Kreissecretær du cercle de Mayen (1843). Deux ans après, on lui confia la mairie de Weyerbusch qui comprenait 25 communes.

C'est au cours de sa carrière administrative que Raiffeisen conçut l'idée des associations qui devaient le rendre célèbre et faire connaître son nom comme celui d'un des plus efficaces bienfaiteurs des populations rurales.

Dans les années dures aux pauvres gens de 1846 et 1847, il vit à la bourgmeisterei de Weyerbusch, comment usuriers, marchands de bestiaux et bouchers sans scrupules spéculaient pour leur plus grand profit, sur la misère des campagnards. Son cœur s'émut et il créa dans cette bourgade en 1847 une sorte de coopérative de consommation. — La fondation de Weyerbusch diffère totalement par son but même de la caisse ultérieure Raiffeisen. Aussi ne nous y attarderons-nous pas. Nous notons le fait, parce qu'il est la première manifestation publique de cet esprit charitable qui, dès son plus jeune âge, au dire d'un de ses amis d'enfance, existait chez cet homme prédestiné.

C'est seulement en décembre 1849, à Flammersfeld, où il avait été nommé l'année précédente que Raiffeisen établit, avec l'adhésion d'une soixantaine de membres, sa première caisse de prêts. Son titre exact était *Flammersfelder Hülfsverein zur Unterstüzung unbemittelter Land-*

wirthe. L'association limitait primitivement son activité à la réunion, au moyen d'une caisse d'épargne, de fonds qu'elle mettait ensuite à la disposition de ses membres pour l'achat de tête de bétail. Modeste début d'une grande et féconde initiative ! (1)

En 1852, Raiffeisen fut appelé à la bourgmeisterei d'Heddesdorf, faubourg de Neuwied, dont la circonscription comptait 9000 habitants. En 1854, il y fonda sur des bases analogues à celles du *Flammersfelder Hülfsverein* une société qui prit nom : *Heddesdorfer Wohlthätigskeitsverein*. Comme sa dénomination l'indique, c'était une association de bienfaisance. Elle s'occupait de crédit rural et d'achat, de bestiaux, mais elle visait aussi d'autres buts : éducation des enfants, placement des sans travail et création d'une bibliothèque populaire. Le jeune magistrat n'avait eu jusqu'alors en vue que des institutions de pure philanthropie, réunissant riches et pauvres, pour obtenir des premiers qu'ils voulussent bien secourir des seconds et en particulier leur accorder à bon compte l'argent dont ils pouvaient avoir besoin. Mais à Heddesdorf, il avait voulu faire trop beau et trop vaste. De nombreux obstacles surgirent et dix ans après, — dix années pendant lesquelles se précisa en son puissant cerveau la conception de la caisse rurale actuelle, — il modifia les statuts de son ins-

1. Raiffeisen eut-il seul l'idée du système qui porte son nom, ou bien connut-il d'abord les principes assez semblables de Schulze-Delitzsch ? Partisans de l'un et de l'autre ont soutenu vivement les deux opinions et la discussion paraît difficile à clore d'une manière définitive. La question en tout cas nous semble présenter un intérêt très relatif. Raiffeisen a fondé quoiqu'il en soit, un organisme économique puissant qui n'existait pas avant lui ; il su le rendre pratique et le faire admettre, en dépit de toutes les difficultés, par une foule de gens, dont le nombre atteste la bienfaisance de son œuvre. Cela suffit à sa gloire.

titution et en fit une caisse de prêts qu'il appela *Heddesdorfer Darlehenskassenverein.* Les membres de l'association adoptaient le principe de la responsabilité illimitée. La première vraie caisse Raiffeisen, non plus uniquement œuvre charitable, mais œuvre économique, était née. C'était en 1864.

Furieux de voir leur proie séculaire, le paysan, leur échapper, ceux auxquels profitait jadis sa gêne, s'efforcèrent de discréditer le système. La solidarité illimitée leur était un facile prétexte et ils en usèrent si bien que, malgré les efforts de Raiffeisen, il ne put fonder que quatre ans plus tard sa deuxième et sa troisième caisses rurales (1).

Notre intention n'est point de suivre pas à pas le développement de l'œuvre, ni de considérer par quelles séries de transformations passa la modeste caisse de prêts pour l'achat du bétail de Flammersfeld avant d'aboutir au plein épanouissement de l'idée qui y est contenue en germe. Le progrès fut lent, car il était peu commode de vaincre les défiances paysannes, mais il s'accomplit sans défaillance.

La maladie qui avait forcé Raiffeisen à quitter l'armée, l'obligea bientôt à abandonner l'administration. En 1865, une épidémie de fièvre typhoïde éclata dans son district. En allant visiter les malades, il contracta leur mal, s'en guérit, mais demeura affligé de fréquentes et terribles douleurs de tête. Il fut contraint de prendre sa retraite. Dès

1. Généralement même on donne la date de 1872. Celle de 1868 est cependant indiquée pour les caisses d'Asbach et d'Engers, dans la première statistique parue dans le « Genossenschaftsblatt » de Neuwied, (dirigé par Raiffeisen lui-même), en 1882, Ve année, n° 2.

lors, il s'adonna tout entier à son œuvre. Comme ses yeux presque aveugles lui refusaient leur service, sa fille Amélie faisait à haute voix ses lectures. Des amis dévoués, dont le pasteur Bungeroth (un de ses camarades d'enfance), enthousiasmés par la beauté de son institution, lui apportaient leur précieux concours. Et son existence s'écoulait, simple et laborieuse. L'homme qui maniait des millions de marks devait, pour subvenir aux besoins des siens, diriger un petit commerce de vins, puis plus tard gérer une assurance sur la vie. Et pourtant, malgré l'exiguité de son revenu, il trouvait moyen de prélever 8.500 marks pour soutenir ses caisses.

En 1870, Raiffeisen créa une imprimerie à Neuwied, pour faire paraître les brochures et publications concernant ses caisses, pour répondre aussi aux attaques passionnées dont elles étaient dès ce moment l'objet de la part de Schulze-Delitzsch et de ses fidèles.

Dès 1871, sa prévoyance apporta un complément indispensable à son organisation naissante. Des associations locales isolées pouvaient manquer de ressources, tandis que d'autres voisines regorgeraient de capitaux inutilisables. Il établit donc à Neuwied la *Rheinische Genossenschaftsbank*, « lieu d'égalisation », suivant sa propre expression, où l'argent disponible des caisses riches viendrait se mettre à la disposition des caisses pauvres. La base choisie était, comme pour les banques locales, la responsabilité illimitée. Mais cinq ans après, devant certaines objections juridiques, il transforma cette aïeule des caisses centrales en société par actions sous le nom de *Landwirthschaftliche Central Darlehenskasse* (1).

Mais Raiffeisen ne pensait pas encore avoir atteint la perfection de son œuvre. Malgré le lien de leur affiliation commune à la Caisse centrale, de leur similitude de statuts et de comptabilité, ses caisses demeuraient trop étrangères les unes aux autres. Il résolut de les unir de façon plus intime et fonda, toujours à Neuwied, *l'Anwaltschaft lændlicher Genossenschaften*, centre de conseil, de défense et d'inspection (2).

1. A la suite de la loi allemande du 1er juillet 1884, Raiffeisen apporta des modifications nouvelles à sa caisse centrale. Puis elle changea son nom à la mort de son fondateur par l'adjonction à son titre des mots : « für Deutschland ».

En 1897 (rapport de M. l'abbé Müller à Tarbes) elle comptait : 10 succursales, 9 sous-succursales, englobait 2.570 caisses et avait eu l'année précédente un chiffre d'affaires de 134.000.000 de marks. A l'heure actuelle elle a 12 succursales. Son mouvement de fonds atteignit en 1903 : 452.777.000 marks.

2. Malgré les avantages de l'association, certaines caisses, les plus anciennes surtout, n'acceptèrent pas sans difficulté leur incorporation à l'Anwaltschaft. Elles ne tardèrent point trop tout de même à y venir et à la mort de Raiffeisen (1888) l'union groupait 423 caisses. En février 1896, elle atteignait le chiffre de 2.000. (Landwirthschaftlicher Genossenschafts-Blatt, n° du 15 février 1896).

En 1897, elle comptait 45 unions régionales, 145 sous-unions et plus de 2.700 associations locales, (Rapport de l'abbé Müller à Tarbes), et en fin de 1905 : 4.522 sociétés adhérentes, dont 4.063 caisses de prêts, (« Reichsarbeitsblatt » publié par le « K. statistisches Amt de Berlin, no d'avril 1907 et dernier « Jahresbericht der Neuwieder Raiffeisen Organisation »). Il faudrait, d'après une lettre du 8 mai 1907 du « Generalverband » de Neuwied porter le chiffre de ces dernières à cette date à 4.159, avec en outre 652 sociétés d'industrie agricole, de vente, d'achat, etc.

Rattachée primitivement à la caisse centrale, l'union ne tarda pas à devenir, sous l'impulsion même de Raiffeisen, un organe complètement distinct. Le 9 février 1905, s'accomplit son alliance avec le « Reichsverband » de Darmstadt, fédération qui englobe une grande partie des associations agricoles de l'Empire. Les deux groupements avaient jusqu'alors été un peu rivaux et leur marche de concert ne pourra qu'imprimer un nouvel élan au mouvement coopératif rural en Allemagne.

L'union de Neuwied subsiste toujours cependant, mais ses caisses sont affiliées, en même temps qu'à elle-même, au « Reichsverband ». Son titre, depuis la réorganisation qui suivit la loi du 1er mai 1889, est devenu : « General Anwaltschaftsverband lændlicher Genossenschaften Raiffeisenscher Organisation », puis « Generalverband lændlicher Genossenschaften für Deutschland ».

Enfin, dès l'année 1878 commençait à paraître mensuellement la revue de l'œuvre, le *Genossenschaftsblatt*. — Cette fois, l'édifice raiffeiséniste était achevé ; restait à le meubler intérieurement de caisses sans cesse plus nombreuses : ce fut affaire de temps (1).

La direction des caisses existantes, leur propagation, la lutte contre leurs détracteurs, la création d'établissements nouveaux utiles à leur développement ne suffisaient pas à absorber l'inlassable activité de Raiffeisen : il publia plusieurs ouvrages. Presque tous sont introuvables aujourd'hui, tant à la librairie de Neuwied qui les édita, que dans les bibliothèques publiques. Le principal : *Die Darlehenskassen-Vereine als Mittel zur Abhilfe der Noth der lændlichen Bevœlkerung*, contient l'exposé de la doctrine du maître. Les règles de détail à suivre dans les caisses sont expliquées dans l'*Anleitung zur Geschæfts-und Buchführung der Spar-und Darlehenskassenvereine* (2).

1. Raiffeisen fonda encore avec son ami le docteur Fassbender, mais en rapport peu direct avec ses caisses, l' « Handelsfirma Raiffeisen und Konsorten (1881). Il avait été frappé de la cherté des objets de première nécessité et de l'absence de vergogne avec laquelle les détaillants exploitaient souvent leurs petits clients. Son but était de procurer à ceux-ci des denrées à bon compte. Le seul lien rattachant les caisses à la maison de commerce était le suivant : les bénéfices retirés de celle-ci dévaient être affectés au paiement des frais généraux de l' « Anwaltschaft ». En 1882, Fassbender se retira. Jusqu'en 1888, l' « Handelsfirma » se contenta de mettre en rapport les caisses rurales avec des fournisseurs raisonnables et de tâcher d'obtenir de ceux-ci des conditions avantageuses. A partir de cette époque, elle vendit elle-même, atteignant chaque année un chiffre d'opérations de plusieurs millions de marks.

2. Le premier de ces livres, dont la dernière édition remonte à 1880, se rencontre à la bibliothèque de l'université de Strasbourg ; le second à la bibliothèque du musée social à Paris.

D'autres parurent encore, mais la librairie Raiffeisen de même que le « Generalverband » auxquels nous nous sommes adressés, ont négligé dans leurs réponses de nous en énumérer la liste comme nous l'avions demandé. Voici encore un titre que nous avons rencontré dans nos recherches (nous ne sommes pas certain de le donner complet) : « Kurze Anleitung ». Il date de 1885 et prêche la nécessité de l'union.

La prospérité des caisses rurales et les services rendus par elles n'empêchaient pas les critiques de s'aiguiser, les envies et les haines de se déchaîner.

Nous avons vu que les usuriers des campagnes s'acharnaient contre elles. Mais un homme qu'on ne se fût pas atentdu à trouver en semblable compagnie, puisque lui-même fondait des banques populaires, Schulze-Delitzsch (1), conduisait à la tête de ses partisans un furieux assaut contre l'institution nouvelle. Nous ne parlerons ici que des attaques dirigées contre Raiffeisen personnellement, nous réservant de revenir sur les objections aux principes dans un autre chapitre. N'alla-t-on pas jusqu'à essayer de jeter un discrédit calomnieux sur cet homme, qui vivait dans la plus stricte simplicité, dans la gêne presque, dont le

1. Rivalité jalouse, plutôt que conviction sérieuse sans doute, puisque, jusqu'en 1870, Schulze-Delitzsch fut l'ami de Raiffeisen et ne s'avisa point d'attaquer ses principes. Il ne faut pas oublier du reste, que Schulze, homme politique et même plus tard député au Reichstag, prenait place parmi les libéraux allemands, c'est-à-dire était violemment hostile aux principes chrétiens sur lesquels Raiffeisen prétendait asseoir son œuvre.

Elevé dans le protestantisme, puis converti au catholicisme, celui-ci fut toujours en effet foncièrement religieux. Il suffirait pour s'en convaincre, de se souvenir du jugement formulé par lui-même sur son œuvre : « C'est l'esprit du devoir chrétien s'opposant au matérialisme de l'époque. La foi et la charité doivent guider nos opérations. Si chez nous on venait à dévier de l'esprit chrétien, nous nous serions donné de la peine en vain ; nos institutions tomberaient au rang des banques ordinaires et ne dureraient pas. » Et au congrès de Bonn qu'il présida en 1887 : « L'égoïsme de nos temps modernes ne connaît que l'amour du gain ; nos associations doivent s'élever contre cet égoïsme païen. » (Voir aussi des inscriptions de sens analogue écrites et signées de la main de Raiffeisen sur la première page des registres des groupes de Haute et de Basse-Alsace le jour de leur installation à Strasbourg).

Presque partout, les caisses Raiffeisen sont, sur ce point comme sur les autres, restées imbues des idées de leur fondateur, non qu'elles soient d'ordinaire des associations confessionnelles excluant tout membre qui n'est ni catholique, ni protestant pratiquant, mais elles conservent l'esprit chrétien, moralisateur et désintéressé. Et cela, à elles aussi, a valu plus d'un détracteur.

repas se composa souvent, au dire de sa fille, de pain et de pommes de terre ! En 1874, un odieux complot se trama même contre lui, et il ne dut de n'être pas jeté à la porte de son œuvre, qu'à l'appui de l'association agricole de Bonn d'abord, puis, lorsqu'elle l'eut abandonné, à l'intervention du ministère de l'agriculture prussien.

Cependant, de précieuses compensations à ces ennuis étaient offertes à Raiffeisen. Il avait la satisfaction de voir ses caisses se multiplier et porter leurs fruits bienfaisants et il obtenait les plus hautes marques d'estime. Le 22 août 1882 notamment, vint une lettre de l'empereur Guillaume Ier, accompagnée d'un don de 30.000 marks pour la Caisse Centrale et contresignée par le prince de Wied et les ministres d'Etat, où « les mérites du fondateur et président des Caisses de prêts, le bourgmestre Raiffeisen, » recevaient « l'expression de la plus haute (allerhœchst) reconnaissance. (1) » Sans doute, le citoyen allemand fut fier de la faveur de son souverain, mais sa modestie ne s'en trouva point ébranlée et il continua de se dévouer à son œuvre sans souci des honneurs, ni des charges publiques.

Le 11 mars 1888, âgé d'un peu moins de soixante-dix ans, Raiffeisen, le « Vater Raiffeisen », comme le nomment ses admirateurs Outre-Rhin, mourut, épuisé par une vie de travail et de dévouement incessants.

1. En mars 1890, Guillaume II, « en reconnaissance des efforts féconds (le texte porte : segensreiche,) du « Neuwieder Anvaltschaftsverband der Raiffeisenschen Darlehenskassen », « envoyait à celui-ci un Gnadengeschenk » de 20.000 marks, et le 10 juillet 1902, jour de l'inauguration de la statue de Raiffeisen à Neuwied, un télégramme impérial apportait à l'union l'expression « de la très haute satisfaction de Sa Majesté, que le très méritant fondateur de sociétés coopératives rurales, Frédéric Guillaume Raiffeisen, ait un monument érigé... »

Deuxième Partie

LE RAIFFEISÉNISME

Sources générales pour cette partie :

Le crédit agricole en France et à l'étranger. — L. Durand, chez Chevalier-Marescq, Paris, 1891.

La caisse rurale, la caisse ouvrière, principes, méthodes et résultats. — L. Durand, 2e édition, Maison de la Bonne Presse, Paris, 1907.

Manuel pratique à l'usage des fondateurs et administrateurs de caisses rurales. — L. Durand, 6e édition, Maison de la Bonne Presse, Paris, 1905.

Le crédit agricole. — Abbé Mellaerts, édition française, chez Oscar Schepens, Bruxelles.

Les principes fondamentaux du Raiffeisénisme. — Georges Malherbe, chez Oscar Schepens, Bruxelles, 1902.

Friedrich Wilhelm Raiffeisen und die nach ihm genannten lændlichen Darlehenskassen-Vereine. — Adolphe Wuttig, 4e édition, imprimerie Raiffeisen, Neuwied, 1903.

Die Raiffeisen Organisation. — Generalverband de Neuwied, 7e édition, imprimerie Raiffeisen, Neuwied, 1905.

Unbeschrænkte oder beschrænkte Haftpflicht ? — Albert Buchrucker, imprimerie Raiffeisen, Neuwied, 1905.

Entwickelung des landwirtschaftlichen Genossenschaftswesens in Deutschland. — Dr Frédéric Müller, chez A. Deichert, Leipzig, 1901.

Collection du *Bulletin mensuel de l'union des caisses rurales et ouvrières à responsabilité illimitée.* — Lyon, 97, avenue de Saxe,

Nota : Nous avons naturellement aussi tiré certaines indications pour cette partie, des documents que nous avions concernant le fonctionnement et les résultats des caisses Raiffeisen dans les différents pays. On en trouvera l'énumération à la IIIe partie de ce travail.

CHAPITRE PREMIER

Le Raiffeisénisme solution des nécessités du petit crédit rural (1).

SECTION I

ÉTUDE SOMMAIRE DU PETIT CRÉDIT RURAL

A. — Nécessité du crédit rural. — Ses caractères

Pour apprécier l'œuvre de Raiffeisen, il convient d'examiner de façon tout au moins sommaire, la situation à laquelle elle fut appelée à remédier dans l'esprit de son fondateur, la situation de l'habitant des campagnes, si

1. Le petit crédit, est en effet la raison d'être des caisses Raiffeisen. Nous ne disons pas que ce soit le seul qu'elles puissent jamais consentir ; mais c'est le seul auquel elles s'adonnent d'une façon normale. Créées dans des circonscriptions de faible étendue, d'où elles tirent à peu près tous leurs ds.épot elle n'ont pas d'ordinaire ceux-ci en abondance telle qu'elles puissent se livrer à des opérations très considérables.

Lorsqu'il s'agit de gros propriétaires ayant besoin de gros emprunts, (le montant des avances sollicitées va en général de pair avec l'étendue des exploitations), rien ne s'oppose à ce que ceux-ci s'adressent aux établissements spéciaux de crédit agricole, ou à leurs banquiers, s'ils ont du répondant. S'ils n'en n'ont pas, ils l'ont vraisemblablement dilapidé et la caisse rurale ne saurait prêter à des dissipateurs ou à des incapables. Elle borne donc son action aux humbles devant lesquels se ferment, comme nous l'expliquerons, es portes des banquiers et des particuliers.

souvent gêné par le manque de capitaux. L'indiquer c'est poser la donnée du problème. Nous le ferons dans ce chapitre, au cours duquel se dégageront les caractères nécessaires ou seulement souhaitables du crédit rural, du petit crédit surtout ; nous chercherons dans les suivants si une solution satisfaisante existait avant l'initiative raiffeiséniste ; si l'on doit justement proclamer que cette solution sinon parfaite, du moins aussi parfaite que possible, lui fut donnée par le philanthrope de Neuwied.

Que certaines avances soient nécessaires au cultivateur ou à l'éleveur (ce sont les professions rurales par excellence), cela est évident et il est à peine besoin de le signaler : avances pour les achats de semences, d'engrais, d'instruments aratoires, pour les travaux d'amélioration du sol, chez le cultivateur ; avances pour l'acquisition du bétail, sa nourriture, son entretien chez l'éleveur. Or, non seulement ces avances sont strictement indispensables, mais dans de certaines limites et dans des cas très fréquents, leur montant est en relation étroite avec l'importance de la récolte, le prix plus ou moins rémunérateur auquel sera vendu le bétail.

Davantage, si le cultivateur ou l'éleveur ont en caisse assez d'argent pour faire face aux dépenses indiquées, cela n'est pas encore suffisant : il leur faut une certaine somme excédente. Et il ne s'agit pas seulement ici de cette espèce de capital d'assurance contre l'imprévu : orage dévastant la récolte, épidémie frappant les animaux, maladie de l'homme lui-même ou de ses serviteurs, mais d'une somme nécessaire chaque année au moment de la moisson ou de la vente des bêtes, pour que leur propriétaire ne soit pas contraint de vendre tout de suite, à n'importe quel prix (1).

Les ruraux ont-ils ces avances dont nous venons de parler ? A aucune époque tous ne les ont eu. Mais à la nôtre en particulier, où le chapitre dépenses augmente sur tous les points et où celui recettes diminue au contraire (2), nombreux sont ceux qui ne les possèdent pas

1. Voici, à titre d'exemple, une constatation tirée du discours d'un professeur de sériciculture, M. Mozziconacci, directeur de la station expérimentale d'Alais : « Il est généralement admis dans les Cévennes que l'éducateur attend avec impatience sa récolte pour toucher l'argent nécessaire au paiement de certains arriérés et il est par cela même obligé de céder ses cocons aux prix offerts... » (Paroles prononcées au concours agricole d'Anduze, le 9 septembre 1906.)

Récemment, nous entendions nous-même un agriculteur se plaindre d'avoir dû vendre son foin alors que tous les greniers en regorgent et qu'il est à bon marché, pour faire face à une échéance pressante. « J'ai de la place dans mes granges, disait-il, j'aurais pu le conserver et le vendre plus cher, lorsque les fourrages seront rares ! »

On pourrait citer de tels faits par centaines.

2. Les dépenses de consommation augmentent. Il est en effet indéniable que l'habitude d'une nourriture plus recherchée, les besoins plus ou moins factices créés par les voyages facilités à la ville, le luxe plus grand de la toilette chez la femme et la fille du campagnard ont grevé de charges sans cesse croissantes les budgets villageois. Les impôts se sont alourdis. Les accidents du travail rendus plus nombreux par l'emploi des machines, pèsent aussi plus fort sur l'employeur. Les frais même nécessités par la mise en valeur de la terre ont monté. Une culture plus intensive oblige à de gros achats d'engrais ; la main-d'œuvre raréfiée par l'émigration des travailleurs vers les centres industriels et les fabriques, se paie plus cher. Voici un édifiant tableau comparatif des gages annuels moyens d'un valet de ferme en Allemagne, trouvé dans les livres de compte d'un vieux cultivateur. « Friedrich Wilhelm Raiffeisen », p. 10.

1855 : 70 marks ; 1865 : 100 marks ; 1875 : 180 marks ; 1885 : 255 marks ; 1890 ; 350 marks ; 1895 : 360 marks.

En France, d'après M. Durand, « étude sur le crédit agricole » dans le « Correspondant » du 10 février 1891, les salaires des ouvriers agricoles auraient doublé depuis 1850.

Par contre, la concurrence effrénée des pays neufs, favorisée par la réduction des frais de transport, a fait baisser les prix de vente dans de notables proportions. D'après M. Durand, loc. cit., de 1880 à 1891, le quintal de blé est tombé de 30 à 23 francs. Outre-Rhin, d'après les notes signalées plus haut, l'hectolitre de seigle valait :

24 marks 75 en 1855 ; 13,50 en 1865 ; 15 en 1875 ; 12 en 1885 ; 14,50 en 1890 ; 8,10 en 1895.

toujours et pour lesquels le recours au crédit est la planche de salut.

D'aucuns l'ont nié. Ils ont soutenu que le paysan avait d'ordinaire à sa disposition tous les fonds nécessaires. Voici ce qu'un économiste distingué, auteur d'un ouvrage apprécié sur le crédit agricole en France et à l'étranger, M. Louis Durand, leur répond dans le *Correspondant* du 10 juin 1893. « Nous avons dit la même chose autrefois ; mais en cherchant bien, en nous informant soigneusement, nous avons fini par apprendre que les meilleurs de nos fermiers, les plus riches cultivateurs de notre commune, empruntent chaque année des sommes plus ou moins importantes au taux de 10 0/0. Nous avons acquis la certitude que quiconque voudra faire les mêmes recherches sur n'importe quel point de la France, arrivera au même résultat... » La lettre de M. Mozziconacci citée dans une précédente note, est une preuve aussi de la nécessité pour beaucoup du crédit agricole. Enfin M. le comte de Rocquigny donne dans son livre *Les Syndicats agricoles et leur œuvre* une autre confirmation de ce fait, quand il écrit (p. 297) : « L'institution de crédit apparaît bien comme le complément nécessaire du syndicat. Si celui-ci conseille à ses membres une opération culturale ou leur offre par son intervention le moyen pratique de la traiter avantageusement, souvent le manque de ressources, un embarras, passager peut-être, les arrêtera... »

Le crédit sera donc utile à un grand nombre de ruraux (1).

---

1. On a parfois discuté l'utilité du crédit.
Sans nier que, pratiqué sagement, il soit susceptible de bons effets, on a prétendu qu'il en était trop rarement usé avec discernement

Mais comment au lieu d'être le chemin fatal de la ruine, (ainsi que la trop longue pratique d'un crédit vicié l'a généralement fait croire dans les campagnes), deviendra-t-il l'auxiliaire précieux d'un heureux enrichissement? A quelles conditions sera-t il profitable? Quels caractères devra-t-il présenter?

Les avances faites à la terre, dont nous avons parlé plus haut, les dépenses exigées par l'achat et l'entretien des bêtes ou du matériel de l'exploitation, les salaires du personnel, etc., peuvent rester longtemps, des mois, des années peut être, sans s'amortir. La première nécessité du crédit rural est en conséquence de pouvoir être à long terme.

Ce n'est pas la seule. Pour être recommandable, le prêt devra être accordé à un taux assez bas pour pouvoir être rémunérateur. Il est souhaitable même qu'il le soit au taux

---

pour pouvoir en recommander l'emploi. Contentons-nous de remarquer que de tels adversaires ne refusent pas de reconnaître son utilité, mais attaquent sa seule utilisation. Si donc une institution de crédit rural donne sur ce point toutes garanties, ils devront en bonne logique s'en déclarer partisans.

D'autres ont été plus radicaux. « Les sommes affectées à la culture, ont-ils dit, rapportent de faibles bénéfices. Les emprunter, c'est vouloir que les intérêts de l'emprunt absorbent tous les fruits retirés du travail et parfois même davantage. Le crédit est impossible en agriculture! » La discussion complète de cette objection nous entraînerait hors des limites restreintes que nous nous sommes imposé pour l'étude du crédit agricole. Aussi bien, cette opinion très superficielle repose sur une confusion. — Prenons un exemple. S'il est admis qu'un hectare de terre évalué 1.000 francs rapporte 33 francs par an à son propriétaire en revenu net dans un certain pays, et si les frais de culture se montent annuellement à 100 francs par hectare, on ne saurait nullement conclure que lesdits 100 francs rapportent 3 francs au cultivateur. Que celui-ci n'ait pas d'argent et laisse sa terre en friche, il ne percevra rien à la fin de l'année: il perdra 33 francs. Qu'il emprunte les 100 francs manquants au taux de 4, 5, 10 o/o, il touchera 33 francs et aura retiré de son opération un profit de 29, 28 ou 23 francs: le recours au crédit lui aura été avantageux.

le plus bas possible, avec cette limitation pourtant qu'il ne doit pas tomber, dans l'intérêt de l'agriculture, au-dessous du taux de rapport des valeurs solides de la Bourse. Si cette éventualité se produisait, trop grande serait pour le paysan la tentation d'emprunter jusqu'aux limites extrêmes de sa capacité, de placer les fonds obtenus et d'attendre, bras croisés, les bénéfices de son opération. Ces sommes échapperaient au sol et porteraient aux marchés financiers un afflux de disponibilités, dont ils n'ont que faire.

Il est indispensable encore que tout rural le méritant, c'est-à-dire tout rural susceptible de recourir avec sérieux au crédit et d'en tirer profit, puisse trouver à emprunter. Et cela, quelle que soit la nature des garanties qu'il pourra offrir, même si l'hypothèque lui est interdite par sa situation de fermier par exemple, même si le dépôt d'un gage lui est impossible, même en un mot s'il ne peut présenter, comme c'est le cas d'un grand nombre, que des garanties personnelles de solvabilité.

Ce n'est pas tout. Le prêteur, c'est là une obligation spéciale au petit crédit, doit se trouver à très grande proximité de l'emprunteur. Si un villageois a besoin de deux ou même de cinq louis et s'il lui faut les aller chercher à la ville, il perdra son temps, paiera des frais de déplacement et ne saura pas toujours résister aux occasions de dépenses que la cité prodigue aux habitants des champs. Toutes ces indirectes augmentations du taux de l'emprunt feront de l'opération la plus sage, une opération usuraire et dangereuse.

Mais supposons trouvé le bailleur de fonds. Certes, notre

emprunteur n'est pas un incapable qu'il faille protéger contre lui-même ! Ne serait-il pas hautement désirable cependant qu'au moment de conclure l'affaire, des conseils autorisés lui viennent. « Deux sûretés valent mieux qu'une », dit le bon La Fontaine ; deux têtes plus qu'une seule renferment de la cervelle, et il se peut, le cas n'est malheureusement pas hypothétique, que l'emprunt soit destiné à des entreprises téméraires. Plus encore que pour la sauvegarde du créancier (celui-ci prêtera vraisemblablement contre des garanties le mettant à couvert de tous risques), il importe pour la sauvegarde du débiteur éventuel, que l'argent demandé pour un but hasardeux soit impitoyablement refusé (1).

Mieux ! une fois muni de ses pièces d'or, l'homme doit être mis en garde contre les tentations de gaspillage qui pourront s'offrir à lui. Qui n'a pas l'habitude de manier l'argent, le dépense presque toujours avec facilité. Dans un intérieur pauvre ou simplement gêné, comme l'est d'ordinaire celui du petit rural, il faut une grande énergie pour se priver, avec quelques sous devant soi, des objets utiles dont l'absence est déplorée depuis longtemps, des satisfactions et des menues douceurs dont la pensée seule a tant de fois allumé la convoitise. Ici aussi, il est bon qu'une volonté étrangère soutienne l'emprunteur, que son prêteur lui dise par exemple : « Si tu emploies inutilement mes avances, je te les retirerai ». Semblable menace est

---

1. Cela importe d'une façon particulière quand il s'agit du petit cultivateur, du petit éleveur, de l'homme de situation modeste quel qu'il soit, puisque la moindre perte peut avoir une répercussion sensible sur ses affaires.

un adjuvant salutaire à l'instant critique de la tentation.

Une dernière condition enfin : le remboursement doit être rendu le plus possible commode au débiteur.

Longue échéance, taux raisonnable, mise à portée de tous ceux qui en sont dignes, proximité du lieu où peut se contracter l'emprunt et obtention de ce dernier au seul cas où il est raisonnable, protection contre la possibilité de dissiper tout ou partie de son montant et remboursement facile : telles sont les qualités requises par le petit crédit rural pour être parfait. Ainsi établi, il n'est source d'aucun péril et nous ne voyons pas quelles critiques pourraient lui adresser les méfiances les plus ombrageuses. Reste à voir si la caisse Raiffeisen répond à ces conditions ; mais reste à voir auparavant si les particuliers ou les banques commerciales ne sont pas capables de satisfaire aux besoins de crédit des ruraux.

B. — *Impuissance des particuliers et des banques commerciales à solutionner la question du petit crédit rural.*

Prenons un rural désireux d'emprunt. La caisse coopérative de crédit mise à part, trois portes s'ouvrent à lui : celle des particuliers, celles des banques urbaines, celles des banques villageoises.

Si l'homme présente de la surface, a du répondant (et il en sera ainsi de la plupart des propriétaires ou éleveurs importants), le problème est simple. Il passera un ordre de vente à son banquier, ou se fera consentir une avance des titres, ou bien encore, les sommes nécessaires étant d'ordinaire en proportion de la grandeur de l'exploitation c'est-à-dire ici assez considérables, il hypothèquera tout ou partie de ses biens en faveur d'un des établissements spéciaux de crédit agricole qui existent maintenant dans tous les pays civilisés. Est-ce à dire qu'il ne se trouverait jamais satisfait d'avoir plus près de lui, dans son village même, une institution à laquelle il puisse demander sans dérangement les capitaux qui par exception peuvent lui faire défaut à une époque donnée? Nous n'en disconvenons pas. Mais ses embarras seront peu fréquents, momentanés, et il trouvera toujours à en sortir, sans payer trop cher le service rendu. Si on ne prête qu'aux riches, suivant le dicton, on leur prête facilement aussi.

Mais le petit ou moyen cultivateur, le petit ou moyen éleveur, dont le portefeuille est vide, et qui, par cela même, ont plus que les autres besoin du crédit, vont-ils eux aussi se trouver dans cette situation privilégiée quand il leur faudra recourir à l'emprunt?

Autrefois l'argent, l'argent des campagnes surtout, se portait volontiers à leur secours s'ils venaient par hasard à en manquer. D'abord les disponibilités étaient plus grandes au village, parce qu'on gagnait bien, parce que moins qu'aujourd'hui, elles étaient attirées vers les placements industriels et commerciaux. Souvent même elles dormaient improductives dans les bas de laine de légendaire mémoire. Aussi, et précisément parce que l'agriculture nourrissait mieux son homme, le rural empruntait moins et remboursait mieux; le crédit de voisin à voisin n'était pas rare, car on trouve toujours un prêteur, s'il est sûr de rentrer dans ses fonds. De nos jours, on rencontre par exception à la campagne le voisin assez riche pour venir en aide au cultivateur laborieux, dont les économies ne sont pas engagées dans des valeurs qu'il ne veut pas vendre. L'aisance est moins courante. La culture devenue plus coûteuse, absorbe les disponibilités de tous ceux qui s'y adonnent, sans leur laisser de superflu à prêter à autrui. Et si quelque particulier pratique le crédit, trop souvent, hélas! c'est un crédit usuraire.

Les témoignages abondent sur ce point. Voici celui de M. Louis Durand (*Correspondant* du 10 juin 1893; *Un devoir social; le crédit agricole et les caisses rurales*:) « ... L'usure dans les campagnes françaises est infiniment plus répandue qu'on ne le suppose. Le paysan fait rarement des confidences sur ses affaires: s'il est obligé de recourir à l'usurier, il s'en cache avec le plus grand soin, et il a raison, car il ruinerait son crédit, s'il avouait ses relations avec lui. En Italie, on n'a connu toute l'étendue du mal que lorsque les caisses rurales l'eurent fait disparaître. En France aussi, on ne saura ce qu'ont fait les usuriers ruraux que lorsqu'on aura délivré les paysans de leurs serres. » Et pour notre pays, mille autres confirmations nous viennent, sous forme de récits publiés par le *Bulletin mensuel des caisses de Lyon*, ou par d'autres revues agricoles.

En Allemagne, l'usure était courante avant l'institution des sociétés de crédit populaire: le fait est trop connu pour qu'il importe d'y insister. En Autriche, certains rapports de caisses rurales que nous avons eus sous les yeux (Cf. les rapports des caisses tyroliennes notamment), révèlent qu'aujourd'hui encore, des paysans préfèrent emprunter à 8 et

10 0/0 à des particuliers, parce qu'ils craignent d'être connus, s'ils vont chercher l'argent à la caisse qui leur en prêterait à 4 0/0. En Italie, le commandeur Rezzarra, (*rapport au congrès de Tarbes de 1897*) signale que dans le diocèse de Bergame le taux auquel emprunte le rural s'élève à 12 et 15 0/0, et il cite de nombreux cas où l'intérêt est monté en un an à 60, 100 et même 250 0/0. En Russie, M. Braudo, bibliothécaire de la Bibliothèque impériale publique de Saint-Pétersbourg, expose au même congrès que le taux des emprunts faits par les paysans aux usuriers atteint 20, souvent 60 et parfois 100 0/0, M. Gyorgy Endre enfin, député au parlement hongrois, déclare : en Hongrie « le taux de l'intérêt des dettes contractées par les paysans sur hypothèque s'élevait jusqu'à 60 0/0. »

Pour les pays balkaniques, il nous suffirait d'interroger MM. Avramovitch, secrétaire général de l'Union des sociétés coopératives agricoles serbes, Tantiloff, inspecteur de la Banque agricole d'Etat de Bulgarie, Duca, directeur de la Banque agricole roumaine, qui nous ont avec la plus haute bienveillance envoyé des renseignements sur le crédit rural dans leurs pays. A quoi bon ? la preuve est faite : s'il sollicite ses avances des particuliers, l'emprunteur des champs courra grand risque d'être évincé, ou pis encore, de devenir la victime des hommes de proie qui le dépouilleront honteusement.

Veut-il échapper à ce péril et recourir aux banques ? Il pourra tenter de s'adresser à différentes sociétés de crédit : il se rendra à la ville voisine (et nous savons quels inconvénients peuvent résulter de ce dérangement), il sollicitera des avances d'une quelconque des banques qui y sont installées. Mais la plupart d'entre elles n'acceptent pas de faire les prêts agricoles. Elles exploitent en grande partie des dépôts retrayables à vue ou à court terme, laissés chez elles par une clientèle de commerçants, d'industriels ou de spéculateurs ; elles ne se trouvent pas dans les conditions voulues pour consentir les prêts de cette nature, à cause de la lenteur de leur amortissement. De leurs bureaux donc on adressera le cultivateur aux institutions spéciales de crédit agricole. Là, on voudra bien lui procurer des fonds ; mais la garantie réclamée par les règlements de ces sociétés est déterminé avec rigidité : on ne prête souvent que sur hypothèque, jamais en tout cas sur simples garanties personnelles. Or, combien de ruraux auraient besoin d'emprunter, qui n'ont rien à hypothéquer, tels que les fermiers, métayers, preneurs à cheptel, les ouvriers agricoles locataires d'un petit coin de terre, — classe nombreuse et intéressante certes ! Combien d'autres, propriétaires de quelques hectares, les ont déjà hypothéqués et voudraient précisément emprunter pour se libérer d'une dette contractée par eux à des conditions draconiennes ! Combien enfin ont besoin d'une somme trop mince pour supporter les frais d'une constitution d'hypothèque !

Restent les banques établies dans certaines bourgades. Elles semblent à première vue répondre à beaucoup des conditions du petit crédit exposées précédemment. Et il est indéniable qu'elles ont pu être utiles à pas mal de cultivateurs. Plus souples que les puissantes organisations financières des villes, puisqu'elles sont généralement dirigées par un homme qui en est seul maître et ne répond de ses actes que devant son propre jugement, rien ne les empêche de prêter sur simple garantie de la moralité et des qualités de l'emprunteur ou de ses cautions ; — plus proches, elles peuvent le faire jusqu'à un certain point, parce que leur rayon d'action peu étendu permet à leur directeur de connaître les individus qui viennent réclamer son concours. De même elles se trouvent à proximité de ceux qui en ont besoin, et cela évite pour ceux-ci les frais de déplacement. Mais d'abord ces banques sont peu nombreuses : pas mal de régions en sont dépourvues. Fondées pour réaliser des bénéfices, elles ne peuvent vivre d'ailleurs qu'à la condition d'avoir suffisamment d'air, c'est-à-dire que leur champ d'activité soit suffisamment vaste : plusieurs villages au moins. Mais par ce seul fait, le banquier ne peut plus connaître les habitants aussi bien qu'il le paraissait d'abord et le crédit sur moralité ou sur caution se limitera forcément à quelques personnes mieux connues, mieux connues sans doute parce qu'elles émergeront par leur fortune au-dessus de leurs concitoyens et auront par conséquent moins besoin d'emprunter sur garanties personnelles. Enfin ces banques elles-mêmes sont des banques de dépôt et comme leurs sœurs des villes, elles ne peuvent que d'une façon exceptionnelle consentir les prêts à long terme. Les fréquents renouvellements de billets amènent des ennuis et des frais qui, — à supposer même que le taux du prêt ne soit pas déjà élevé, — n'en augmentent pas moins automatiquement et dans de fortes proportions les charges de l'emprunteur.

Et devant cette impuissance presque absolue des banques villageoises, même là où elles existent, à répondre aux exigences du petit crédit agricole, il faut se demander s'il ne reste aux ruraux de classe moyenne ou pauvre qu'à se passer des fonds qui peuvent leur être nécessaires pour l'amélioration, l'agrandissement de leur culture, où simplement pour l'augmentation de rendement qu'ils en tirent, ou bien s'ils en seront réduits à se soumettre aux exigences des usuriers, entre les mains desquels ils laisseront presque tout, tout, et parfois plus que tout ce qu'ils devraient normalement gagner à l'opération faite grâce à l'argent maudit.

SECTION II

COMMENT LA CAISSE RAIFFEISEN APPORTE EN GRANDE PARTIE LA SOLUTION DES DESIDERATA DU PETIT CRÉDIT RURAL.

Nous venons de déterminer les caractères idéaux du petit crédit rural. Nous avons vu comment ni particuliers, ni banques ne peuvent l'offrir à la grande masse de ceux qui en ont besoin. Nous allons examiner maintenant comment la caisse Raiffeisen le met dans une très large mesure et dans les conditions les plus favorables, compatibles avec la sécurité d'une société sérieuse, au service de ces déshérités.

Et d'abord qu'est-ce que la caisse Raiffeisen (1) ? « C'est, dit M. l'abbé Trigaut dans sa brochure intitulée : *Les cais-*

1. Nous parlons dans ce chapitre de la caisse Raiffeisen, telle que l'a conçue son fondateur. Certaines modifications, — nous en verrons plus loin, — sont souvent apportées par les lois des différents pays où fonctionnent des caisses, qui intéressent quelques détails de leur organisation.

ses rurales en Belgique et à l'étranger (p. 5), une société coopérative à solidarité illimitée, destinée à recevoir les économies des campagnes et à prêter aux cultivateurs, aux artisans et même aux ouvriers agricoles, moyennant un intérêt peu élevé, les sommes nécessaires dans l'exercice de leur profession. » L'institution présente donc les quatre caractères suivants : elle est coopérative, c'est une coopérative de crédit ; elle est rurale, c'est-à-dire n'accepte comme membres que des habitants des campagnes ; non professionnelle, puisqu'elle admet des cultivateurs et des non cultivateurs (1) ; mixte, en ce sens que ses adhérents peuvent appartenir à toutes les catégories sociales, depuis le plus gros propriétaire jusqu'au plus infime ouvrier.

Comment fonctionne-t-elle et pourquoi peut-on, de l'avis de beaucoup d'économistes, de l'avis même de nombreux gouvernements qui la patronnent et cherchent à la développer chez eux, la considérer comme une solution presque parfaite du crédit rural, du petit et du moyen tout au moins ? Nous allons l'expliquer.

L'institution de crédit Raiffeisen est trop connue aujourd'hui, pour que de longs détails soient nécessaires sur son fonctionnement. Un groupe d'hommes, (trois ou quatre suffisent au début à la rigueur), se réunit, fonde une société dans le but de procurer du crédit à ses membres lorsqu'ils en sont désireux. Il ne peut s'agir ici de chercher des capitalistes disposés à prêter aux ruraux, de mettre en contact emprunteurs et prêteurs et de les laisser débattre

1. Presque toujours. On rencontre pourtant des exceptions, ainsi les caisses syndicales françaises.

ensemble leurs conditions ; de remplir en un mot un office de courtage. Les ruraux pour lesquels la caisse raiffeisein est faite, sont d'ordinaire de petites gens, auxquels les capitalistes ne consentiraient pas à prêter directement. Seule donc, la société elle-même doit leur consentir des avances. Or, d'après la pure théorie raiffeiséniste, elle ne peut songer à prêter avec ses propres capitaux, tant du moins qu'un fonds de réserve suffisant, constitué par les bénéfices antérieurs, ne le lui permet pas. Œuvre philanthropique en effet, elle cherche à n'exclure de son sein et par conséquent de la participation à ses bienfaits, aucun des plus miséreux, s'ils en sont dignes. Ceux-ci ne pourraient la plupart du temps souscrire la part d'action élevée requise pour la création d'un capital social important : la caisse se fonde donc sans aucun apport ; elle va emprunter, pour pouvoir prêter à ses sociétaires. — Seulement, on ne trouve pas prêteur sans présenter des garanties valables : la caisse présentera ces garanties, garanties matérielles et garanties morales.

D'une part, elle impose à ses membres une responsabilité solidaire illimitée sur tous leurs biens vis-à-vis des engagements réguliers pris par la société durant qu'ils en font partie, et cette charge les suit après leur démission ou leur exclusion. Si pauvres soient ces sociétaires, la caisse offre ainsi, par le seul fait de l'association, un très grand répondant matériel,

Elle accumule d'autre part les garanties morales. D'abord, elle ne doit recruter ses adhérents que parmi les hommes d'une moralité éprouvée, travailleurs, économes et toujours elle se réserve le droit de les exclure si leur conduite vient à changer.

Pour pouvoir sous tous ces rapports, juger de la valeur morale de l'individu qui aspire à devenir sociétaire, les habitants du territoire où la caisse recrute ses membres, doivent se connaître parfaitement. La circonscription sera donc de faible étendue : village, paroisse, groupe restreint de villages, si un seul est trop peuplé (1).

2° La caisse n'accordera de prêts à ses membres (et à ses seuls membres), que sous bénéfice d'examen du but qu'ils se proposent en empruntant. Or, ce but doit être productif. La rigueur de ces prescriptions est absolue. Les associations agricoles, syndicats, coopératives, associations d'industrie doivent pour pouvoir solliciter un prêt, se faire recevoir membres des caisses rurales. Le caractère de productivité est à apprécier toutefois dans un sens large.

3° Mais l'honnêteté de l'emprunteur, ses qualités et son habileté professionnelle si grandes soient-elles, la connaissance du but de l'emprunt et de son caractère productif ne suffisent pas encore à la caisse Raiffeisen : elle exige avant de consentir son prêt une autre sûreté de l'emprunteur; hypothèque, gage, privilège agricole dans les pays où il

1. On rencontre parfois des caisses englobant plusieurs villages ; par contre on en trouve quelques-unes ne comprenant qu'une fraction de commune. Dans ces deux cas, la division territoriale la plus adoptée est la paroisse. En effet, prêtres et pasteurs doivent avoir une étendue telle à gouverner dans le domaine spirituel, qu'ils puissent en connaître à fond les habitants. On comprend donc pourquoi les limites de la paroisse sont si souvent adoptées quand il s'agit de créer une caisse rurale. L'union de Lyon (fédération principale des caisses Raiffeisen françaises), indique les chiffres suivants : moins de 300 habitants, réunir dans une seule caisse plusieurs localités ; de 300 à 2.000, créer une caisse dans la bourgade ; plus de 2.000 en fonder deux ou plus. Ces chiffres sont établis sur les données de l'expérience.

existe, caution, ou bien encore assurance sur la vie réversible à la caisse en cas de mort de l'emprunteur, quand il s'agit de prêts à longue échéance (1). Tous les adhérents, par suite de leur solidarité illimitée, et tout spécialement la caution, auront intérêt à surveiller l'emploi du prêt, chose aisée dans un petit pays ou l'œil des voisins est si attentif à ce qui se passe chez autrui (2). Le prêt est d'ailleurs consenti avec spécification de son but sous peine de révocation immédiate. Qu'un emprunteur indélicat essaie d'affecter les avances reçues à une destination non avouée: il sera tenu de rembourser sans délai et en outre exclu de la caisse dont il a surpris la bonne foi. Cette dernière exécution serait un déshonneur public aux yeux de ses

1. Les premières formes de sûreté sont en général peu employées ; le gage, parce qu'il est peu pratique, car beaucoup d'emprunteurs n'ont rien qu'ils puissent engager sans gêne sérieuse et d'autre part, la caisse devrait, mission peu commode, en assurer la garde ; l'hypothèque, parce que beaucoup de Raiffeisénistes ne sont propriétaires ni de leurs champs, ni de leur maison, et aussi parce que les frais de constitution d'hypothèque sont assez élevés. (Il est vrai que l'on peut remédier à ce dernier inconvénient par l'ouverture du crédit hypothécaire, dont le coût est moindre.) Quant au privilège agricole, il en est fait, là où il existe, un usage très restreint pour des raisons que nous ignorons. La majeure partie des prêts accordés par les caisses Raiffeisen sont garantis par des cautions, ainsi qu'en témoignent les tableaux suivants extraits des derniers « Exposés statistiques de la situation des associations d'intérêt agricole » publiés par le ministère de l'Agriculture de Belgique.

	Nombre de prêts consentis	Sur privilège agricole	Sur hypothèque	Sur gage	Sur assurance sur la vie	Sur caution
1902	2.879	149	130	82	8	2.510
1903	2.978	156	190	90	20	2.522
1904	3.065	166	196	91	24	2.588
1905	3.053	160	200	102	20	2.571

2. A cause du préjugé si répandu parmi les ruraux qu'un emprunt doit rester secret, sous peine de faire perdre à son bénéficiaire une bonne part de la considération dont il jouit, les opérations faites par la caisse dans nombre d'entre elles demeurent secrètes. Mais les administrateurs qui ont consenti le prêt, la caution qui l'a garanti n'en sont pas moins à même de vérifier sans peine son emploi.

concitoyens, et il y a de grandes chances pour qu'il ne se risque pas à le mériter.

Sûre elle-même d'être remboursée, la caisse pourra sûrement rembourser ses prêteurs. Elle trouvera sans peine des capitaux, car, suivant l'assertion de M. Durand dans l'article du *Correspondant* déjà cité, l'emprunteur trouve toujours un prêteur, si le remboursement est certain (1).

Mais à qui va-t-elle s'adresser ?

Sans doute, les caisses Raiffeisen pourraient recourir aux établissements de crédit, et dans certains pays elles le font. Toutefois, ce n'est jamais que lorsqu'elles ne peuvent autrement trouver l'argent dont elles ont besoin, qu'elles agissent ainsi. Comme elles ont été destinées dans l'esprit de leur fondateur, non pas uniquement à développer le bien-être matériel des populations rurales, mais aussi adjacemment, — nous n'écrivons pas secondairement, — leurs qualités morales et leurs sentiments d'économie, elles se résolvent par exception, en cas d'insuffisance irrémédiable de dépôts seulement, à ce moyen ; d'une manière habi-

1. Les caisses Raiffeisen trouvent même fréquemment plus de prêteurs qu'elles n'en veulent, à cause de l'absolue sécurité de placement qu'elles présentent. C'est ainsi que pendant la guerre de 1870, les quelques Raiffeisen allemandes existant alors, recevaient d'une foule de paysans l'offre de sommes qu'ils souhaitaient leur confier, sans demander d'intérêt, souhaitant seulement les mettre à l'abri en cette période troublée. — Les nombreux rapports que nous avons compulsés signalent presque tous, dans les pays occidentaux d'Europe du moins, une pléthore de fonds, (en Belgique, en Tyrol notamment et dans nombre de régions allemandes). Enfin différents directeurs de caisses français nous ont mis sous les yeux des livrets sur lesquels ils doivent inscrire les offres de dépôts qui leur sont faites au delà des besoins de leurs associations. Ils leur affectent un numéro d'ordre suivant leur ancienneté et font appel à toutes ces bonnes volontés au fur et à mesure des besoins nouveaux de la caisse. Certaines de ces listes étaient longues : les capitaux faisaient littéralement queue à la porte des coffres-forts raiffeisénistes.

tuelle elles se passent des banques et recueillent leurs fonds par elles-mêmes : elles se constituent à cette fin en caisses d'épargne. Comme les caisses d'épargne ordinaires, elles reçoivent des dépôts retrayables à vue (1) de tous ceux qui veulent placer chez elles leurs économies, membres ou non des caisses rurales. Bien entendu personne ne déposerait rien, si l'argent n'y était productif d'intérêt, aussi est-ce à un taux sensiblement équivalent, souvent même un peu supérieur à celui servi par les caisses d'épargne officielles, qu'elles rétribuent leurs créanciers.

Avec l'argent de ceux-ci, elles vont faire des prêts à leurs membres, et répétons-le, à leurs membres seuls. De ces emprunteurs elles réclameront un intérêt qui, moins élevé que celui auquel ils pourraient vraisemblablement obtenir du crédit ailleurs, est légèrement supérieur à celui qu'elles servent elles-mêmes à leurs déposants. La différence paie les frais généraux de la caisse et lui constitue un fonds de réserve (2).

Pour éviter qu'elles subissent des pertes par suite d'un gros excédent d'argent improductif, il leur est recommandé de n'accepter de dépôts que dans la limite des prêts à con-

---

1. Rien ne s'oppose évidemment à ce qu'elles reçoivent aussi des dépôts à terme.

2. Dans les 241 caisses du Tyrol allemand qui, dans leurs rapports sur les opérations de l'exercice 1905, ont donné les chiffres du taux des dépôts acceptés et du taux des prêts consentis par elles, les moyennes que nous avons établies, nous ont permis de relever un taux moyen de dépôt de 3,66 o/o et un taux moyen de prêt de 4,21, soit une différence de 0,55 o/o entre les deux taux. En France, les taux moyens étaient en 1894 pour les caisses de l'Union de Lyon (depuis cette époque les statistiques ne comportent plus l'indication des taux), de 3,14 et 4,26, d'où un écart de 1,12 o/o.

La marge préconisée par cette union entre les taux de dépôt et de prêt, est, — à l'exemple des caisses allemandes, — de 0,75 à 1 o/o au minimum.

sentir. Des excédents pourtant peuvent se produire par suite de paiements d'acomptes ou de remboursements. Dans presque tous les pays, les caisses ont, pour diminuer autant que possible les pertes en résultant, la ressource de placer le tout ou du moins la plus grande partie, en valeurs stables et facilement négociables, ou de le porter aux caisses d'épargne officielles. Les intérêts perçus viennent ainsi diminuer ou combler la perte supportée par la caisse. En France, à la suite de l'arrêt du Conseil d'État du 24 décembre 1897, l'Union de Lyon déconseilla ces placements : mais le droit reste toujours aux caisses affiliées aux caisses centrales de déposer chez elles leurs disponibilités. Il en résulte simplement que les caisses centrales sont plus nécessaires ici que partout ailleurs.

La situation inverse peut aussi se présenter : des déposants, brusquement réclament leurs fonds. La caisse n'aura probablement pas les sommes voulues sous la main ; c'est une situation normale et nullement effrayante. Seulement, les caisses doivent stipuler un délai de remboursement de trois, quatre ou cinq jours. Pendant ce temps, les administrateurs chercheront de nouveaux dépôts. L'opération est facile, puisque le placement est sûr. Fréquemment même, l'affaire est plus simple encore grâce aux listes de dépôts tenus à la disposition des caisses, auxquelles nous avons fait allusion dans une note. Mais supposons les nouveaux dépôts introuvables, si la caisse a un fonds de réserve, elle y recourra en attendant les déposants récalcitrants. N'en a-t-elle pas de suffisant, elle empruntera à une caisse centrale, ou bien à toute autre société financière. Dans un cas comme dans l'autre, la marche de la caisse ne sera pas entravée.

Le fonds de réserve est formé petit à petit, avons-nous dit, par les bénéfices de la caisse. Or, comme les caisses Raiffeisen, si elles réalisent de minces bénéfices, fonctionnent pour ainsi dire sans frais, ainsi que nous allons le constater, comme aussi les pertes subies par elles sont d'une extrême rareté (1), ledit fonds de réserve s'accroît de façon continue et plus une caisse devient ancienne, plus disparaissent ces premiers aléas. Dans le système raiffeiséniste deux rôles sont donc attribués au fonds de réserve : parer aux pertes possibles ; faire face aux demandes imprévues soit de prêt, soit de remboursement, en attendant que des dépôts nouveaux couvrent le prêt ou le remboursement effectué.

Après avoir vu que la caisse rurale peut fonctionner, c'est-à-dire recevoir des dépôts et faire des prêts, considérons qui va être chargé de la faire fonctionner ; quels sont les organes de son fonctionnement.

Elle comporte une assemblée générale, un conseil d'administration avec un directeur, un comité de surveillance et un comptable.

---

1. Nous renvoyons aux tableaux statistiques des caisses françaises (IIIe partie) pour la constatation de ce fait.

Nous n'avons pas trouvé dans les comptes rendus du Reichsverband germanique ou de l'Allgemeiner Verband autrichien d'indications concernant le montant des pertes essuyées. En Tyrol, elles étaient pour l'année 1905 de 2.301 couronnes, 74 hellers, contre 112.186 couronnes, 35 de gain et 66.444.170 couronnes, 87 de mouvement de fonds. Les caisses italiennes de la fédération Wollemborg avaient en 1892, pour 734 544 lires de prêts, 604 lires de créances douteuses et 816 en 1895 pour un actif de 1.025.239 lires !

Peu d'unions détaillent les chiffres de leurs pertes et de leurs gains : elles se contentent en général, de publier la somme de leurs bénéfices nets. Les références données dans cette note nous semblent suffire ; il serait facile en tout cas de trouver dans les tableaux de profits auxquels nous faisons allusion, la confirmation de la prudente administration des caisses rurales.

Réunion de tous les sociétaires, l'assemblée générale détient la toute puissance, mais incapable de l'exercer elle-même, elle la délègue à un conseil d'administration élu par elle. Elle se réserve le droit de limiter en fait la responsabilité solidaire de ses membres par la double fixation d'un maximum total de prêts que la caisse ne pourra dépasser et d'un maximum dans le chiffre de prêts à consentir à un même sociétaire. Elle se réserve de plus en dernier ressort les droits d'admission et d'exclusion des membres. Elle contrôle les résultats de la gestion du conseil d'administration par un conseil de surveillance élu aussi par elle, qui, aux moments déterminés, lui soumet les comptes de la caisse.

Le conseil d'administration choisit dans son sein le directeur (et pour le suppléer au besoin un vice-directeur.) Le directeur représente la société aux yeux des tiers, l'engage par sa signature accompagnée de celle d'un administrateur, préside les assemblées générales. Le conseil reçoit les demandes d'emprunt, examine leur but, les garanties présentées par les emprunteurs, les rejette ou les accorde dans la limite toutefois du maximum fixé pour chaque sociétaire par l'assemblée générale. Il admet ou exclut les membres de la caisse. Il surveille le comptable qu'il nomme lui-même, fait faire des inventaires, établit des comptes et bilans à époques fixes : en un mot, il gère la société.

Le conseil de surveillance revise ces inventaires, comptes, bilans, en dresse rapport pour l'assemblée générale et statue sur les demandes d'emprunt faites par les membres du conseil d'administration.

Quant au comptable, véritable « chargé d'affaires de la Société », (ainsi s'expriment les statuts types des caisses françaises, art. 12), il exécute les décisions du conseil d'administration en ce qui concerne la gestion de la caisse, tient les registres et dresse les comptes (1).

Tels sont, partout croyons-nous, les organes de la vie des caisses rurales et leurs attributions essentielles.

Nous avons tout à l'heure laissé entendre que les bénéfices réalisés par la caisse, allaient tout entiers, sauf prélèvement de très légers frais, au fonds de réserve. Est-ce donc à dire que toute cette administration fonctionne sans rien coûter ; que les membres de la société n'ont pas droit à la distribution d'une partie au moins des bénéfices réalisés par l'association ?

Nous avons vu déjà que nos institutions se fondent partout où cela leur est possible, sans aucun capital social.

Là où les législations leur commandent d'en avoir, il est minime et les dividendes répartis entre les actionnaires ne peuvent au plus atteindre que le taux de la rétribution accordée aux déposants, de l'intérêt parfois exigé des emprunteurs. Ainsi la caisse Raiffeisen ne rejette de son sein aucun des humbles au service desquels elle est plus particulièrement vouée et elle éloigne radicalement d'elle

1. La comptabilité d'une caisse est rendue le plus simple possible, afin de ne pas nécessiter l'emploi de spécialistes pour la tenue des livres. Raiffeisen lui-même, nous l'avons vu, et depuis les différentes unions de ses caisses, ont publié des instructions sur cette matière. Les règles adoptées par les caisses françaises sont énoncées au chapitre VII du « Manuel pratique à l'usage des fondateurs et administrateurs des caisses rurales », par Louis Durand (6e édition, 5, rue Bayard, Paris). De plus, nombre de fédérations étrangères, (Belgique, Allemagne, Autriche, etc.), créent des cours de comptabilité qui durent quelques jours. Souvent même, elles supportent la plus grande partie des frais de déplacement et d'entretien des caissiers envoyés pour suivre ces cours.

ces préoccupations de lucre, cause de la ruine de tant d'institutions voisines, où l'esprit philanthropique, trop souvent à ses dépens, se trouve mêlé à l'esprit financier. Dans de telles conditions, ou bien les associés ne touchent rien, ou bien ils perçoivent de si infimes dividendes qu'on peut les considérer comme quantités négligeables. Mieux même, l'argent des apports éventuellement versés par les membres, servant à consentir des prêts comme celui des dépôts, il ne s'agit plus que de l'intérêt affecté à de simples dépôts obligatoires.

Quant aux directeurs et aux membres des conseils de la caisse, ils ne touchent ni traitement, ni jeton de présence, ni part de bénéfices à titre d'indemnité : leurs fonctions sont purement gratuites, et, — admirable confiance de l'homme de cœur qu'était Raiffeisen dans les sentiments altruistes de ses semblables, — la satisfaction de se dévouer à une œuvre d'utilité commune doit être leur unique récompense. Seul le comptable peut avoir droit à une rémunération. Sa situation en effet entraîne toujours une perte de temps assez considérable, un travail pénible et d'ordinaire la constitution par lui de caution ou le dépôt d'un cautionnement, pour garantir la société vis-à-vis de laquelle il assume une lourde responsabilité. Dans certaines caisses importantes l'occupation peut devenir excessivement absorbante. La rétribution est donc un juste et bien souvent maigre salaire, un dédommagement du temps perdu, dont la modicité n'enlève pas même à l'employé qui la reçoit le bénéfice moral de son dévouement à l'œuvre Raiffeisen (1).

1. Cet emploi de comptable est très généralement dans tous les

Enfin, en toutes circonstances, même en cas de dissolution de la caisse, le fonds de réserve demeure impartageable entre les sociétaires. Liquidation faite de la situation, le surplus est, d'après la pure théorie raiffeiséniste (contredite pourtant par certaines législations), affecté aux caisses rurales voisines ou bien remis à une œuvre d'intérêt agricole commun (1).

Un dernier détail nous reste à donner sur la conduite de la caisse vis-à-vis de ses emprunteurs. Non contente de leur procurer de l'argent avec aisance et à bon marché, elle leur donne encore toutes les facilités possibles de s'acquitter envers elle. Ils sont toujours libres, quels que soient les délais convenus, de lui verser des acomptes sur leur dette, ou sa totalité par anticipation, Le terme est placé peu de jours après la rentrée probable des fonds que leur rapportera l'opération mentionnée sur le contrat de prêt (2). Si le prêt est de longue durée, on en fractionne le remboursement en plusieurs échéances, dont les dates sont déterminées d'un commun accord. Si enfin survient une juste cause de retard dans les paiements. rien n'empêche le conseil d'administration d'octroyer au débiteur les délais voulus.

---

pays, — en France toujours, croyons-nous, — tenu gratuitement par un homme de bonne volonté. Dans quantité de localités, c'est le représentant du clergé qui s'en charge. Obligé en effet par sa profession d'être sans trêve à la disposition de leurs ouailles, le prêtre ou le pasteur sont tout désignés pour cet office de charité. Fréquemment aussi, les instituteurs sont titulaires de cette fonction.

1. De même, les bénéfices réalisés, dès que le fonds de réserve atteint un montant suffisant pour constituer, sans qu'on ait recours aux dépôts, le fonds de roulement de la société.

2. D'où suppression des tentations de gaspillage que nous avons signalées comme dangereuses pour les pauvres gens, sitôt qu'ils ont quelques fonds à leur disposition.

Telle est dans sa structure et dans son fonctionnement la caisse rurale du type Raiffeisen. Nous n'examinons pas ici avec plus de détails les principes qui la régissent : ce sera l'œuvre d'un chapitre distinct, mais nous la connaissons assez pour nous demander si elle répond vraiment aux exigences du petit crédit agricole, telles que nous les avons exposées précédemment.

Rappelons donc ses conditions.

1° Il doit être à long terme ;

2° A taux suffisamment bas pour être rémunérateur ;

3° Consenti pour un but productif ;

4° Accessible à tous ceux qui le méritent par leurs qualités intellectuelles et morales, même s'ils ne peuvent fournir aux prêteurs de sûretés réelles ;

5° Il doit se trouver facilement sur les lieux même ;

6° Sans possibilité de gaspillage ;

7° Avec remboursement facile.

La majeure partie du capital de roulement des caisses rurales provient, avons-nous vu, de dépôts retrayables dans des conditions analogues à celles qui régissent les dépôts confiés aux banques, c'est-à-dire sauf une restriction légère de quelques jours, retrayables à vue. Affirmer que les caisses peuvent consentir le crédit à long terme, tandis que ces banques ne le peuvent pas sans danger, paraît un véritable paradoxe. Fort de la longue confirmation donnée par les faits à notre théorie, fondé aussi sur un examen un peu moins superficiel de la situation, nous n'hésitons pas à le soutenir. Si les dépôts de la caisse rurale sont retrayables à vue, il ne faut par oublier en effet que les déposants ne sont plus, comme ceux des banques urbaines, des commerçants, des industriels ou des spéculateurs, qui s'attendent à avoir un jour prochain besoin de leurs disponibilités ; qui les posent plutôt qu'ils ne les déposent, comme on met sur une table l'écu de cinq francs qu'on va employer dans un instant. Ceux-ci d'ailleurs ne pourraient placer dans une caisse qui se réserve fût-ce seulement trois ou quatre jours de délai pour effectuer ses remboursements, car le commerce, l'industrie ou les spéculations de Bourse ont des exigences immédiates, imprévues souvent l'instant d'avant leur manifestation. Les déposants des caisses rurales au contraire sont tous, ou des hommes généreux, heureux de rendre service à des institutions utiles, sans y perdre le moins du monde puisqu'on leur sert un intérêt normal, ou bien de petites gens (ouvriers, artisans, domestiques, enfants même), qui placent là leurs maigres économies pour les faire fructifier et les retrouver un jour grossies de tous les fruits qu'elles auront pu porter. Et ces déposants certes n'auront point tous subitement besoin de leur argent, avec un ensemble si grand et d'une façon si soudaine que la caisse s'en trouve gênée. — Mettons la chose au pis, supposons que ce fait inattendu se produise. Dans une réunion tenue par le groupe régional des caisses Raiffeisen de la Loire-Inférieure en 1900, l'hypothèse fut envisagée et l'un des assistants proposa comme remède de rendre le remboursement des prêts consentis par les caisses immédiatement exigible en certains cas. C'était risquer d'acculer à la ruine, dans une circonstance très hypothétique il est vrai, ceux que les caisses rurales se donnent précisément à tâche de secourir, La proposition fut rejetée avec grande raison. Est-il besoin en effet de recourir à ce procédé extrême qui, simplement prévu, sans être jamais appliqué, effraierait des emprunteurs éventuels et en empêcherait bon nombre de venir solliciter la caisse ? N'est-il pas beaucoup plus simple de s'adresser à ces dépôts dont nous avons fait mention plus haut, qui attendent presque partout un appel des caisses pour affluer vers elles ? Une société financière n'est jamais en danger, lorsqu'elle doit refuser de l'argent ! Qu'on se souvienne des offres si abondantes des capitaux faites aux caisses allemandes à l'époque de crise de 1870 et de la surabondance de fonds dont parlent bon nombre de rapports ; qu'on pèse ce fait signalé par le ministère belge qu'en 1905 les caisses Raiffeisen avaient un dépôt de 4.464.358 fr. 81 à la Caisse d'épargne et y avaient emprunté seulement 143.252 fr. 34 ; qu'on se rappelle enfin qu'en quarante-deux ans d'existence, les caisses Raiffeisen ne se sont jamais trouvées compromises par la longueur des prêts consentis par elles...

Voyons encore les choses sous un jour plus défavorable et supposons qu'il s'agisse d'une caisse qui recueille péniblement l'argent nécessairement à ses prêts. Va-t-elle se trouver en mauvaise posture pour cela ? Pas le moins du monde, pourvu qu'elle soit affiliée à une caisse régionale.

Ces caisses régionales, nous en étudierons plus loin le rôle, mais si leur mécanisme les met en mesure d'apporter leur secours aux caisses locales momentanément dans l'embarras, (et il en est ainsi), ne pouvons-nous pas conclure à juste titre, que les caisses locales peuvent sans danger accorder le crédit à long terme qu'est souvent le crédit agricole ?

Encore faut-il, que, pouvant immobiliser dans des prêts à échéance éloignée l'argent déposé dans leurs coffres-forts, les caisses soient dans la possibilité de le prêter à un tel taux et pour de telles opérations qu'il reste à l'emprunteur, tous frais payés, un bénéfice aussi considérable que possible. Or, avec les garanties de sécurité présentées, les caisses rurales Raiffeisen sont susceptibles de trouver à bas prix l'argent d'une nombreuse catégorie de petits capitalistes villageois qui préfèrent pour leurs maigres épargnes, une modeste rétribution et une absolue sécurité, aux gros intérêts alléchants, mais non pas sans péril, des valeurs commerciales ou industrielles. Les innombrables catastrophes financières auxquelles donnent lieu la malhonnêteté ou les difficultés suscitées par une concurrence de plus en plus âpre, augmentent sans cesse cette classe de nouveaux convertis. Est-il nécessaire de citer encore ici l'exemple fameux et vraiment typique des paysans allemands présentant en 1870 leurs fonds aux caisses rurales et leur demandant de les garder, de les employer, sans exiger le moindre intérêt, ou celui des taux si bas que nous avons déjà indiqués dans une note comme les taux moyens des dépôts faits aux caisses du Tyrol allemand d'une part, aux caisses françaises de l'autre. Et cette société qui n'a pas de dividendes à répartir entre des actionnaires, qui, assurée de rentrer dans ses avances n'est pas obligée de se constituer en hâte un gros fonds de réserve pour parer aux pertes, qui marche sans aucun frais de fonctionnement ou du moins avec des frais réduits à leur plus simple expression, cette société qui est fondée pour l'unique avantage de ses membres, ne doit-elle pas être celle-là même qui précisément arrive à leur procurer l'argent au meilleur marché ?

S'agit-il de ne prêter que pour des opérations fructueuses ? On ne l'a pas oublié : les administrateurs de la caisse s'enquièrent toujours du but de l'emprunt avant d'accueillir les demandes, cela est nécessaire pour la sécurité de la société comme pour celle de l'emprunteur. Et qui donc mieux que ces administrateurs, sans intérêt personnel à augmenter les chiffres d'affaires, les premiers au contraire à redouter un placement douteux des fonds de la caisse par suite de leur responsabilité solidaire, qui donc mieux que ces hommes sages élus par leurs concitoyens qui les connaissent et qu'ils connaissent, pourrait déterminer si un prêt accordé en telles circonstances, pour tel but, à tel individu est susceptible de l'enrichir? Est-ce que les banques ordinaires se livrent à pareille enquête avant de consentir leurs prêts? Peu importe la prospérité ou la ruine de leur débiteur, pourvu qu'elles aient en main de bonnes garanties et qu'elles réalisent des bénéfices ! Ainsi n'agissent pas les caisses rurales. Et c'est pour l'emprunteur lui-même une précieuse protection que de discuter longuement, explicitement avec des hommes compétents la bonté de son opération.

Donc, voici remplies par les caisses Raiffeisen, trois des conditions essentielles du crédit rural ; il nous reste à voir si elles satisfont aux quatre dernières. Nous passerons rapidement ici : rappeler seulement ces conditions, c'est pour ainsi dire montrer ipso facto et avec évidence qu'elles sont remplies. Deux d'entre elles au reste se lient intimement, dépendent pour ainsi dire l'une de l'autre. Supposé en effet une banque destinée aux opérations de crédit, établie dans une petite localité, où tout le monde se connait, il est d'une part certain que le directeur et les administrateurs de cette banque seront admirablement renseignés sur les individus qui viendront solliciter leur concours, sauront s'ils peuvent prêter avec confiance à celui-ci, ou s'ils doivent au contraire refuser à celui-là. Ils sauront en outre et pour le même motif, au cas où le solliciteur n'aurait ni titres, ni hypothèque à leur fournir, si la caution qu'il leur présente est acceptable ; en un mot, ils pourront faire du crédit personnel fondé sur la moralité, sur les qualités intellectuelles et professionnelles de l'emprunteur. — D'autre part, les gens eux-mêmes qui auraient besoin d'argent n'hésiteront pas à faire la démarche qui doit assurer satisfaction à leurs besoins. Si modestes soient ces derniers, — alors qu'ils regarderaient à perdre du temps, à débourser des frais pour aller à la ville, — ne peuvent-ils faire les quelques pas, l'absence d'une demi-heure qui le soir, tous travaux finis, les conduira chez l'administrateur de la caisse rurale ?

La révocation du terme du prêt, en cas d'inobservance des clauses du contrat qui l'a consenti ; les facilités de remboursement déjà indiquées, répondent enfin aux derniers desiderata du crédit rural.

Ses partisans les plus critiques, ceux qui en admettent l'excellence, mais craignent sans cesse d'en voir faire un abus funeste, doivent se déclarer satisfaits. Rien ne manque aux précautions, et pourtant, autant qu'il semble raisonnablement possible de le faire, toutes les exigences concevables ont été prévues, toutes les facilités réclamées ont été accordées. Et dès lors, nous pouvons sans peur conclure, que l'admirable institution de Raiffeisen est bien la solution du petit crédit rural, de ce crédit particulièrement difficile, mais aussi particulièrement important à organiser, puisque les pauvres sont à la campagne comme partout le grand nombre et qu'ils y ont comme partout plus besoin de crédit que les riches (1).

Section III

ÉTUDE DE L'ORGANISME RAIFFEISEN

Par l'étude du fonctionnement de la caisse rurale Raiffeisen, nous l'avons vue apte à réaliser les opérations du crédit agricole. Parce que les dépôts qu'elle recueille d'or-

1. Nous verrons au chapitre « résultats » que les caisses rurales peuvent prêter à des gens n'ayant pas un sou vaillant et, sans risque réel, les tirer d'embarras. Naturellement, il ne s'agit pas de très grosses avances. C'est du reste pour le petit crédit, répétons-le, que sont fondées les Raiffeisen. N'étant elles-mêmes que de petites et faibles sociétés, elles sont tout particulièrement aptes à ses opérations.

Voici, pour le prouver, quelques relevés tirés des plus récents « exposés statistiques belges et du rapport annuel de l'union des caisses rurales serbes en Autriche-Hongrie » pour l'année 1905.

Les caisses belges ont consenti :

En 1904 : 3.065 prêts se décomposant ainsi : 1546 de moins de 250 francs ; 920 entre 251 et 500 francs ; 301 entre 501 et 1.000 francs 298 seulement au-dessus de 1.000 francs ;

En 1905 : 3.053 prêts se décomposant ainsi : 1.540 de moins de 250 francs ; 938 entre 251 et 500 francs ; 320 entre 501 et 1.000 francs ; 255 seulement au-dessus de 1.000 francs ;

Les caisses serbes d'Autriche-Hongrie :

En 1905 : 9170 prêts se décomposant ainsi : 1686 (18 o/o) de moins de 50 couronnes 2.750 (30 o/o) entre 50 et 100 couronnes ; 2.972 entre 100 et 200 ; 1331 entre 200 et 500 ; 272 entre 500 et 1.000 ; 159 au-dessus de 1.000 couronnes.

Les caisses Raiffeisen ne sont pourtant pas inexorablement vouées au petit et au moyen crédit, certaines caisses, (la caisse de Mulhouse par exemple qui prête pour la construction d'habitations ouvrières), font parfois des avances assez importantes. Il n'en est pas moins vrai que le grand crédit est plutôt du ressort d'autres institutions.

dinaire sur place par ses propres moyens sont en nombre suffisant pour satisfaire aux demandes de prêts et aussi parce que ses frais minimes sont couverts et au delà par les bénéfices réalisés sur ses opérations, on peut dire qu'elle est un tout capable de se suffire sans l'appui des caisses voisines, indépendant des concours étrangers. Ainsi a-t-il fallu d'ailleurs que subsistent et prospèrent les premières associations fondées par Raiffeisen lui-même en Allemagne ; ainsi faut-il encore que naissent, existent et progressent les premières caisses établies sur le sol de tout pays réfractaire jusque là à la coopérative de crédit de ce type. Elles peuvent parfois rencontrer des difficultés : la souplesse et la solidité de leur organisme intérieur en triomphe toujours, sinon sans peine, du moins sans accroc grave.

Mais de ce que la caisse rurale peut vivre isolée, faut-il conclure qu'elle doive vivre ainsi et que les bienfaits de l'association lui soient inutiles? Les caisses ne l'ont jamais pensé. Dès leur enfance, pour ainsi parler, leur illustre fondateur voulut leur assurer la force née de l'union et en 1871 il fonda une caisse centrale, en 1877 une fédération à Neuwied. Depuis lors, ce fut un épanouissement, une floraison de caisses centrales et d'unions. Nous les rencontrerons et nous signalerons les principales d'entre elles en étudiant le développement des caisses Raiffeisen dans la troisième partie de cette thèse. Dès maintenant, puisque nous analysons d'une façon théorique le mécanisme du système, cherchons à quels besoins exacts peuvent correspondre ces fondations, quels services elles sont susceptibles de rendre.

A. — *Les unions de caisses* (1)

Conseiller, défendre, reviser, propager : tels sont les attributions dévolues aux unions de caisses rurales. Conçus dans un esprit libéral laissant aux caisses adhérentes une pleine et entière initiative, leurs statuts déterminent seulement les qualités que doivent présenter les associations qui souhaitent s'affilier. Le plus souvent, on pose comme règle de n'admettre que des Raiffeisen ; toutefois on rencontre de nombreuses exceptions à ce principe (2). On détermine la région dans laquelle fonctionnera l'union, c'est-à-dire de laquelle elle pourra grouper les caisses. Cependant ici encore, on accepte souvent que les caisses des contrées limitrophes non encore pourvues d'union, puissent aussi s'affilier à titre provisoire. Il est bien entendu encore une fois que les sociétés adhérant à l'union gar-

---

1. Il y a place dans l'organisation raiffeiséniste pour plusieurs sortes d'unions superposées : sous-unions régionales, unions régionales, unions nationales. En plusieurs pays, en Allemagne par exemple, les caisses de certaines contrées se trouvent au bas de ces trois degrés. Toutefois comme les services qu'elles rendent aux caisses et se rendent les unes aux autres sont de même nature, avec seulement une aptitude plus grande pour telle ou telle catégorie d'unions à rendre tel ou tel service, nous ne parlerons dans le présent paragraphe que des bienfaits de l'union en général, nous contentant de signaler ce qui nous paraît être tout spécialement de la compétence d'une union nationale.

Au Congrès raiffeiséniste international de Tarbes, les statuts d'une alliance des caisses Raiffeisen de tous pays furent adoptés par les délégués français et étrangers présents à la séance du 25 août 1897. L'approbation demeura platonique et rien ne fut organisé par la suite pour la mettre en pratique. Cette alliance serait très désirable aux points de vue statistiques, propagande, force pour faire aboutir certaines revendications générales. Peut-être même amènerait-elle à la création d'un fonds destiné à se porter au secours des pays les plus pauvres... Quoi qu'il en soit, « l'Alliance raiffeiséniste internationale », c'est ainsi qu'on l'avait baptisée, n'a pas vu le jour.

2. En Autriche, en Serbie, en Allemagne, en France (au « Centre Fédératif)...

dent leur indépendance intérieure. Nous nous trouvons ici au sein d'une mécanique trop délicate, où la connaissance des hommes avec lesquels on traite est trop importante, pour pouvoir, sans nuire au bon fonctionnement de l'appareil, sans risquer même de l'entraîner à des catastrophes, sans tout au moins paralyser son admirable faculté d'adaptation aux milieux, prétendre la diriger de loin. Sur un point pourtant, un grand nombre, nous pouvons dire la très grande majorité des unions, impose une obligation à ses membres : la revision des livres et la vérification des comptes. Qu'elle soit nécessitée par la loi comme en Allemagne ou facultative comme en France, les unions n'en ont pas moins compris l'urgence de l'inspection périodique. Rares sont celles qui se contentent de la faciliter et de la recommander vivement, sans en faire une règle absolue (1). On peut dire même que là est peut-être leur plus grand avantage, leur raison d'être la plus indéniable. Les comptables des Raiffeisen locales sont tous d'honnêtes gens, très bien intentionnés, d'ordinaire fort dévoués, quelquefois capables. Beaucoup d'entre eux cependant sont peu préparés par leurs occupations quotidiennes à tenir les registres d'une association et, malgré la simplicité relative de la comptabilité adoptée par les caisses rurales dans les différents pays, il survient souvent des hésitations et des erreurs. Ces erreurs, c'est affaire aux inspecteurs envoyés par l'union de les relever, et d'expliquer pourquoi il y a une erreur, comment on aurait pu l'éviter,

1. Encore, lorsque l'inspection n'est pas rendue obligatoire, est-ce presque toujours faute pour l'union de disposer des ressources nécessaires à son organisation. Témoin certaines unions françaises.

de quelle manière on devra procéder à l'avenir (1). Mais ces mesures destinées à réparer plus qu'à prévenir les dommages résultant de l'inexpérience des comptables, n'ont pas semblé suffisantes à beaucoup d'unions. En grand nombre (2) elles ont institué des cours de comptabilité qui, pendant quelques jours chaque année, attirent une foule d'employés. L'union subvient en partie aux frais d'entretien du comptable pendant son séjour et les caisses locales ont de bons auxiliaires.

Formation des comptables et inspection ; voici deux services qui ne sauraient exister sans une fédération de caisses.

Mais si ce sont là peut-être les plus indispensables avantages que les caisses peuvent tirer de l'union, celle-ci est encore susceptible de leur en procurer bien d'autres.

---

1. Ces inspections, les caisses affiliées supportent d'ordinaire une partie de leurs frais. L'union prend le surplus à sa charge, aidée en beaucoup d'endroits par les pouvoirs publics.

Lorsque les caisses et les unions ne sont pas assez riches pour se payer un inspecteur, si l'Etat ne le paie pas directement et si la revision n'est pas dans le pays une obligation légale, ces unions tâchent souvent d'organiser des contrôles mutuels. Le directeur d'une caisse rurale A va inspecter son voisin de la caisse B et réciproquement. Sans doute, ces inspections de gens qui se connaissent semblent à première vue offrir bien peu de garanties. Notons pourtant qu'elle est en usage dans certains corps, celui des notaires par exemple. Notons aussi qu'au point de vue honnêteté toute sécurité est acquise, puisque les directeurs des caisses sont les élus d'une élite morale. Peut-être ni inspecteur, ni inspecté ne seront très au courant et la vérification ne vaudra pas celle opérée par un professionnel : bien des fautes ont pourtant été corrigées ainsi et la pratique a fourni d'excellents résultats dans les contrées de France où on l'a mise en vigueur.

2. Les unions étrangères, les unions françaises, hélas ! n'ont pas assez de ressources pour cela. (Ex. l'union de Neuwied, l'union des caisses de Serbie, les unions du Tyrol, de Haute et Basse-Autriche, etc.)

Prenons une caisse au début de son existence ; elle a son organisme complet, mais comme un enfant, elle a besoin de direction, d'aide, de conseils. Nous ne parlons même pas des éclaircissements sur les différents genres d'opérations à réaliser, sur les précautions à prendre : nous supposons, — quoique cela n'arrive pas toujours, — les administrateurs assez compétents pour pouvoir, dans la pratique courante, se tirer d'affaire tout seuls au mieux des intérêts de leur société. Mais il peut se présenter des cas difficiles, les législations des différents Etats sur les sociétés, la jurisprudence de leurs tribunaux sont loin d'être claires ; les hommes de métier hésitent et se trompent souvent eux-mêmes, à plus forte raison les directeurs de caisse. Alors on s'adressera à l'union qui a généralement adjoint à ses conseils des hommes habiles en ces matières, ou s'est tout au moins assurée leur collaboration. Et voici l'union devenue agence de renseignements, mais de renseignements seulement, car avant comme après la consultation, ses clientes sont libres d'agir à leur guise. Si elles violent ses conseils, l'union se contentera, au cas où elles échoueraient dans leur entreprise, de recueillir leur exemple pour le citer aux caisses tentées dans l'avenir d'imiter leur imprudence.

Toutefois, même revisées et conseillées, les caisses peuvent être entraînées à des procès : ici encore l'union les assistera des lumières de ses hommes de loi. S'il s'agit non plus de procès, mais de lois ou circulaires administratives tendant à nuire à l'action des caisses, l'union pétionnera, fera des démarches, tiendra des réunions, cherchera des consultations de notabilités, en un mot tentera par tous efforts de faire revenir sur leur décision les autorités compétentes (1).

Enfin, si l'on s'occupe de faire vivre et prospérer les caisses déjà fondées, il importe d'en créer de nouvelles et pour cela de faire de la propagande. Presse, conférence, brochures, autant de moyens que l'union doit manier d'une main énergique pour arriver à ses buts : diffusion de l'évangile raiffeiséniste et développement des caisses existantes.

Elle a souvent elle-même (régionale ou nationale), son propre bulletin ; c'est son organe officiel. Il donne ses conseils, porte ses réclamations, montre ses résultats et par dessus tout, comme l'union elle-même, comme l'œuvre entière de Raiffeisen, nourrit, développe, fait triompher chez ses lecteurs cet admirable sentiment de solidarité qui est la clé de voûte, sans laquelle s'effondrerait l'édifice tout entier,

B. — *Les caisses centrales*

Conseiller les caisses dans les difficultés de fonctionnement qu'elles rencontrent est bien, leur procurer une aide matérielle, recevoir leurs excédents de telle sorte qu'elles ne perdent point les intérêts à servir aux déposants, prêter aux caisses qui manquent de fonds pour les nouvelles

---

1. Ce dernier rôle ne peut guère être joué avec de sérieuses chances de succès que par une union nationale.

L'Union de Lyon l'a tenu avec bonheur dans plusieurs occasions que nous relaterons plus loin ; celle de Neuwied a obtenu satisfaction en faisant modifier la loi du 1er mai 1889. L'union d'Agram, enfin est en instance auprès du gouvernement hongrois pour obtenir des diminutions d'impôts.

opérations que des emprunteurs sérieux sollicitent d'elles : cela serait mieux !

Quelque discrétion que mettent en effet les administrateurs des caisses rurales à accepter les dépôts qu'on leur propose, quelque juste équilibre qu'ils observent de garder entre les sommes admises à la caisse d'épargne et les besoins probables immédiats de la caisse de prêts, il n'en subsiste pas moins que la société par suite du remboursement anticipé d'un prêt important, ou de plusieurs petits prêts ne coïncidant pas avec de nouveaux besoins imprévus d'emprunt, est exposée à se trouver à la tête de capitaux improductifs, ou plus exactement productifs de pertes pour elle.

Qu'on ne soutienne pas que la caisse pourrait, par une clause spéciale de prévoyance, stipuler avec ses déposants que leur argent leur sera remboursé en cas de capitaux surabondants ! Ils n'admettraient pas cette éventualité et la caisse devrait bientôt cesser de fonctionner ou fonctionner sur un pied infiniment modeste, faute de dépôts. Si en effet le remboursement anticipé est accepté par la caisse quand il s'agit de ses emprunteurs, parce que, institution philanthropique de crédit, elle tend à rendre son usage plus profitable et moins onéreux aux ruraux, elle ne peut agir de même avec les déposants. Ceux-ci ne sont pas, en grande majorité, comme on l'a parfois prétendu, des déposants de complaisance, qui placent leur argent à la caisse, uniquement pour faire œuvre charitable et seraient disposés à le lui reprendre dès qu'il l'encombrerait. Quelques-uns peut-être ont cette pensée élevée ; mais la masse, la très grosse masse des déposants, de ces petits déposants dont l'épargne accumulée fournit la majeure partie du fonds de roulement des caisses rurales, place là, parce qu'elle y voit comme dans une caisse d'épargne ordinaire, un établissement qui conservera ses capitaux avec sécurité, et, comme elle, plus qu'elle quelquefois, leur fera porter intérêt. Peut-être ceux-là sont-ils heureux de voir leurs pièces d'or ou d'argent aider à l'amélioration du sort de leurs voisins ; ils ne consentiraient pourtant pas à coup sûr à se gêner eux-mêmes dans le seul but d'être agréables, et encore d'une façon indirecte, à leurs concitoyens.

Que par contre ces déposants, dont nous venons d'examiner la conduite dans l'hypothèse où la caisse rurale se trouve avoir des capitaux en excédent, aient eux-mêmes besoin de leurs fonds. Vont-ils se priver de leur argent, est-il souhaitable même, dans une œuvre dont la devise pourrait être : « Aider les uns, sans porter préjudice aux autres », qu'ils consentent à se passer de cet argent pour ne pas troubler la quiétude des opérations de la caisse (1). Ou encore qu'un ou plusieurs emprunteurs inopinés surgissent, poussés par l'urgence d'une opération favorable à réaliser sans délai possible, la caisse rurale abandonnée à ses propres forces, ne pourra peut-être consentir le prêt... et ce sera grand dommage (2).

---

1. Il faut se rappeler que presque tous les dépôts confiés aux caisses rurales sont à vue.

2. Nous disons « peut-être », car nous croyons que presque toujours si les administrateurs sont actifs et énergiques, ils n'auront pas grand mal à se pourvoir des nouveaux dépôts nécessités par les prêts en perspective, ou les trous creusés par les demandes de remboursement. Il se peut toutefois qu'au moment précis, aucun épargniste ne se trouve en situation de faire de dépôt, de dépôt suffisant en tout cas pour tirer la caisse d'embarras.

Il est même prudent de prévoir le cas où l'intérêt de banquiers ou de prêteurs particuliers, ou la passion politique toujours possible, hélas ! quand il s'agit d'une œuvre sociale, tenteraient l'étranglement de la caisse. Il suffirait d'y déposer ou d'y faire déposer de fortes sommes, pour en exiger ensuite brusquement le montant à l'instant le plus défavorable pour elle. Faudrait-il donc parer à ces dangers en ne rendant les dépôts retrayables que dans des délais plus longs, très longs même, ou par un échelonnement des remboursements ?

On conçoit le tort considérable qu'une pareille condition causerait au crédit des caisses : le montant des dépôts décroîtrait encore ici dans une notable proportion, limitant d'autant l'étendue de l'action bienfaisante de ces institutions.

Seule l'assistance d'une organisation destinée à tenir d'une façon permanente à la disposition des caisses les capitaux dont elles peuvent avoir besoin, à leur constituer un lieu de placement toujours disposé à recevoir leurs disponibilités superflues, peut parer à ce double danger d'excédent ou de déficit imprévu. La caisse centrale réunira les excédents de certaines caisses et les tiendra à la disposition des caisses rurales besogneuses qui lui sont affiliées. Elle sera, « le régulateur des dépôts », des caisses, comme parle M. Durand ; régulateur qui ferme les bras, pour continuer cette image, afin de prendre aux caisses riches leurs excédents encombrants, qui les ouvre au contraire pour laisser tomber dans l'escarcelle des caisses pauvres les subsides dont elles ont besoin.

D'après les purs principes de Raiffeisen, la caisse centrale devrait être constituée suivant les mêmes principes qu'une simple caisse rurale : responsabilité illimitée des membres, administration gratuite, examen de l'utilité du prêt sollicité, etc. Seules deux différences, — l'une relative aux sociétaires qui ne sont plus des individus physiques mais des personnes morales : les caisses rurales affiliées ; — l'autre à l'étendue de la circonscription territoriale de la caisse qui est naturellement plus vaste et peut embrasser un ou plusieurs départements, une ou plusieurs provinces, un pays même. Hâtons-nous cependant de dire que de telles caisses centrales se trouvent très rarement. Sous l'empire tracassier de certaines législations comme cela s'est rencontré pour la caisse centrale de Neuwied, que Raiffeisen dut modifier à peine fondée ; ou par suite d'autres considérations pratiques, car la forme raiffeiséniste offre ici des avantages moins évidents que pour les caisses locales, la plupart de ces institutions sont constituées en sociétés anonymes par actions, partant à responsabilité limitée : nous ne connaissons que quelques caisses régionales françaises pour avoir adopté la responsabilité illimitée. Les actions sont souscrites par les caisses locales qui veulent devenir membres de la caisse centrale et participer à ses avantages. — Parfois enfin c'est une banque précédemment établie qui accepte de remplir au regard des caisses locales le rôle de caisse centrale, (ainsi pendant longtemps en France le « Crédit Mutuel de Poligny » et celui « de Genlis ») ; parfois une Banque d'Etat comme en Russie ; parfois une banque agricole officielle comme en Serbie et en Bulgarie. Mais partout, eu égard aux services que peut rendre la caisse centrale, eu égard aux dangers auxquels elle pare en élargissant le cercle où se meuvent les caisses locales, on s'est empressé d'en créer une ou même plusieurs superposées, ou de profiter de l'aide de celles qui existaient, sans qu'il fut besoin de les créer.

Notre intention ne peut-être d'examiner le fonctionnement de chacune de ces sortes de caisses si différentes de forme, si semblables au fond dans leur manière de venir en aide aux caisses locales. Nous nous bornerons à étudier sommairement le fonctionnement de la caisse centrale du type Raiffeisen pur et à considérer aussi quelles mesures elle doit prendre, pour éviter de retirer toute activité propre aux caisses qu'elle voudrait assister.

Nous l'avons dit, la caisse centrale accepte comme membres les caisses locales qui s'affilient à elle, et elle leur impose, tout comme celles-ci imposent à leurs propres sociétaires, la responsabilité solidaire illimitée sur tout leur avoir. Il s'ensuit que ces caisses peuvent être appelées le cas échéant, à répondre des engagements de la caisse centrale. Comme les membres de la caisse locale sont tenus eux-mêmes sans limitation des engagements de leur caisse, chacun d'eux répond par conséquent sur tous ses biens des engagements de la caisse centrale.

Or, la caisse centrale va procéder ainsi qu'il suit pour être vraiment, suivant l'expression même de Raiffeisen, « le lieu d'égalisation de l'argent. » Elle recevra des caisses momentanément possesseurs de fonds inutilisés l'excédent de leurs disponibilités. Cet argent reçu, elle le rétribuera, et elle le rétribuera sur un pied tel que les caisses n'aient pas à subir de pertes provenant de la différence entre les taux payés par elles à leurs déposants pour ces fonds qu'elles ont momentanément en trop et le taux que leur accorde la caisse centrale. Lorsque nous parlons de fixer le taux des dépôts reçus par la caisse centrale à un chiffre qui évite toute perte aux caisses rurales, nous devons noter que ce taux ne doit pas non plus, dans des conditions normales, se trouver supérieur à celui que lesdites caisses déboursent elles-mêmes pour se procurer des fonds. Sinon, la tentation serait trop violente pour les associations locales de se livrer à la petite spéculation suivante, destinée à accroître leur fonds de réserve : elles emprunteraient, mettons, à 3 0/0, tous les capitaux qu'elles pourraient se procurer, elles les placeraient à la caisse centrale à 3,50 par exemple et percevraient ainsi un bénéfice de 0,50 0/0 sur l'opération à laquelle elles se seraient livrées. Or, la caisse centrale n'a point pour but d'enrichir les caisses locales, mais de les tirer d'embarras, de leur éviter des pertes. Or aussi, dans une œuvre de moralisation comme l'est l'œuvre de Raiffeisen, on ne saurait de propos délibéré aider à un gain qui ne serait pas la légitime rétribution du travail fourni ou du service rendu, on ne saurait oublier la noble maxime évangélique : « Tu mangeras ton pain », c'est-à dire dans un langage plus moderne : « Tu gagneras ton argent, à la sueur de ton front. » Donc la caisse centrale tendra à ne pas faire de ses adhérentes des rentières, autrement dit au point de vue moral des parasites vivant du labeur d'autrui. Pour parvenir à ce but, l'Union de Lyon préconise comme taux à servir aux dépôts reçus par les caisses centrales, le taux moyen de l'intérêt accordé par les caisses rurales dans la région où elles fonctionnent, — ou même, pour mieux inciter les administrateurs locaux à proportionner autant que possible leur encaisse aux besoins des emprunteurs, pour éviter aussi qu'aucune caisse de village trouve un bénéfice quelconque à pratiquer la spéculation indiquée plus haut, elle conseille de rétribuer leurs placements à un taux légèrement inférieur à ce taux moyen. Ainsi, pour un taux moyen de 3 0/0 par exemple, la caisse centrale devra servir de 2,75 à 3 au maximum à ses déposants. De la sorte, le service que cette institution est appelée à rendre, en évitant aux caisses rurales l'éventualité de pertes dangereuses du chef de l'encombrement, même momentané de fonds, se trouve acquis et en même temps le léger déchet supporté par la caisse locale sert de stimulant à ses dirigeants : ils essaieront de toujours mieux proportionner à ses besoins réels l'acceptation des offres de capitaux qui lui sont faites (1).

Avec l'argent ainsi réuni, la caisse centrale vient au secours des caisses qui se trouvent avoir besoin de son aide. Ici, pour ne pas nuire à la bonne administration des associations locales, le taux des prêts à elles consentis par la caisse centrale, devra être, non plus simplement

1. Si la caisse centrale a des besoins urgents de fonds et qu'elle ne puisse s'en procurer autrement, rien ne l'empêchera d'élever, mais d'une façon tout accidentelle, le taux à servir aux déposants.

Parfois même (exemple : la caisse centrale de Champagne), on affecte d'une manière stable aux dépôts un intérêt légèrement supérieur à celui accordé en moyenne par les caisses locales, 3,10 contre 3 0/0. Il faut considérer que ces 10 centimes d'écart représentent à peine les frais d'envoi d'argent subis par les déposants et non pas une prime, si faible soit-elle, à la spéculation. D'ailleurs, M. l'abbé de Becquincourt, directeur d'une Raiffeisen ouvrière rémoise, qui nous renseigne aimablement, nous apprend que ce système fonctionne sans le moindre accroc depuis plusieurs années. C'est sa justification.

égal, mais supérieur au taux qui rétribue les dépôts faits aux caisses rurales dans la région. Plus néfaste encore pour l'activité, pour l'existence même de ces sociétés, risquerait d'être un taux d'intérêt des prêts accordés par la caisse centrale inférieur, voire égal à ce dernier taux, qu'un taux égal ou supérieur payé par celle-ci aux dépôts effectués chez elle par ses affiliées. S'il est hors de doute que les démarches à faire pour trouver les fonds nécessaires sont parfois un peu pénibles pour les administrateurs des caisses rurales, combien ne préféreraient pas, par une paresse assez excusable, s'en remettre à la caisse centrale du soin de leur procurer les capitaux nécessaires pour satisfaire à leurs demandes d'emprunt, plutôt que de tenter par eux-mêmes de se les assurer! Mais si, pouvant trouver chez eux des dépôts à 3 0/0 par exemple, ils savent ne les obtenir de la caisse centrale qu'au taux 3,50, ils préféreront se donner un peu de peine dans l'intérêt de leur œuvre. Ne le voulussent-ils pas du reste qu'une assemblée générale les mettrait bien vite sans doute, en leur retirant leurs fonctions, dans l'impossibilité de continuer à gérer si mal les intérêts communs. De cette manière les caisses rurales ne recourront qu'en cas d'extrême nécessité à la caisse centrale, de cette manière aussi seront évités les dangers que pourrait entraîner, tant pour la vitalité des caisses locales, que pour l'utile fonctionnement de la caisse centrale, une pratique contraire à cette sage ligne de conduite (1).

---

1. En effet, les disponibilités de la caisse centrale seraient vite épuisées sans cela par les demandes réitérées d'emprunt émanées de certaines caisses locales pourvues d'administrateurs peu actifs, et la

Mais si les dépôts opérés par les caisses rurales forment une somme insuffisante pour aider toutes celles des associations qui en auraient besoin (et le fait peut se produire soit accidentellement, lorsque la contrée où est établie la caisse centrale est ravagée par un fléau quelconque, — soit même périodiquement à une époque de l'année où les membres des caisses rurales ayant ordinairement dépensé leurs avances, il leur devient nécessaire de vivre, de subvenir aux frais courants de leur exploitation, jusqu'au moment où ils vendront leurs produits et en auront touché le montant), la caisse centrale va-t-elle se trouver impuissante, faute d'argent, à soulager ces détresses ? Nullement ! elle empruntera alors à d'autres qu'à ses adhérentes les sommes utiles, jusqu'à concurrence de ses besoins, et elles les prêtera. Elle s'efforcera seulement d'éviter, dans cette recherche des capitaux, de drainer les fonds qui doivent normalement rester à la disposition des caisses rurales, c'est-à-dire ceux qui se trouvent disponibles dans les limites de leur champ d'activité et pourraient être tentés de se placer chez elles. Elles recourront par conséquent de préférence, soit aux particuliers des endroits où il n'existe pas de caisses Raiffeisen, soit aux banques ou sociétés de crédit. Ainsi la caisse centrale de Champagne a besoin pendant deux ou trois mois par an, avant les vendanges, (ses caisses rurales sont en grand nombre situées dans les pays viticoles), de se procurer des capitaux

---

société se trouverait bientôt dans l'impossibilité de faire droit aux sollicitations des caisses réellement dans l'embarras. Il est vrai qu'elle est toujours libre de repousser les prières d'assistance injustifiée.

d'emprunt autres que ceux qui lui sont fournis par celles-ci, car une foule de vignerons retirent leurs dépôts à cette époque et sollicitent des prêts en grande abondance. Elle s'adresse alors à la Société Générale qui lui avance des fonds à 4 0/0.

L'écart entre les taux des prêts consentis par la caisse centrale et des dépôts qui ont permis de les consentir est affecté, comme dans les caisses locales, à la constitution d'un fonds de réserve destiné à payer les frais d'administration de la société, (les fonctions y sont d'ordinaire gratuites aussi, sauf celle de caissier comptable), à parer aux pertes possibles, — bien improbables ici, — et même, le cas échéant, à remplacer pour les prêts, les capitaux d'emprunt par des capitaux qui soient la propriété de la caisse.

CHAPITRE II

Le Raiffeisénisme et le crédit ouvrier

Tel est donc l'organisme Raiffeisen : au bas de l'échelle, les caisses rurales ; au-dessus d'elles pour les aider un ou plusieurs degrés de caisses centrales ; enfin pour unir le tout, conseiller, inspecter, défendre, propager, une ou plusieurs catégories d'unions de caisses.

Et pourtant il est encore un autre genre d'institution, dérivé aussi de la conception raiffeiséniste, duquel nous n'avons point encore parlé.

Longtemps les caisses Raiffeisen se bornèrent à étendre leur bienfaisance aux populations rurales. Jamais au début, les populations ouvrières des cités n'avaient été conviées à participer à leurs bienfaits, jamais même on avait cru possible de les doter d'une institution qui, par le genre de crédit le plus souvent consenti, exige la connaissance parfaite des hommes, de leurs qualités, de leurs défauts, de leur situation. Ne pouvait-on ouvrir aussi à ces humbles, intéressants certes au même degré que leurs frères des campagnes, le trésor de la féconde utilité des caisses Raiffeisen ? On ne le nia pas longtemps. Bientôt l'organisation des caisses urbaines fut mise à l'étude et le Raiffeisénisme ne tarda pas à jeter ses fondements dans un certain nombre de villes (1).

Ces caisses fonctionnent suivant les mêmes principes que les caisses rurales ; nous nous bornerons donc à indiquer ici, les différences de détails, résultant des différences de milieux et de buts, qui séparent les deux types de caisses.

La caisse ouvrière va avoir deux sortes de clientèle ; partant deux sortes de membres : d'une part des artisans, d'autre part des salariés. Elle n'est pas organisée pour l'escompte, la circulation des effets de commerce et ne saurait s'affilier les commerçants, même les petits détaillants qui emploient habituellement ces derniers dans l'exercice de leur profession. Fondée d'ailleurs pour le crédit personnel, elle ne saurait sans risques graves d'erreur, essayer de se rendre un compte même approximatif du répon-

---

1. Les premières caisses urbaines Raiffeisen furent fondées en Allemagne, croyons-nous, mais le mouvement se propagea bientôt. En France, la seconde Raiffeisen ouverte, celle de Bagnère de Bigorre, est une caisse ouvrière. A cause toutefois des obstacles spéciaux à surmonter quand il s'agit de sociétés de crédit personnel dans les centres importants, ces caisses se multiplièrent en moins grande abondance que les caisses rurales. (Il est vrai d'ajouter que les villes sont plus rares que les villages...) A notre connaissance, il existe des Raiffeisen ouvrières dans cinq pays seulement, nous les citerons tout à l'heure ; autre part, ce sont les Schulze Delitzsch qui reçoivent la préférence dans les agglomérations très peuplées.

dant de cette sorte de gens : elle est impuissante à les secourir.

A la première catégorie de ses membres, aux artisans, la caisse ouvrière fera surtout des prêts se rapportant à leur métier, des prêts directement productifs. Un cordonnier par exemple emprunte pour acheter du cuir, ce cuir lui est nécessaire pour confectionner les chaussures dont la vente lui rapportera des bénéfices : voilà une opération fructueuse de sa nature. Mais aux salariés, qui n'ont besoin d'aucune avance pour l'exercice de leur profession, quels avantages va pouvoir se procurer la caisse ? Ici, une compréhension large du principe qui ne permet d'accorder les prêts que dans un but productif est nécessaire. Il est tout à fait certain, en effet, qu'à acheter son vin ou son charbon en gros ou en demi-gros, au lieu de l'acheter au détail, qu'à payer comptant chez ses fournisseurs au lieu de se faire ouvrir un crédit par eux, l'ouvrier obtiendrait une appréciable économie sur ses dépenses, en recevrait un enrichissement indirect sans doute, mais indéniable. Ce sont des avances pour de tels buts que se proposent d'accorder aux salariés les Raiffeisen ouvrières (1).

La caisse ouvrière peut encore consentir des prêts d'une nature particulière, (et certaines, comme les caisses de

---

1. La nature des prêts n'est évidemment pas déterminée avec rigueur par la qualité d'artisan ou d'ouvrier qu'a l'emprunteur. La caisse consent aussi au premier des prêts de consommation et au second des prêts de production pour l'achat d'instruments de travail, pelles, pioches, etc., ou de matières premières requises pour l'exercice d'un petit métier auquel il se livre en dehors des heures passées chez son patron.

Voici, tiré d'une brochure de M. Louis Durand, le relevé des

Mulhouse, de Vieille-Loye, etc. (1), tendent même à se spécialiser dans leur pratique,) les prêts pour la construction d'habitations ouvrières. Si les avances faites pour permettre l'achat de denrées ou de matières premières peuvent être infiniment utiles aux petites gens, qui donc oserait mettre en doute la joie bien légitime, causée à l'ouvrier par cette seule pensée : « Je demeure chez moi ! » Tout homme a, profondément enraciné en soi, l'instinct de la propriété, et ceux-là même qui attaquent la propriété individuelle, ne le font que dans l'espoir d'une répartition nouvelle, effectuée sur d'autres bases, à laquelle ils espèrent gagner eux-mêmes ou voir gagner ceux auxquels ils s'intéressent. A considérer les haines farouches que suscite

---

opérations d'une caisse ouvrière de la région du Nord, pendant le premier trimestre de son fonctionnement. « La caissce rurale, la caisse ouvrière », 2e édition, p. 25.

Pour	achat de fournitures	164	fr.	
»	retrait de mobilier	60	»	
»	achat de planches et de meubles	500	»	
»	achat de fournitures	257	»	05
	paiement comptant d'une machine à coudre	146	»	
	achat de meubles	150	»	
»	petit commerce de fleurs	50	»	
»	achat de petite voiture	100	»	
»	achat de charbon	31	»	40
	—	31	»	40
»	aménagement de maison	300	»	
»	achat de charbon	11	»	
	—	32	»	
»	achat de fornitures	198	»	35
»	éviter des frais et payer comptant	48	»	
		2.079	»	20

Le chiffre des affaires de cette caisse, respectable pour une caisse nouvelle, n'est pas fort élevé, mais combien ses quinze prêts aux buts d'une multiple variété, ont pu calmer d'angoisses, secourir d'embarras ou de détresses !

1. Une caisse ouvrière, Saint-Joseph de Mulhouse ». — H. Cetty, chez Victor Lecoffre, Paris.

« La Vieille-Loye ». — Abbé Brouillet, chez Victor Lecoffre, Paris cet instinct en révolte, ne faut-il pas conclure à la force du mobile qui les inspire ? On comprend alors combien la perspective d'être maître chez lui, d'avoir en propre, sans rien devoir à personne, le toit sous lequel il repose, sous lequel il reposera surtout quand la vieillesse sera venue, jointe à celle des charmes et avantages d'une vie familiale séparée, peut opérer de prodiges dans la mentalité du travailleur : économie pour arriver à amasser la somme nécessaire à rembourser la caisse afin d'être vraiment chez lui, travail plus opiniâtre que jamais, perte des habitudes nuisibles et coûteuses pour atteindre plus vite l'idéal. Et puis, quand celui-ci est réalisé, quel bonheur pour l'ouvrier ; quel gain aussi pour l'ordre social, désormais sûr de trouver dans ce petit propriétaire d'un immeuble péniblement acquis, un défenseur, un soutien inébranlable de ses assises fondamentales !

Dans les précédents prêts mentionnés, la caisse ouvrière doit agir avec une grande prudence pour se couvrir des risques de perte. Ses débiteurs et leurs cautions ne possèdent rien ou à peu près rien qu'elle puisse saisir, dans le cas où ils manqueraient à leurs engagements : leurs modestes meubles même sont le plus ordinairement soumis au privilège du logeur. Mais, quand la caisse consent à faire à un ouvrier les avances nécessaires pour bâtir une maison, des précautions de nature spéciale sont imposées par la plus élémentaire prudence. Voici celles qui sont ordinairement prises par les caisses ouvrières françaises dans ce cas. En Belgique, en Allemagne aussi pensons-nous, on use de mesures analogues.

1° La caisse examine d'abord si le devis ne ménage pas

de surprises. Elle discute soigneusement la valeur future de l'immeuble et se rend compte si le prix proposé est avantageux, c'est-à-dire si, tout en se trouvant mieux logé, l'ouvrier perdra moins en intérêt des capitaux engagés par lui dans sa construction, qu'il n'aurait dépensé annuellement pour son loyer (1).

2° La caisse prendra une première hypothèque sur le terrain et la maison. De plus elle impose à son débiteur l'obligation de s'assurer, dès que les fondations sortiront de terre.

3° Afin d'être certaine de ne pas perdre à la vente de l'immeuble, si celui-ci venait à lui rester pour compte, elle ne prêtera qu'une partie de sa valeur, laissant entre le montant de son prêt et la valeur réelle de l'habitation une marge suffisante. L'emprunteur devra donc au préalable justifier qu'il a à sa disposition les disponibilités nécessaires pour payer la différence entre le prix prévu et le montant des fonds que la caisse a décidé de lui accorder. Et ces avances mêmes, il y aura lieu de ne les lâcher qu'entre les mains de l'entrepreneur et au fur et à mesure de ses demandes, sans les faire passer par celles de l'ouvrier. Dans ce but, l'union de Lyon recommande l'ouverture de crédit hypothécaire.

4° Enfin, et ceci pour éviter qu'en cas de mort de son débiteur avant la libération de ses charges envers elle, la veuve et les orphelins ne se voient contraints soit d'a-

1. C'est chose relativement aisée par suite de l'habituelle cherté des logements ouvriers. Les propriétaires sont en effet tentés de récupérer sur les bons payeurs, par des prix de location élevés, les dommages que leur font fréquemment supporter les mauvais.

bandonner leur demeure, soit de continuer pour la conserver un amortissement trop lourd pour eux, la caisse ne doit prêter aux ouvriers désireux de construire que sous l'expresse condition qu'ils contracteront une assurance sur la vie au moins égale à leur emprunt, avec clause de réversibilité en sa faveur, jusqu'à concurrence des sommes restées dues au moment du décès.

Toutes les sortes de prêts que nous venons d'énumérer se remboursent de façon analogue aux prêts consentis par les caisses rurales : le plus généralement par amortissements successifs à échéances choisies de préférence aux moments où les débiteurs effectuent normalement leurs rentrées. Pour les salariés par exemple, ce sera les jours de paie. Dans l'hypothèse particulière d'un prêt destiné à l'édification d'une maison, il est recommandé aux administrateurs de veiller à ne prélever chaque mois que la somme affectée par l'ouvrier à son loyer avant d'habiter sa propriété. Ceci implique ainsi que nous l'avons fait entendre plus haut, qu'ils se sont au préalable assurés que la construction était avantageuse, et que le montant de l'ancien loyer suffirait tout à la fois à payer et les intérêts de la dette contractée envers la caisse, et son amortissement, calculé d'ordinaire sur un délai maximum de dix années.

Nous venons de voir les avantages que pouvaient procurer aux classes urbaines de petite condition la caisse ouvrière Raiffeisen, mais nous n'avons pas dit encore comment ces sociétés peuvent se fonder, ni obtenir les dépôts nécessités par leurs opérations. Or, il semble bien difficile dans une ville un peu importante de grouper des gens assez connus des administrateurs de la caisse, pour qu'on puisse leur accorder un crédit personnel, se connaissant assez pour répondre les uns pour les autres dans une solidarité illimitée. Cette connaissance parfaite des associés, cette surveillance mutuelle exercée entre eux sont cependant aussi indispensables, plus indispensables encore qu'à la campagne, dans les cités où les tentations de dépense existent plus nombreuses, où les sociétaires éventuels, au contraire des ruraux, n'ont que très rarement des immeubles visibles pour tous, où leur situation de fortune est plus cachée, où par suite les qualités des membres de la caisse et des emprunteurs doivent constituer des éléments d'appréciation plus importants.

En conséquence, si la question des prêts à consentir ou à refuser doit être l'objet d'une enquête plus minutieuse, celle du recrutement des membres n'est pas moins délicate. Cette difficulté, très réelle c'est vrai, n'est pourtant pas insurmontable. Seulement ici, la sphère d'action ne sera plus la commune. Le recrutement sera restreint à un quartier, à une paroisse dont les habitants se rencontrent aux mêmes lieux, aux mêmes heures ; à une usine, à un syndicat, à un groupement quelconque dont les affiliés se retrouvent souvent ensemble.

Quant aux dépôts, ils seront certainement plus pénibles à amener. D'abord, on ne connaît pas aussi bien qu'au village les ressources des membres de la caisse, partant la valeur de la garantie offerte. En outre, les nombreux établissements financiers des villes s'emparent bien davantage des capitaux offerts dans leur enceinte. Enfin, si la caisse veut se lancer dans les prêts de construction, il y a lieu pour elle de s'assurer le concours de dépôts à long terme. Tout cela peut faire que la caisse urbaine doive rétribuer ses déposants à un taux plus élevé que les caisses rurales. Toutefois, l'obstacle ici encore n'est pas impossible à vaincre. D'une part le directeur d'une caisse de ville qui veut s'en donner la peine, arrive toujours à intéresser à son œuvre quelques personnes fortunées : elles auront la satisfaction de faire une bonne action... économique, puisque leur argent portera intérêt. D'autre part, les membres de la société elle-même lui confient volontiers leurs modestes économies. Enfin, quand la caisse adhère à une caisse centrale, rien ne l'empêche de recourir au crédit que celle-ci lui propose, si elle n'en peut trouver ailleurs. Seulement dans les institutions de cette nature, le tact, la prudence, le dévouement des administratrateurs importent plus encore que dans les caisses rurales. Mais ces conditions remplies, elles fonctionnent (les statistiques de leurs pertes sont là pour l'attester), avec tout autant de sécurité que ces dernières. Sans doute, elles n'atteignent pas leurs chiffres d'affaires, les prêts sont moins considérables d'ordinaire, mais qui ne sait les services inappréciables pour un humble ménage de salariés ou d'artisans, que peut rendre le billet de cinquante, de cent francs au plus, prêté à l'instant propice ?

Nous en avons fini avec la caisse ouvrière. Le développement relativement faible de cette institution (21 caisses en France, 1 en Irlande, une centaine en Italie, quelques-unes en Allemagne, dont il nous a été malheureusement impossible de connaître le nombre, car les statistiques des unions raiffeisénistes ne les distinguent pas des associations rurales, 2 ou 3 en Finlande), son analogie avec son aînée la caisse campagnarde, font que nous ne reviendrons plus sur elle d'une façon spéciale.

Nous nous bornerons pour finir ce chapitre à signaler en France, là où les populations agricoles et ouvrières ne sont pas suffisantes pour créer deux caisses distinctes, la fondation de caisses mixtes, à la fois rurales et ouvrières. Il en a été crée 34 chez nous par l'Union de Lyon. A l'étranger cette variété de caisses n'existe pas (1).

L'initiative raiffeiséniste s'est donc assez peu manifestée jusqu'ici dans ce royaume de l'industrie que sont les grands centres : le zèle de ses promoteurs y a pourtant fait de précieuses conquêtes, y a posé des jalons qui serviront de repères aux fondations à venir. Nous les voudrions prospères et nombreuses. Il nous eût semblé injuste en tout cas, dans une étude du Raiffeisénisme, de les passer sous silence ; nous souhaitons aux hommes de bien qui s'occupent de les créer et de les développer bon courage et bon succès.

1. Même en France, nous ne voyons pas très nettement l'utilité d'une dénomination spéciale pour les caisses prêtant à la fois aux agriculteurs et aux ouvriers d'usine. Si ceux-ci habitent un village, ils sont en effet des ruraux au même titre que les premiers et ils peuvent faire partie d'une caisse rurale. Les caisses mixtes ne peuvent se constituer que sous le régime de la loi du 24 juillet 1867, celle du 5 novembre 1894 ne visant que les sociétés exclusivement agricoles. Dès lors, même avec ce titre de rurales, rien ne les empêcherait de faire des avances à des non-cultivateurs, de prêter dans des buts justifiés de consommation, à la condition seule que les associés en soient prévenus. La dénomination de mixtes a pour but unique d'afficher, de faire éclater aux yeux des tiers que la caisse accorde les deux sortes de crédit : de production et de consommation. Cet avantage secondaire explique le petit nombre de caisses ayant pris cette épithète.

CHAPITRE III

Le rôle de l'Etat

Sources : « Compte rendu officiel du VIe congrès de l'Alliance Coopérative internationale. » Edition française, librairie Guillaumin et Cie, 1905.

Compte rendu *in extenso* du Congrès international de Tarbes. Collection du *Bulletin mensuel*, n[os] de septembre 1897 à juillet 1900.

Nous en avons fini avec l'exposé de l'organisme raiffeiséniste. Nous avons disséqué aussi sommairement et aussi clairement que nous l'avons pu, les différents membres de ce grand corps. Nous en avons passé en revue l'armature si minutieuse et pourtant si simple. Nous ne nous croyons pas cependant arrivé au bout de notre tâche. Dans beaucoup de pays (ce sont les pays orientaux de l'Europe : la Russie, la Serbie, la Bulgarie), l'Etat a cru devoir s'instituer chef de cet organisme, s'en faire pour ainsi dire la tête. Dans d'autres, l'Autriche, l'Allemagne notamment, il ne s'est pas contenté d'imposer les règles concernant la constitution, les opérations et l'inspection des caisses, il les a assistées d'une manière plus efficace. Quoique la question de l'opportunité de cette immixtion relève de la plus haute politique économique, qu'elle touche au domaine de la politique pure, qu'elle doive être solutionnée différemment suivant les lieux et suivant les temps; quoiqu'elle dépasse enfin de beaucoup notre compétence, il nous a paru difficile, à cause du rôle important joué par certains gouvernements dans le développement du système qui nous occupe, de ne pas citer quelques-unes des opinions les plus autorisées en cette matière. C'est dans le Compte rendu du congrès tenu par l'Alliance Coopérative Internationale à Budapest les 5, 6, 7, 8 septembre 1904, au milieu des plus éminents coopérateurs de tous pays, que nous en chercherons surtout l'expression.

La question posée au congrès n'était pas : l'Etat doit-il ignorer les sociétés coopératives (et les Raiffeisen sont de ce nombre) ? Nul homme sensé ne saurait prétendre que l'Etat n'ait le devoir d'assurer à la coopération des lois la mettant à même de se développer en sécurité, des lois même destinées à organiser le contrôle des opérations faites par les sociétés créées. M. le comte de Rocquigny, du reste, au commencement de la séance du 7 septembre, où fut discutée la question de l'interventionnisme, rappelait la résolution adoptée par le Congrès de Delft, invitant les pouvoirs publics « à ne prendre aucune disposition qui aurait pour effet de l'entraver (la coopération) et de mettre obstacle à son développement ; au contraire, à s'employer à la diffusion des principes raisonnés de l'association sous toutes ses formes, et, par une législation libérale et tolérante, à permettre l'accession du plus grand nombre aux bienfaits de la coopération. » La question qui se posait était la suivante : l'Etat doit-il ou non subventionner la coopération ?

A la suite du rapport de M. de Rocquigny et d'accord avec lui, le projet de résolution ci-dessous (qui modifiait son propre projet, pour affirmer de façon plus formelle dans sa rédaction, que toute coopération est basée sur l'initiative privée), fut soumis aux congressistes.

« Le Congrès,

« Rappelant le principe incontesté que l'organisation des institutions coopératives doit avoir pour base l'effort de l'initiative privée et de l'aide mutuelle,

« Mais, reconnaissant d'autre part que, dans certains pays, l'intervention de l'Etat a puissamment contribué à propager les associations coopératives qui ne s'y seraient pas développées sans cet appui ;

« Est d'avis :

« 1° Que dans tous les pays, l'importance sociale du rôle de la coopération commande une attitude bienveillante et même favorable de la part des pouvoirs publics ;

« 2° Que, dans les divers pays où l'intervention de l'Etat, se produisant sous forme de subventions ou avances, est jugée nécessaire au développement de la coopération, cette intervention doit demeurer modérée, temporaire, et respecter scrupuleusement l'autonomie des sociétés coopératives. »

Le préambule et la première partie du vœu ne furent l'objet d'aucune contestation. Il n'en alla pas de même de la seconde. Une discussion très vive s'engagea à son sujet entre de nombreux orateurs de toutes les puissances représentées. Nous avons relevé les opinions exprimées, elles classent ainsi leurs auteurs.

Partisans sans restriction de l'intervention de l'Etat : M. Heliès (France) délégué de la Bourse coopérative des socialistes français, et peut-être M. Barré (France).

Partisans de l'intervention de l'Etat dans certains pays et dans certaines circonstances : MM. Ertl (Autriche), comte de Rocquigny (France), comte Szechenyi, comte Zichy, Baloch, comte Mailath, Seidl, comte Karolyi, (Hongrie), Parini (Italie) professeur Schär (Suisse), Issakoff (Russie), et de Weydlich (Pologne russe).

Contre le principe de l'intervention de l'Etat : Mme Steinbach (Allemagne), MM. le docteur Alberti, von Elm, docteur Crüger (Allemagne), Wrabetz (Autriche), Füredi, Dr. Karacsonyi, comte Teleki (ce dernier en ce qui concerne son pays seulement) (Hongrie), Halstead, Maxwell, Vivian (Royaume-Uni), Dr Charles Wolff (Transylvanie).

Ceux que nous nommerons les partisans mitigés de l'intervention de l'Etat arguaient de l'impossibilité dans laquelle on se trouverait d'introduire sans son aide, la coopération dans certains pays et s'appuyaient tout spécialement sur l'exemple des nations comme l'Autriche, la Hongrie, où les gouvernements mettent avec succès la main à l'organisation des coopératives et leur procurent des ressources.

Les adversaires de l'Etat ripostaient par l'exemple des peuples chez lesquels la coopération s'est établie, a lutté et a triomphé par ses propres forces. Ils ajoutaient à ces faits, des raisonnements d'ordre pratique. Ainsi M. von Elm disait : « Je suis d'avis que, si l'Etat doit accorder son appui, il doit le faire sans avoir égard aux personnes, il doit intervenir de la même manière en faveur de toutes les coopératives, en toutes circonstances. Mais cela est tout simplement impossible suivant moi. (1). » Après lui, M. Füredi attaquait l'opinion soutenue que la coopération hongroise ne peut se passer de l'aide de l'Etat : « Pour que vous ne croyiez pas qu'il est véritablement exact, comme M. le conseiller Seidl l'a prétendu, que la Hongrie ne peut pas vivre sans l'aide de l'Etat, je me permets de vous dire qu'il y a en Hongrie quinze cents coopératives qui ne font pas partie de la Coopérative de crédit central du royaume... » Résumant ensuite les aspirations des coopérateurs anti-étatistes quant au rôle de l'Etat, MM. Crüger et Karacsonyi disaient :

Dr Hans Crüger : « N'oubliez pas, Messieurs, que ce n'est pas la question financière, mais bien la question de personnes qui est décisive pour la coopération. J'approuve tous les orateurs qui ont dit, touchant l'Etat, qu'il doit veiller à ce que les gens soient préparés à la coopération, pour en connaître les différentes espèces et pour en approfondir la nature. J'accepte ainsi l'aide de l'Etat et alors je prétends qu'en cette matière l'Etat n'a pas suffisamment fait, qu'on lui demande notablement plus. L'Etat devrait instruire le peuple pour les coopératives. Alors nous aurions une subvention de l'Etat qui satisferait tout le monde.... »

Dr Léopold Karacsonyi : « Nous demandons à l'Etat qu'il témoigne de la bonté à l'égard des coopératives, qu'il leur assure une législation juste, mais rien de plus. *Timeo Danaos...* »

1. Nous verrons plus loin combien les appréhensions de M. von Elm se justifient par l'exemple de la France, de la Hongrie, — nous pourrions même ajouter de l'Italie.

Enfin Mme Steinbach, s'écriait : « Si les coopératives demandent à l'Etat une subvention ou un crédit sans intérêt qu'elles font fructifier ensuite, sur les fonds de l'Etat qui ont été versés sous forme d'impôts par la collectivité, alors je ne comprends pas bien comment M. le représentant du ministère d'Agriculture d'Autriche pourrait encore parler de « moraliser » les coopératives. » M. le Dr Charles Wolff avait dit déjà : « La coopération et la vie coopérative sont le domaine absolument propre de l'initiative privée. L'initiative privée ne peut être ni commandée, ni remplacée par l'Etat. Celui-ci ne doit donc ni créer des coopératives, ni vouloir en créer, car autrement le vent et le soleil seront inégalement partagés et il y aura des favoris et des abandonnés, des enfants gâtés et des enfants délaissés, des privilégiés et des déshérités. L'Etat doit laisser les forces libres de s'unir pour la coopération et écarter tous les obstacles ; il ne doit pas aller plus loin à mon avis... »

Ces réquisitoires portèrent leurs fruits, les congressites devant cette division des avis décidèrent par 102 voix contre 55 de passer à l'ordre du jour pur et simple, sans qu'il soit voté sur le projet de résolution concernant l'assistance pécuniaire de l'Etat.

Si, abandonnant le Congrès de « l'Alliance Coopérative Internationale », nous nous reportons maintenant à un autre congrès international, le congrès tenu à Tarbes les 24, 25, 26 et 27 août 1897, sur la convocation de l'Union de Lyon, par les Raiffeisenistes de tous les pays, nous entendrons, dans la bouche du président du congrès, M. Louis Durand, des paroles très nettes de réprobation contre l'assistance que l'Etat pourrait vouloir porter d'une façon directe aux caisses rurales. C'est le procès complet de toute aide matérielle gouvernementale, aussi bien de l'aide donnée sous forme d'avances remboursables, faites sans intérêt, comme cela se pratique en France pour les mutualités de crédit agricole, que de celle fournie sous forme de subventions pures et simples (1).

D'abord une raison d'honnêteté. Si l'Etat s'impose des sacrifices pour les agriculteurs, où prend-il l'argent nécessaire, sinon dans les poches du contribuable qui a le droit de protester qu'on le dépouille au profit de son voisin ? « Que le crédit agricole coûte à l'Etat 40 ou 500 millions, le chiffre importe peu, c'est le principe qui est tout. » Or, c'est du socialisme cela !

Puis des motifs d'ordre pratique. Quand on se sera mis à favoriser ainsi une catégorie de citoyens, fût-elle cent fois intéressante, les autres ne réclameront-elles pas ? Ne s'affirmeront-elles pas aussi dignes de secours ? Va-t-on subventionner le crédit ouvrier, commercial, industriel ? Et puis, le crédit agricole demande à être employé modérément, avec discernement, sans quoi il est exposé à devenir inutile, nuisible même. L'Etat est-il capable de répartir ses dons suivant les lois d'une sage prudence ? N'est-il pas à craindre plutôt que, payeur, il veuille devenir aussi administrateur ; que seules soient soutenues les associa-

1. Nous insérons ici, dans le résumé du discours de M. Durand à la séance de nuit du 24 août 1897, quelques arguments qu'il ne produisit que le 25 août dans sa réponse à M. Le Cour-Grandmaison, afin de donner un aperçu complet de ses objections aux subventions étatistes. Pour la même raison d'ordre, nous avons reporté à la fin l'argument de ce sénateur contre lesdits subsides.

L'union de Lyon revint à de nombreuses reprises dans son *Bulletin* sur le danger d'une assistance gouvernementale.

tions qui suivront ses impulsions, se conformeront à ses indications, à ses préférences, celles peut-être que dirigeront ses amis ? Alors, d'autres plus utiles seront évincées et il s'attachera à elles ce discrédit qui ne tend que trop à couvrir tout ce qui n'a pas l'heur de plaire au gouvernement. Devront-elles abandonner leur indépendance pour se fonctionnariser et perdre ainsi toute souplesse, donc presque toute efficacité ? Et pour quoi retirer ? Un argent qui ne pourra jamais être qu'une faible partie des fonds qui lui sont nécessaires, — que, parce que les membres des caisses rurales sont gens solvables, leurs administrateurs auraient pu se procurer ailleurs, avec un peu de peine, — qu'ils seront portés à placer de façon moins sûre, puisqu'il ne leur coûtera rien. Beaux avantages vraiment !

Ce qu'il faut souhaiter, c'est que l'Etat préserve les caisses de crédit agricole des tracasseries de l'administration et du fisc, qu'il ne les gêne pas, qu'il ne les aide pas, mais leur accorde avec une bonne législation, la justice et la liberté.

Aucune contradiction ne s'éleva, le discours du président fut accueilli par des applaudissements unanimes. Il est vrai que la question n'était pas inscrite à l'ordre du jour, du rôle à tenir par l'Etat vis-à-vis des caisses rurales, mais rien ne s'opposait à ce que les congressistes, comme ils le firent dans maintes occasions par la suite, posassent des questions et des objections.

Bien mieux, lorsque dans la séance du 25 août au soir, M. Le Cour-Grandmaison, sénateur de la Loire-Inférieure, dans son rapport sur l'opportunité pour les caisses rurales françaises, de recourir aux avances que l'Etat semblait disposé à leur consentir sur les 40 millions de la Banque de France, conclut à l'inutilité de ces avances (1) ; quand M. Durand lui eut répondu en se félicitant d'être en si parfait accord avec lui, encore qu'il connût sa tendance à admettre l'assistance de l'Etat, aucune voix ne s'éleva encore pour contredire.

Or, se trouvaient réunis là des délégués des Raiffeisen alsaciennes, allemandes, anglaises, hongroises, belges, italiennes, russes, serbes, etc.

Nous rappelant dès lors l'appréciation sur le rôle de l'Etat portée à Budapest par un autre président d'union Raiffeisen, le Dr Charles Wolff, d'Hermannstadt, ne sommes-nous pas fondé à dire, que si les coopérateurs en général voient d'un œil méfiant l'ingérence des gouvernements dans leurs affaires, si beaucoup d'entre eux leur dénient de manière formelle la mission de s'en mêler directement, bien des Raiffeisénistes et la presque unanimité des Raiffeisénistes français s'en tiennent à cette dernière opinion (2).

1. Les caisses rurales, disait M. Le Cour-Grandmaison, peuvent trouver facilement des fonds par elles-mêmes ; le fait que des caisses refusèrent la forte subvention qu'une personne généreuse s'offrait à leur octroyer, l'exemple de toutes les Raiffeisen françaises qui ont jusqu'ici vécu sans un centime de subside, les attestations contenues dans les rapports des abbés Müller et Cetty pour l'Allemagne, le démontrent avec une évidence manifeste. Il est donc inutile pour elles d'accepter les avances de l'Etat. — Allons plus loin : ce serait dangereux ! Il est toujours pénible de ne pas consentir à des gens honorables, puisqu'ils sont membres de la société, les prêts qu'ils viennent solliciter, même lorsque les administrateurs considèrent leur destination comme imprudente. Mais combien ce serait plus difficile encore, si les demandeurs insistaient : « Après tout, cet argent que vous ne voulez pas nous remettre, l'Etat vous l'a donné pour que vous nous en fassiez profiter ». Et l'avis de l'honorable sénateur était que la fermeté de bien des administrateurs faiblirait à cette argumentation spécieuse.

2. Certains Raiffeisénistes étrangers, (ceux d'Autriche, Russie, Serbie et Bulgarie), semblent se trouver bien de cette assistance. Au

congrès de Budapest, M. le conseiller d'Etat Ertl, représentant du ministre de l'agriculture autrichien s'écriait, après avoir rappelé l'appui matériel et moral donné par son gouvernement aux coopératives agricoles de son pays, notamment aux caisses Raiffeisen : « Si je me rendais aujourd'hui dans une assemblée de la fédération des coopératives agricoles d'Autriche... et si je leur demandais : êtes-vous satisfaites que je formule ce principe que l'Etat doit nous laisser tranquilles ? on me rirait au nez... » D'autre part, les lettres reçues de MM. de Borodaewsky, Avramovitch et Tantiloff n'envisagent même pas pour les associations rurales russes, serbes et bulgares l'éventualité de renoncer à l'appui des pouvoirs publics.

En France, personne n'ayant protesté au congrès de Tarbes contre les appréciations de MM. Durand et Le Cour-Grandmaison (or à ces réunions assistaient des Raiffeisénistes venus de tous les coins du territoire et notamment les délégués officiels des 8 unions régionales et des 3 comités de propagande alors fondés), nous pouvons écrire que les Raiffeisénistes français sont hostiles, en immense majorité tout au moins, à l'assistance du gouvernement.

CHAPITRE IV

Les principes fondamentaux du Raiffeisénisme

Quoique nous ayons déjà vu comment fonctionne le système Raiffeisen et que de cet exposé, les plus importants principes se soient eux-mêmes dégagés; quoique de nombreux traités aient été répandus, ouvrages d'érudition ou de vulgarisation, pour les faire connaître, les discuter ou les défendre, il nous apparaît impossible de ne pas à notre tour en dire quelques mots. Nous nous bornerons toutefois à parler de ces principes qui sont l'essence de la caisse Raiffeisen, de ces règles de conduite qui la distinguent des autres institutions du même genre.

La tâche nous est singulièrement facilitée, parce que le congrès international, tenu à Tarbes en 1897, a pris soin d'indiquer dans le projet de statuts de l'alliance internationale raiffeiséniste duquel nous avons déjà parlé, les caractères nécessaires, inhérents à toute fondation de ce type, c'est-à-dire ceux que les Raiffeisénistes les plus compétents estiment caractéristiques de leur œuvre.

Nous citons l'article 2 où ils sont énumérés :

« Les principes essentiels d'une caisse Raiffeisen sont les suivants :

a) La Caisse Raiffeisen a pour but de procurer à ses membres un profit moral et matériel par le crédit.

b) Elle renferme ses opérations dans le cercle d'une commune, d'une paroisse ou d'une circonscription restreinte équivalente.

c) Les fonctions d'administrateur sont gratuites. Cette règle ne s'applique pas au caissier quand il n'est pas membre du conseil.

d) Les associés ne reçoivent aucun dividende, ou ne reçoivent qu'un dividende aussi minime que le permet la loi du pays.

e) Les associés sont responsables des opérations de la caisse, sans limitation.

f) La caisse ne prête qu'à ses seuls membres, en tenant compte de leur moralité et de leur solvabilité.

g) Les bénéfices réalisés par la caisse forment une réserve qui ne peut être partagée entre les associés, même en cas de dissolution. »

Voilà donc les sept principes auxquels est attachée la doctrine des Raiffeisénistes, les sept sommets autour desquels gravite leur pensée (1).

---

1. Dans son ouvrage très clair « les principes fondamentaux du Raiffeisénisme », M. Georges Malherbe, secrétaire du cercle d'études sociales de Binche, classe ainsi les principes auxquels se soumettent ces caisses :

I. — Principes ayant trait aux membres : limitation territoriale ; solidarité illimitée avec ses atténuations de fait (choix des membres, détermination de maxima pour les prêts, conditions des prêts).

II. — Principes ayant trait au capital social : exclusion du capital social ; des dividendes ; indivisibilité de la réserve.

III. — Principes ayant trait au capital d'exploitation : [illegible]essité d'un capital d'emprunt ; préférence à donner à l'emprunt [illegible]rme de dépôt accepté ; préférence à donner aux dépôts des [illegible]es ; réglementation de l'intérêt des dépôts ; réglementation de[illegible]uits.

IV. — Principes ayant trait aux opérations de prêts : octroi aux seuls membres dignes et capables ; montant des prêts ; destination

Avant de les examiner un à un dans leur portée et dans leurs résultats, nous allons voir comment ils distinguent la caisse Raiffeisen d'une institution née pour ainsi dire en même temps qu'elle, assez proche extérieurement de son propre type, nous voulons parler des banques populaires Schulze-Delitzsch (1).

Quant aux deux premiers principes, nous devons remarquer seulement que le but moral, sans doute parce que des préoccupations intéressées viennent s'y superposer, apparaît recherché par les Schulze-Delitzsch avec une ardeur moindre que par les Raiffeisen. Puis les fonctions d'administrateurs et toutes les fonctions de la société sont rétribuées. Un dividende est accordé aux adhérents, auxquels on a tendance, pour développer leur sentiment d'économie, à faire payer — en très longtemps — de grosses parts d'action. Mieux, les directeurs reçoivent un tant pour cent sur les opérations qu'ils font réussir à la banque (ceci semble bien d'après l'expérience même des Schulze-Delitzsch, être une disposition souverainement imprudente). Ces banques admettent la responsabilité illimitée ou limitée sui-

---

des prêts ; durée des prêts ; intérêt exigé ; garanties ; remboursement.

V. — Principes ayant trait à la gestion : gratuité des fonctions ; surveillance des prêts ; de la comptabilité ; limitation de l'encaisse.

VI. — Principes ayant trait à la fédération des caisses : la nécessité des unions ; la nécessité des caisses centrales.

1. Notons que les deux systèmes ont des partisans et des adversaires irréductibles. Le système Schulze-Delitzsch est d'ordinaire préféré dans les centres urbains. En Russie, Allemagne, Autriche-Hongrie, Italie, on rencontre des caisses des deux types ; en Belgique aussi, mais les Schulze-Delitzsch infiniment rares : deux contre plusieurs centaines de Raiffeisen. En Roumanie au contraire, toutes les sociétés de crédit mutuel agricole sont des Schulze-Delitzsch ; deux ou trois Raiffeisen, ont seulement éte créées à titre d'essai.

vant les lieux. Elles prêtent à leurs associés et à d'autres qu'à eux. Elles constituent une réserve partageable. Bref, elles devraient, à notre avis, être considérées comme des banques privées, outillées d'une façon spéciale pour le petit crédit, plutôt que comme de simples banques mutualistes.

A. — *La Caisse Raiffeisen a pour but de procurer à ses membres un profit moral et matériel par le crédit.*

Dès le premier chapitre de cette thèse, nous avons souligné le but moralisateur visé par Raiffeisen. Nous avons dit comment le crédit n'était à ses yeux qu'un moyen pour atteindre ce but, plus exactement : avec quelle volonté forte et formellement exprimée en diverses occasions, il prétendait, grâce au crédit rural et au bien-être qu'il procure, faire servir l'octroi de ce crédit au perfectionnement moral des habitants des campagnes. Et cela nous dispense d'insister à nouveau ici, sur cette particularité de l'institution. Qu'il nous suffise de constater que les disciples du maître sont partout restés fidèles à sa tradition : le *Bulletin* des caisses françaises, les tracts de l'union de Neuwied, les rapports tyroliens, les brochures belges, etc., nous renseignent amplement sur ce point. Ordre, qualités morales, à côté des qualités intellectuelles, esprit d'économie, ont été partout exigés non des seuls emprunteurs, chez lesquels tout cela forme une garantie de sécurité pour la caisse prêteuse, mais chez tous les membres de ladite caisse. Il y a mieux, cette obligation de la gratuité des fonctions imposées aux administrateurs et aux surveillants des caisses, cette solidarité illimitée de tous, que nous envisagerons un peu plus loin au point de vue économique, supposent, à l'état préexistant, un certain esprit d'altruisme, que sa pratique constante ne saurait que fortifier dans les cœurs.

La caisse Raiffeisen se propose un double but économique. Par les facilités de placement que comporte sa caisse d'épargne, par la sécurité et la rémunération avantageuse des dépôts : attirer l'argent qui dort parfois improductif dans le fond des armoires villageoises ; le rendre productif d'intérêt ; empêcher le plus possible le gaspillage des petites sommes que peuvent avoir entre les mains les ouvriers, domestiques, enfants ; — développer chez eux ces vertus hautement sociales que sont la prévoyance et l'économie ; détourner des entreprises industrielles et commerciales une partie de cet or qui y afflue en trop grande abondance, non sans risques quelquefois pour les placeurs ; le retenir au service de l'agriculture, d'une façon plus large : des ruraux, auxquels il pourra procurer d'immenses avantages. Puis, comme deuxième but, utiliser cet argent par des prêts judicieusement consentis à ceux qui en ont besoin, tout en prenant les précautions voulues pour qu'il ne puisse devenir par leur imprudence, un danger d'appauvrissement. Voilà le développement de ce premier caractère de la caisse rurale.

B. — *La caisse Raiffeisen renferme ses opérations dans le cercle d'une commune, d'une paroisse ou d'une circonscription restreinte équivalente.*

La limitation territoriale du district où opère la caisse Raiffeisen et en dehors duquel elle ne peut recruter d'adhérents, est une nécessité imposée par le caractère même de ses opérations les plus courantes. Organisée pour le crédit personnel, elle prête la plupart du temps à des gens qui ne peuvent lui donner aucune sûreté réelle, mais seulement lui fournir une caution, très souvent aussi dénuée qu'eux-mêmes de toute propriété immobilière, voire mobilière susceptible d'être engagée. Il est dès lors indispensable que la conduite, les aptitudes intellectuelles, professionnelles surtout, les besoins raisonnables des emprunteurs et leur capacité de crédit soient parfaitement connus des personnes chargées d'accorder ou de refuser les prêts. Il est très utile même que les membres de la caisse qui répondent du passif social, les connaissent eux-mêmes, puissent contrôler l'opportunité et l'emploi des prêts pour calmer les appréhensions légitimes que pourrait faire naître en eux la pensée de leur responsabilité. Il importe aux tiers déposants de pouvoir vérifier facilement, le cas échéant, la destination de leurs fonds et d'acquérir sans peine la certitude que la société n'a pas, par l'acceptation de trop nombreux dépôts, porté atteinte à la valeur de la garantie qu'elle offre, que ses obligations ne sont point si lourdes que le répondant constitué par la responsabilité illimitée des adhérents n'y puisse faire face en tout état de cause (1).

Or, la commune ou la paroisse généralement adoptée comme division territoriale dans laquelle se renferme la caisse rurale, semble bien réaliser cette nécessité de bon fonctionnement. On se connait au village, on sait ce qui se passe chez Pierre, chez Paul, on n'ignore pas la situation approximative de tel ou tel. Bien plus, il serait facile même à un étranger qui en serait désireux (et l'hypothèse peut se présenter, puisque rien n'empêche les caisses d'admettre des dépôts venant d'autres localités) de se renseigner rapidement. Ici encore la règle ne peut être qu'approuvée ; nous croyons même, que seule des lois qui régissent les caisses rurales, elle a eu cette faveur singulière de ne jamais soulever d'objections parmi leurs adversaires, tant se dégage avec netteté son éclatante opportunité.

C. — *Les fonctions d'administrateur sont gratuites. Cette règle ne s'applique pas au caissier quand il n'est pas membre du conseil.*

Nous avons dit déjà comment le traitement du caissier pouvait se trouver imposé par l'impossibilité qu'il en soit autrement dans certaines caisses très importantes du

---

1. Nous avons déjà vu que beaucoup de sociétés tiennent secrètes les opérations de prêt. Les contrôles indiqués ici ne peuvent naturellement s'y exercer, Déposants et sociétaires sont contraints de s'en remettre aux administrateurs, aux membres du conseil de surveillance et à la caution du soin de veiller à la securité des opérations et à l'emploi donné aux prêts accordés. Quoiqu'ils puissent compter sur la sagesse des premiers, élus par leurs pairs parmi les plus compétents, et sur l'intérêt personnel de la caution le cas échéant, il y a là une conséquence regrettable et contraire aux idées raiffeisénistes des préjugés paysans contre le crédit.

moins. Qu'un homme consacrant une grande partie de son temps à une besogne longue et ennuyeuse, fatalement préjudiciable à ses autres occupations, si même elle ne les lui interdit pas absolument, — qui encourt de graves responsabilités, reçoive une indemnité : cela est équitable. Mais s'il s'agit des membres des conseils d'administration et de surveillance, il n'en va plus de même. Leur rôle dans la caisse n'est point absorbant, il ne nuit pas à l'exercice de leur profession d'une façon habituelle. Rien ne les empêche de prendre sur leurs loisirs les instants que réclament leurs charges. Ils n'apportent en un mot que leur dévouement, sans subir aucun préjudice de ce chef.

Et ce désintéressement, si capable de faire planer sur les fonctionnaires de la caisse l'auréole d'une juste considération et d'une reconnaissance méritée, est excessivement favorable au bon recrutement des dignitaires et à leur sage administration.

Lorsque l'assemblée générale élira ses conseils, on ne verra pas sans doute ces compétitions nombreuses, propres à introduire la désunion, que ne manquerait pas de susciter l'appât du gain. Comme il s'agira simplement de charges à assumer, sans bénéfices matériels à recueillir, les amitiés et les inimitiés de personnes, de familles, aussi fréquentes et aussi tenaces à la campagne qu'elles sont cachées, se donneront bien moins libre cours que s'il fallait pourvoir à des fonctions avantageuses : la capacité des individus, leur prudence, leur intégrité, bref, la considération de l'intérêt de la caisse détermineront seules les votes des sociétaires.

Et puis, dénués de tout intérêt propre à ce que le chiffre

d'affaires de la caisse soit élevé pour que ses bénéfices puissent payer leurs traitements, les administrateurs une fois nommés ne seront pas tentés d'augmenter au détriment de leur sécurité, le nombre et l'importance des opérations.

Enfin, la caisse pourra prêter à des taux plus bas ses capitaux, puisqu'elle ne supportera à peu près aucun frais.

D. — *Les associés ne reçoivent aucun dividende, ou ne reçoivent qu'un dividende aussi minime que le permet la loi du pays.*

Une seconde précaution de même but que la précédente est l'interdiction de répartir aucun dividende entre les associés, l'obligation tout au moins de les réduire au plus strict minimum possible dans les pays où la législation interdit aux caisses Raiffeisen de se fonder sans parts sociales. Par cette règle comme par la précédente est exclu de la société tout esprit de spéculation. Les membres de la caisse (y compris les administrateurs qui, s'ils n'avaient pas d'avantages comme tels à ce que la caisse fasse de gros bénéfices, pourraient en avoir comme membres), n'auront pas intérêt eux non plus à ce que soit élevé le chiffre d'affaires. Ils ne nommeront pas de ces dirigeants audacieux, toujours préoccupés d'agrandir le cercle de leurs affaires.

Nous n'insisterons pas sur ce point, il faudrait répéter ce que nous avons écrit au précédent paragraphe, et nous

nous hâterons d'arriver à la grande règle, à la règle fondamentale du Raiffeisénisme : la responsabilité solidaire illimitée des membres de la caisse. Nul principe n'a été plus critiqué que celui-là, nul n'est plus essentiel à la vitalité du système ; nous allons l'examiner d'un peu près.

E. — *Les associés sont responsables des opérations de la caisse sans limitation* (1)

Quatre-vingt dix-neuf fois sur cent, l'homme qui détient de l'argent se laissera peu toucher par l'usage que l'emprunteur veut faire de ses fonds, et fût-ce l'œuvre la plus utile du monde qui le sollicitât, il posera avant toute décision cette double question : « Quel avantage aurai-je à vous prêter mon argent ? Me le rendrez-vous une fois prêté ? »

A la première question, la caisse Raiffeisen répondra : « Je vous servirai un intérêt raisonnable. » A la deuxième, elle montrera ses statuts au déposant. Ils fourmillent, peut-on dire, de garanties pour lui : limitation territoriale, qui permet les renseignements et le contrôle ; conditions rigoureuses du choix des sociétaires, de l'accord des prêts ; précautions pour rendre certain leur remboursement ; garantie de bonne administration qui, en assurant la caisse contre les pertes, rassure le déposant lui-même ;

1. Plusieurs des remarques faites dans ce paragraphe, seraient mieux situées dans le chapitre réservé à la discussion des objections opposées aux principes raiffeisénistes. Afin d'éviter un morcellement trop grand dans l'étude de la responsabilité illimitée, nous nous résolvons à leur donner place ici.

— enfin, responsabilité solidaire illimitée de tous les associés, quant aux obligations régulièrement contractées par la caisse. Sans doute, ce fait de donner aux déposants la garantie, le cautionnement pour ainsi dire, du patrimoine intégral de tous ses adhérents, va attirer à la caisse la confiance des déposants. Comment ne se sentiraient-ils pas en pleine sécurité devant un répondant qui dépasse dans d'énormes proportions le chiffre des obligations de la caisse ?

« Le *groupement régional des caisses du Doubs,* écrit le distingué président de l'Union de Lyon, M. Durand, dans sa brochure *La caisse rurale, la caisse ouvrière* (2e édition, p. 11), a fait en 1898 une intéressante statistique, de laquelle il résulte que 52 caisses composées de 1428 membres, offraient à leurs créanciers une garantie *foncière* de 14.700.000 francs, dont 4.200.000 en propriétés bâties et 10.500.000 en propriétés non bâties, sans préjudice de la fortune mobilière des associés, bétail, instruments, récoltes, etc. Or, ces caisses n'avaient emprunté que 185.000 francs, leurs membres n'ayant pas eu besoin de sommes plus considérables. Ces caisses offraient donc à leurs déposants une garantie foncière couvrant 75 fois leurs dépôts. » Quelle banque par actions présente un répondant pareil, quelles valeurs d'Etat ou autres permettent semblable sécurité ?

Notons que cette magnifique garantie est donnée sans que ceux qui la fournissent en souffrent le moins du monde, puisque leurs biens demeurent à leur libre disposition, qu'ils ne sont grevés d'aucune hypothèque.

Mais puisque l'avoir des adhérents reste en leur puissance absolue, n'y a-t-il pas lieu de craindre que ceux-ci ne le dissipent et que la garantie ne se trouve, sinon annihilée, du moins considérablement amoindrie ? Remarquons d'abord que, pour prendre l'exemple des caisses du Doubs relevé plus haut, il aurait fallu, — la valeur de la propriété foncière restant la même, — que les membres de la caisse perdent tous, ou aliènent (et dépensent ensuite l'argent retiré de la vente), les 74/75 de leur fortune foncière et toute leur fortune mobilière... pour que perdent les déposants ? Non pas ! Pour que la société puisse subsister avec des dettes exactement balancées par l'avoir de ses affiliés...

Mais la disproportion entre le passif de la société et son répondant, n'est pas sans doute partout aussi immense.

Voici un extrait du rapport de l'*Union des caisses rurales serbes en Autriche-Hongrie* (siège à Agram) pour l'année 1905.

Fortune mobilière et immobilière des membres de ses 221 caisses..........	48.000.000	de couronnes
Desquelles il faut déduire : dettes hypothécaires et autres..................	4.500.000	—
Soit une fortune dépourvue de toute charge de.......	43.500.000	—
Ces caisses ont reçu en dépôts de diverses catégories.....................	1.159.901,17	—

Le répondant des associés couvre ici entre 37 et 38 fois la dette de la société.

Les statistiques des caisses du Doubs et de l'Union

d'Agram sont les seules fournissant le recensement de la fortune de leurs membres que nous ayons en notre possession. Mais elles suffisent (1). Si des caisses établies dans des régions qui ne sont pas considérées comme d'une richesse exceptionnelle peuvent présenter de telles garanties, ne sommes nous pas fondé à dire qu'un autre placement, quel qu'il soit, ne pourrait être aussi sûr ?

Devant cette éloquence des chiffres, il paraît inutile d'envisager la possibilité d'une perte ou d'une dissipation telles, que la fortune des adhérents des caisses diminue assez pour permettre des craintes légitimes aux déposants. Rappelons pourtant qu'il s'agit d'hommes choisis parmi les plus honnêtes, les plus habiles, les plus économes, parmi ceux qui ont une conduite régulière ; rappelons combien il est facile aux déposants de se renseigner sur ce qui se passe et de retirer leurs fonds dès qu'ils les supposent menacés, avant que soit consommée la ruine des sociétaires et passons, non sans toutefois remarquer, qu'il était indispensable à un groupe d'emprunteurs sans crédit de présenter une sécurité de placement très grande, d'emporter l'hésitation des capitalistes par l'évidence criante de la plus absolue sécurité. On fait volontiers crédit à l'homme qui passe pour riche, même d'une façon imprudente, comme le démontrent les innombrables escroqueries dont les commerçants, gens défiants par profession pourtant, sont chaque jour victimes de la part de filous habillés à la dernière

1. D'après le rapport de M. L. Durand au Congrès international d'agriculture ouvert à Bruxelles le 8 septembre 1895, la garantie offerte par les Raiffeisen allemandes à leurs créanciers variait entre 10 et 50 fois le montant de leurs dettes.

mode ; on refuse impitoyablement une confiance mille fois moins aventurée au pauvre honnête et laborieux, on veut être en garde contre lui, on exige des garanties, on les discute avec un esprit souvent prévenu. Pour ce, toute restriction à la responsabilité des membres eût été une cause de doute, d'inquiétude dans l'esprit des placeurs, de trouble peut-être injustifié mais réel : en un mot, la responsabilité solidaire illimitée s'imposait.

Nous venons de voir que cette sorte de responsabilité constituait une garantie sûre pour les prêteurs qu'elle était nécessaire pour donner à la caisse le prestige dont elle a besoin aux yeux des détenteurs de l'argent ; il nous reste à rechercher si cette forme de la responsabilité peut sans une juste frayeur être acceptée par les gens qui auraient l'intention de devenir membres de la caisse rurale.

Nous avons dit dans notre première partie, quelles difficultés Raiffeisen avait tout d'abord rencontrées pour faire pénétrer cette notion de la responsabilité illimitée dans les milieux paysans. Corollairement à l'effet moral intense et rassurant produit sur le prêteur éventuel par cette perspective, un courant en sens contraire se manifeste chez celui qui va être soumis à cette condition. Il nous suffirait, pour prouver que cette sorte de responsabilité arrive très bien à s'implanter, de montrer le vaste champ, l'Europe entière, couverte de plus de 20.000 Raiffeisen.

Cependant, discutons la situation faite par la responsabilité illimitée aux membres de la caisse. Voyons si ce principe fondamental qui permet à des individus sans crédit de donner par leur union et leur responsabilité entière une magnifique garantie à leurs créanciers, est dangereux. Risque-t-il d'entraîner des catastrophes ? L œuvre de Raiffeison est vaine — davantage elle est mauvaise, on ne doit pas lui apporter son concours !

La responsabilité solidaire des membres n'est mise en jeu que quand la société subit une perte : un prêt ne rentre pas. Supposons que 500 francs soient le montant de ce prêt. (Il faut considérer cette somme comme fort élevée pour une caisse rurale, « surtout, ajoute M. Louis Durand prenant ce même chiffre pour envisager la même hypothèse, *opus. cit.*, p. 14, lorsqu'il s'agit d'un prêt à un homme qui ne devait vraisemblablement pas inspirer une confiance absolue »). Supposons que rien n'a été perçu ni de l'emprunteur, ni de la caution : voici la caisse en retard de 500 francs. Si la société existe depuis plusieurs années, il est fort probable que son fonds de réserve pourra couvrir cette perte. Mais prenons l'événement dans ses conditions les plus défavorables. Supposons que la caisse vienne d'être fondée et n'ait pas un sou au fonds de réserve ; que ses membres soient peu nombreux, une dizaine, qu'ils soient peu fortunés. A eux dix, ils ont bien sans doute, tout leur avoir compris, 25.000 francs. Supposons pour continuer notre hypothèse infiniment désavantageuse que la société ait 5000 francs de dépôts — or, il est invraisemblable qu'à une caisse si pauvre, sans réserve, on ait déjà prêté 5.000 francs ; — admettons-le pourtant. Cela représente pour chacun de ses membres un prêt de 500 francs : ceci aussi est exorbitant pour une caisse dans la situation envisagée, mais n'importe (1).

1. Soulignons bien que nous nous plaçons dans une hypothèse infiniment défavorable, qui sans doute ne se présentera jamais en pratique.

Voici donc, vis-à-vis des déposants, la position de la caisse : une dette de 5.000 francs, représentée par 4.500 francs de créances recouvrables et 25.000 francs de garantie. Lesdits déposants vont-ils s'affoler, réclamer en masse leur argent ? Lequel songerait à s'offusquer d'une semblable situation ? Leur garantie reste toujours de 25.000 francs car l'expulsion de l'emprunteur malhonnête et de sa caution si celle-ci était sociétaire, n'entame pas cette garantie. La caisse n'ayant rien pu recouver, ni sur l'un ni sur l'autre, c'est qu'ils ne possédaient rien.

Mais les associés devront-ils combler la perte ? En aucune façon ! La caisse continuera de fonctionner comme si rien de fâcheux n'était survenu. Grâce à la différence entre le taux des prêts et des dépôts, cette perte s'amortira petit à petit, et à supposer qu'elle persiste à fonctionner dans les mêmes conditions (ce qui est peu probable, car une caisse faisant dès sa fondation de si fortes opérations répond à un besoin pressant et se développera), la perte sera récupérée en une dizaine d'années si l'écart des taux est de 1 0/0, en treize à quatorze ans si l'écart n'est que de 0,75 0/0. Rien même n'empêcherait les administrateurs d'élever le taux des prêts de 1/2 0/0 par exemple pour

---

Caisse nouvellement fondée, comprenant peu de membres, très pauvres, (2.500 francs par tête de fortune totale, alors que les évaluations signalées plus haut donnent 6.019 couronnes pour les membres de l'union d'Agram et 10.294 francs d'avoir immobilier seul pour ceux du groupe du Doubs), sans aucune réserve, ne recouvrant rien sur l'emprunteur ni sur sa caution — et pourtant nous posons en fait que cette caisse, malgré l'absence de toute garantie sérieuse, a été assez naïve pour avancer 500 francs alors que cette somme est rarement atteinte par les Raiffeisen dont nous avons précédemment décomposé les prêts d'après leur montant, (en 1904 et 1905 en Belgique : 590 et 575 opérations sur 3.065 et 3.053, en 1905 encore pour l'union d'Agram 431 sur 9.170 dépassant ce chiffre)

combler plus vite le déficit. Nul par conséquent ne perdra, et si les prêts de la caisse sont sûrs désormais, si elle ne se laisse plus aller à des imprudences, (et il est à croire que la leçon lui servira), il en sera comme si aucun accident n'était arrivé. (1)

Mais il y a mieux. Cette responsabilité illimitée si terrible au regard de ceux qui seraient tentés d'entrer dans l'association, elle est, si nous l'osons dire, un véritable trompe-l'œil. Les associés sont libres de la limiter et d'en répartir les risques autant qu'ils le veulent, et comme ils le veulent, puisqu'ils fixent à la première assemblée générale les maxima des prêts que la caisse peut consentir à un même individu et du chiffre global des prêts qu'elle peut accorder. Que le montant total déterminé soit de 5.000 francs, la responsabilité se trouve bornée à ce chiffre, soit, pour une caisse de 10 membres, à 500 francs par tête.

Ajoutons à cela les sécurités si grandes qui découlent pour les adhérents de cette limitation territoriale, de ces précautions multiples prises dans le choix des sociétaires, emprunteurs possibles, dans l'octroi des prêts, sur lesquels on ne saurait trop revenir, et nous serons bien forcés de convenir que la base du Raiffeisénisme, cette responsabilité solidaire illimitée de tous les membres, n'a rien au fond de l'épouvantail qu'elle paraît être à un examinateur superficiel. C'est le cas de répéter après le fabuliste : « De loin c'est quelque chose et de près ce n'est rien. »

1. Renvoyons encore ici à la note sur les pertes éprouvées par les caisses étrangères et au tableau de la IIIe partie qui indique celles subies par les caisses françaises de l'Union de Lyon ; on se convaincra que très exceptionnels sont les cas où perdent les Raiffeisen.

F. — *La caisse ne prête qu'à ses seuls membres, en tenant compte de leur moralité et de leur solvabilité.*

Que la caisse ne prête qu'à ses seuls membres, en tenant compte de leur moralité et de leur solvabilité, c'est une précaution que commande le bon sens financier le plus élémentaire. C'est tout à la fois encourager la vertu, visée suprême du Raiffeisénisme, aider au développement de la caisse, car bien entendu personne ne consentirait à s'y faire inscrire, et elle ne pourrait fonctionner, puisque l'avoir de ses membres est la garantie qui lui attire des dépôts, si, sans encourir la responsabilité solidaire, on pouvait bénéficier de ses avantages. C'est enfin se donner à elle-même toute certitude de remboursement puisqu'elle ne prête qu'à des gens honnêtes, courageux, intelligents et parfaitement connus d'elle. Ce sont là considérations évidentes sur lesquelles il serait superflu de s'attarder longuement,

G. — *Les bénéfices réalisés par la caisse forment une réserve qui ne peut être partagée entre associés, même en cas de dissolution.*

Enfin, comme l'absence de tout dividende aux associés, comme la gratuité des fonctions, l'interdiction de répartir entre les membres le fonds de réserve de la caisse dissoute, a pour but d'empêcher l'esprit de lucre de s'introduire dans l'institution et de compromettre la sécurité de ses opérations. Elle tend en même temps à prolonger l'existence des caisses rurales et par conséquent la durée et le nombre de leurs bienfaits. Quelle ne serait pas en effet la tentation à laquelle seraient soumis les membres d'une caisse riche de la dissoudre, sans cette précaution, pour se partager sa réserve ! — Ajoutons subsidiairement que ce fonds de réserve important n'ayant pu se constituer qu'après de nombreuses années de fonctionnement, après le passage à la caisse de plusieurs générations, vu les faibles bénéfices retirés par elle de ses opérations, il y aurait quelque chose d'un peu injuste à faire profiter les derniers venus du bénéfice accumulé par les efforts de tous. — C'est avec raison qu'on en a écarté la possibilité.

Voici terminé l'examen des principes fondamentaux du Raiffeisénisme, Après les avoir discutés il est impossible de ne pas admirer la parfaite concordance avec laquelle tous tendent par des moyens pratiques, vers les buts moraux et économiques cherchés par son fondateur. Il ne semble pas que ce magnifique édifice, où tout est si harmonieusement combiné, puisse susciter de critique, il apparaît qu'on doive s'applaudir seulement d'avoir une si excellente institution de petit crédit, — et pourtant des attaques violentes sont venues de tous les points de l'horizon essayer de l'ébranler, de ruiner sa conception. Le succès, sans cesse mieux établi et plus probant de l'œuvre, n'a pas désarmé ses adversaires. Nous allons voir ce que valent leurs objections.

CHAPITRE V

Les objections au Raiffeisénisme

Le système Raiffeisen, — à supposer même que son acceptation et sa mise en pratique par les peuples n'eussent pas porté atteinte à tant d'intérêts inavouables, — était fondé sur des bases trop nouvelles pour ne pas éveiller quelques méfiances à l'origine : les critiques devaient naître d'elles-mêmes contre les premières fondations, il n'y avait là rien de surprenant. Mais qu'après quarante ans de triomphes continuels, quarante ans passés sans qu'une seule catastrophe soit venue justifier les craintes émises, les attaques lancées par un grand nombre, les objections de jadis soient représentées avec une étrange ténacité, cela prouve qu'il n'y a pires aveugles que ceux qui, doués d'yeux sains, ne veulent point voir. Cela prouve qu'à côté des intéressés à ce que les humbles ne soient pas assistés par des mains honnêtes, il y a la classe immense, assez bien intentionnée au reste, de ceux qui ne veulent pas les voir soulagés par d'autres que par eux-mêmes.

La persistance et la violence de ces attaques nous font

un devoir de les signaler. Nous en parlerons brièvement, car les critiques contre l'économie même du système ne peuvent plus guère être soutenues à l'heure actuelle, où celle-ci a reçu la consécration éclatante des faits et souvent l'adhésion officielle des gouvernements. Les autres, touchant le domaine politique ou religieux, ne sauraient être rappelées ici que pour mémoire.

Dès l'abord, nous l'avons dit, la responsabilité solidaire illimitée inscrite au programme raiffeiséniste suscita de graves polémiques de la part des uns, des défiances exagérées de la part des autres. Le paysan si craintif, si ennemi souvent de la nouveauté, oserait-il s'engager de la sorte ? — Lorsque nous avons étudié les principes du système, nous avons vu ce qu'il fallait penser pratiquement de ces opinions, nous avons acquis la conviction ferme que si cette obligation procurait à la caisse toute facilité de trouver des fonds, si elle mettait en action cette belle maxime du solidarisme : Un pour tous, tous pour un, en somme elle n'engageait pas plus les adhérents de la caisse qu'une responsabilité limitée, dont la quotité serait fixée au chiffre donné par ceux-ci comme maximum aux prêts que pourrait consentir la société. Nous avons vu que cette responsabilité n'était jamais appelée à recevoir en fait, la sanction à laquelle se soumettent en droit les Raiffeisénistes. Nous ajouterons seulement qu'aucun cas, à peu près aucun cas du moins, ne s'est produit jusqu'ici où les membres d'une caisse rurale aient dû désintéresser de leur poche les créanciers de l'association (1).

1. Nous n'avons connaissance que d'une seule caisse Raiffeisen dissoute en perte : celle de Dieddrichshagener. Nous n'affirmons

Nous ne reviendrons donc sur ce principe que pour nous demander si, alors même qu'il l'eût voulu, Raiffeisen aurait pu s'en passer ; pour voir ce que lui-même et quelques autres autorités pensaient en cette matière, après expérience ; pour remarquer enfin la préférence donnée à cette forme par la plupart des sociétés de crédit agricole allemandes, malgré la possibilité qui leur est accordée aujourd'hui d'adopter la responsabilité limitée.

Depuis longtemps déjà, au moment où fut fondée la première caisse Raiffeisen, la législation prussienne rendait la responsabilité illimitée obligatoire pour les associations de ce genre, afin de donner toute sécurité à leurs créanciers (1). Les lois du 27 mars 1867 pour le royaume de Prusse et du 4 juillet 1868 pour les Etats confédérés de l'Allemagne du Nord, maintinrent cette prescription. Seules en Allemagne admirent des exceptions à cette règle : la Saxe (loi du 15 mai 1868) et la Bavière (loi du 29 avril

pas que le fait soit unique, mais c'est le seul que nous ayons relevé dans la littérature assez abondante que nous avons eue sous les yeux, concernant les associations de ce genre. Ce qui nous confirme dans l'idée que de tels faits sont pour le moins excessivement rares, c'est le tapage mené à l'époque autour de cet événement par les adversaires du Raiffeisénisme en Allemagne. Et la chose en valait la peine ; qu'on en juge plutôt !

La caisse de Dieddrichshagener, forte de 34 associés, se dissolvait au début de 1897 avec un déficit de 76 marks 64, (95fr.80) soit 2fr.81 à payer par tête. Or les « Blætter für Genossenschaften, » organe de la fédération des banques Schulze, écrivait : « Un commentaire sur ce bilan est inutile, il ne pourrait qu'affaiblir l'impression que doit faire sa publication. — Mais nous pouvons remarquer que les liquidateurs d'une société qui se dissout en déficit qui n'est pas couvert par les réserves et les parts sociales, sont obligés de la déclarer en faillite... » — Ce triomphe bruyant pour un si mince accident, nous dispense nous-même de commentaire...

1. Ces renseignements sont fournis par l'exposé des motifs du premier projet de la loi allemande sur les associations. Nous les avons découverts, ainsi que plusieurs des suivants dans une brochure éditée par l'imprimerie Raiffeisen de Neuwied intitulée : *Unbeschrænkte oder beschrænkte Haftpflicht.*

1869). La loi du 1er mai 1889 dérogea la première pour tout l'Empire à cette obligation, en permettant la fondation d'associations à responsabilité limitée. Quand bien même Raiffeisen l'eût voulu, il n'aurait donc pu, ses premières caisses étant établies en pays prussien, choisir d'autre forme de responsabilité que la responsabilité illimitée.

Il ne le regretta pas du reste, puisque dans son livre *die Darlehenskassen Vereine als Mittel zur Abhilfe der Noth der lændlichen Bevœlkerung*, il écrivait : « L'expérience prouve de la façon la plus éclatante, ceci a déjà été mentionné, que les districts des caisses doivent être aussi petitement limités que possible, autant du moins que celà est compatible avec leur vitalité. Il va de soi que, même si tous les chefs de famille prennent part (à la caisse), le nombre de ses membres demeure cependant limité. En pays plat, les immeubles sont chargés de multiples hypothèques dans la plupart des communes et en outre d'autres dettes existent encore par suite du besoin général de crédit. Supposé que tous les membres répondent solidairement sur tout leur avoir et aussi que les habitants aisés entrent comme membres, il en résulte que la fortune immobilière excédente (1) et la valeur des meubles existant sont assez grandes encore pour asseoir le crédit nécessaire. Que pour celà la responsabilité illimitée soit dans le petit district d'une caisse indispensable, celà apparait d'une si irréfutable clarté, que tous les défenseurs de la responsabilité partielle l'accordent de manière indirecte, puisqu'ils supposent toujours implicite-

1. C'est-à-dire non grevée d'hypothèques.

ment comme allant de soi dans leurs explications, soit un assez grand nombre de membres et par conséquent un grand district pour l'association, soit qu'ils veulent dans un petit district savoir la responsabilité partielle fixée à un si haut chiffre, qu'elle devient l'équivalent de la responsabilité solidaire, et que toute discussion sur la responsabilité partielle dégénère par conséquent en minutie de langage. »

Veut-on connaître maintenant l'avis des auteurs du livre *Das landwirtschaftliche Genossenschaftswesen in Deutschland* (1) MM. Ertl et Licht : « La responsabilité illimitée des membres peut être nommée la pierre angulaire (der Grundpfeil) de l'organisation du crédit rural. »

Après la démonstration rationnelle que nous avons donnée de l'utilité et de l'innocuité de la solidarité illimitée dans l'examen des principes du Raiffeisénisme, terminons cette étude par le tableau des formes de responsabilité adoptées par les sociétés de crédit rural des deux plus grandes unions allemandes.

En 1887, l'assemblée des associations Schulze-Delitzsch au *Vereinstag* de Planen, déclarait vouloir « s'en tenir à la responsabilité solidaire, même si une loi future sur les associations admettait la responsabilité limitée », et l'année suivante, l'assemblée générale affirmait encore que, « dans la suite, les nouvelles associations de crédit choisiraient la responsabilité solidaire illimitée comme fondement de leur crédit. (2) » Aussi, le *Jahrbuch des Allgemeinen*

---

1. Vienne 1899. 1re partie. p. 22.
2. Cité par Zeidler : « Geschichte des deutschen Genossenschaftswesens der Neuzeit », Leipzig 1893. p. 398.

Verbandes der deutschen Erwerbs-und Wirtschaftsgenossenschaften (Schulze-Delitzsch) relevait-il pour l'année 1903, sur les 14.280 sociétés de crédit faisant partie de l'union, 12.578 sociétés ayant adopté la responsabilité illimitée, 1555 la responsabilité limitée et 46 le droit illimité de réclamer de nouveaux versements, 101 n'avaient pas donné signe de vie.

Quant au *Reichsverband der deutschen landwirtschaftlichen Genossenschaften*, (actuellement établi à Darmstadt,), son assemblée générale de 1899 à Hildesheim recommandait la responsabilité limitée à toutes les associations agricoles, « excepté aux sociétés de crédit rural. » En 1890, cette union puissante s'était prononcée ainsi : « Pour les associations de crédit rural peut seule paraître praticable la responsabilité illimitée des membres. Toute autre forme de responsabilité porte atteinte à la sécurité de leurs créanciers et par là même au crédit de la société. (1) » Le 1er juillet 1906 cette union sur 13.635 sociétés de crédit agricole en comptait 12.650 à responsabilité illimitée, 966 à responsabilité limitée, 19 avec faculté illimitée de réclamer de nouveaux versements. — (Inutile d'ajouter que toutes les caisses de cette union appartenant aussi à l'union de Neuwied, la *Raiffeisens'che Organisation* comportaient la responsabilité illimitée.)

Cette responsabilité n'est donc pas dangereuse examinée rationnellement ; elle était imposée par la loi et par les conditions d'existence des caisses ; elle n'épouvante plus

---

1. « Taschenbuch für landwirtschafthiche Genossenschaften : » Darmstadt. 1904, p. 270.

maintenant puisque presque toutes les caisses de crédit mutuel l'appliquent et n'entrave en rien par la crainte l'entrée des paysans dans ces sociétés. Nous avons vu d'autre part les grands avantages procurés par elle à l'association. Quel reproche pourrait-on lui adresser désormais ?

Si les adversaires du Raiffeisénisme firent de la critique contre la responsabilité illimitée, l'argument capital contre le système, s'ils y revinrent toujours avec une particulière prédilection, ils n'en formulèrent pas moins d'autres restrictions.

« Comment disaient-ils, une société qui ne rétribue ni n'intéresse aucunement ses administrateurs, ses surveillants, qui leur impose un travail sans les dédommager, qui n'accorde pas à ses membres le stimulant de dividendes à partager, va-t-elle pouvoir se recruter ? » Ne cherchons pas ici le pourquoi. Il était permis peut-être de concevoir quelque inquiétude sur ce point avant que le système Raiffeisen eût fait ses preuves. Il était possible alors aux pessimistes, de croire que la beauté d'un dévouement désintéressé, la perspective même de recourir un jour ou l'autre aux facilités d'emprunt que fournit la caisse rurale, remplacerait mal l'espoir des répartitions. L'intérêt, ce moteur principal de toute activité économique, n'est-il pas souvent compris par les hommes simples que quand il se traduit par le passage dans un bureau où l'on touche quelques pièces d'or ou d'argent ? On pouvait craindre alors que fissent partie des caisses rurales les seules personnes qui, sans avoir les moyens de se le procurer autrement, c'est-à-dire : pauvres et sans répondant, — avaient un immédiat besoin de crédit. Aujourd'hui les caisses ont poussé, abondante moisson, sous tous les climats. Il en existe en France, en Allemagne, en Autriche, en Hongrie, en Belgique, en Angleterre, en Italie, etc. C'est par milliers qu'on les compte, c'est par centaines de mille que se chiffrent leurs membres : il n'est donc plus permis de hausser dédaigneusement les épaules, de sourire avec pitié des bases naguère considérées comme si naïves et si pleines d'illusions. Ruraux et citadins ont compris leurs véritables intérêts : ils se sont affiliés en foule. A quel mobile autre que ce mobile égoïste d'intérêt personnel qui détermine la plupart des actions des hommes, ont obéi tous ces fondateurs, directeurs, conseillers, employés des caisses ou unions Raiffeisen, en leur consacrant sans rétribution leur temps et leur peine ? Il ne nous appartient pas de le rechercher d'une façon précise. Constatons le beau mouvement solidariste qui les a mûs, sans en examiner les ressorts. Et cette constatation seule, en dépit des prophéties de mauvais augure, bien mieux que les plus subtiles analyses psychologiques, justifiera Raiffeisen d'avoir vu le caractère humain trop noble, l'intelligence paysanne trop consciente de ses intérêts, et parti de cette erreur, d'avoir fondé une institution dont le développement ultérieur devait se ressentir de cette courte-vue initiale.

L'œuvre de Raiffeisen recevra des sociétaires, puisque la responsabilité illimitée n'a rien d'effrayant pour eux, elle trouvera des promoteurs, des administrateurs, des fonctionnaires, puisque la gratuité des fonctions et l'absence des répartitions n'empêchent pas qu'il en soit ainsi. Mais les hommes, associés ou dirigeants, ne suffisent pas ; si la caisse n'inspire pas confiance, si elle ne peut attirer des dépôts qui lui permettront de réaliser le but pour lequel elle est créée, de procurer du crédit à ses membres, l'association est vaine, elle n'a pas de raison d'être.

Devant l'immense garantie, la garantie disproportionnée avec leurs engagements, que les caisses Raiffeisen offrent à leurs déposants, on n'a trop osé prétendre qu'elles n'étaient pas dignes d'inspirer confiance à ceux-ci ; on s'est donc borné à affirmer qu'à tort peut-être, mais d'une façon certaine cependant, les déposants, les déposants mûs par leur intérêt personnel tout au moins, voulaient ignorer le chemin de la caisse rurale. Après tout, ajoutait-on, cela se comprenait un peu. Les Raiffeisénistes étaient de petites gens, des miséreux souvent. Probablement leur avoir réuni pourrait en effet atteindre le montant des dettes de la caisse, mais tout de même, pouvait-on savoir si dans chaque caisse particulière il en serait ainsi ; si les membres, pauvres diables un peu ignorés, même dans leur village, n'auraient pas facilité de croquer chacun pour leur part leurs quelques sous, sans que les déposants s'en aperçoivent... Mais qu'importe? Les caisses Raiffeisen n'étaient que des institutions charitables, s'assurant des fonds des riches particuliers ou des gouvernements, pour les « prêter » sans esprit de retour à leurs clients. On a été jusqu'à dire qu'il fallait voir dans le Raiffeisénisme une sorte de reconstitution de la féodalité rurale. Un ou plusieurs propriétaires avanceraient à la caisse les capitaux qui lui sont nécessaires pour fonctionner. Mais à la suite de ce service et vu l'impossibilité où les emprunteurs se trouveraient généralement de rembourser, lesdits propriétaires deviendraient les maîtres effectifs de la contrée, seraient libres de profiter de leur situation pour imposer leurs volontés économiques ou administratives, leurs préférences politiques.

Mais où donc a-t-on vu dans les livres de comptes des Raiffeisen trace de dons ainsi faits par des particuliers, de fréquents prêts non remboursés ? Oh ! sans doute, certains gouvernements, certains particuliers ont aidé à la constitution des caisses rurales en leur avançant, en leur abandonnant parfois le montant de leurs frais de premier établissement ; sans doute aussi ces gouvernements ou ces particuliers ont quelquefois mis à la disposition des caisses des capitaux à titre d'avances, gratuites ou intéressées, pour aider à leur fonctionnement. Nous ne faisons nulle difficulté de reconnaître que beaucoup de caisses rurales en ont usé. Cela peut à la rigueur dénoter quelque paresse à rechercher les déposants, chez les directeurs de ces caisses ; mais qu'est-ce que cela prouve en outre ? Il faudrait, pour que l'objection portât, qu'on nous montre qu'aucune autre Raiffeisen ne fonctionne par ses propres forces, que celles-là même n'auraient pu vivre sans les appuis qui leur ont été ainsi prodigués. Et cela on ne le peut pas (1). En France où près de 1.300 caisses ont été fondées par l'union de Lyon, pas une seule n'a reçu un centime de l'Etat. En Belgique où le gouvernement leur a offert le concours de la caisse générale d'épargne, en 1905 elles lui avaient emprunté 500.000 francs et placé plus de 3.000.000. En France comme

1. On a jadis cherché à tirer argument en faveur de cette objection des cadeaux de 30 et 20.000 marks faits à l'union de Neuwied par Guillaume Ier et Guillaume II. Que sont ces dons pour une fédération dont la caisse centrale faisait déjà alors un nombre respectable de millions d'affaires chaque année ?

en Belgique, en Allemagne et en diverses régions d'Autriche, les rapports signalent un excédent d'offres d'argent. Va-t-on nous montrer ces fameux particuliers si généreux que, non contents de donner aux caisses ce dont elles ont besoin, ils font encore ce sacrifice inutile de les pourvoir au-delà de ses besoins ? Rappelons-nous donc ces discours de Tarbes, (que nous citions au paragraphe où nous envisagions le rôle de l'Etat dans le Raiffeisénisme,) où MM. Durand et Le Cour-Grandmaison repoussaient toute aide, tout subside, gouvernemental ou privé, comme inutile et dangereux.

– Las enfin de critiques, que le mouvement chaque jour plus vaste et plus prospère des institutions attaquées, démentait avec une constance déconcertante, certains adversaires du système battirent en brèche son utilité, non pas son utilité théorique, indéniable pour tous ceux au moins qui admettent l'utilité du crédit rural, mais son utilisation pratique. « Les caisses Raiffeisen, ont-ils affirmé, prêtent facilement ; mais ces capitaux qui devraient d'après les statuts et la saine logique, être employés à des opérations fructueuses. sont le plus souvent distribués à des gens qui n'y ont aucun droit, pour lesquels ils deviennent une cause de pertes. » Voici comment on explique celà. Les membres de la caisse, auxquels seuls celle-ci peut consentir ses avances, ont des parents, des amis dans le même village. Pour une raison ou pour une autre, ces derniers ne font pas partie de la société ; or, eux aussi souhaiteraient son assistance. Alors ils recourent à leur parent, à leur ami ; ils le sollicitent d'emprunter une certaine somme sous un prétexte quelconque et de la leur avancer. Celui-ci n'ose résister : tandis qu'il trouverait de bonnes raisons pour refuser ses fonds personnels, il n'en voit pas quand il s'agit de ceux de la société. Munis de ces capitaux, ils les emploient comme ils le veulent, sans aucun contrôle, au plus grand danger de l'œuvre, et souvent à leur plus grave préjudice.

Disons tout de suite que cette combinaison n'est pas impossible, que peut être, nous écririons volontiers : probablement, elle a été quelquefois réalisée. Mais présente-t-elle ce caractère de généralité qu'on lui impute, est-elle même fréquente ? Nous répondons : non, sans hésitation. D'abord, si ces faits étaient courants, il est hors de doute que les capitaux avancés sans contrôle, à des emprunteurs cachés, manquant sans doute des qualités requises pour faire partie de la caisse, puisqu'ils s'en tiennent éloignés, seraient souvent dilapidés. On ne pourrait les rembourser et les caisses subiraient de ce fait au moins quelques mécomptes à l'époque des échéances. Or, revenons aux statistiques si éloquentes dans leur concision, que nous avons déjà données, lisons les statistiques françaises en particulier : où trouve-t-on trace des grosses pertes qu'entraînerait indubitablement la généralisation de tels procédés ? — Les emprunteurs directs de la caisse règlent la note, objecte-t-on ; à leur défaut leur caution. Soit ! Mais alors, croit-on, que si désagréablement mis dans l'obligation de payer pour autrui, ceux-ci vont recommencer l'expérience ? Mettons que les imprudents l'aient tentée une fois, il ne la tenteront sûrement pas une seconde fois ! Où est cette généralité dont on nous parle, cette habitude du procédé ? — Et si l'on objecte encore que les emprunteurs n'ont nullement dissipé leurs fonds mais les ont fait fructifier et les ont fidèlement remboursés, nous ne voyons plus quel argument on en peut tirer contre la caisse Raiffeisen. Comme ces emprunteurs indirects ne se vanteront pas de leur exploit pour ne pas faire exclure de la société leur parent ou leur ami, tout le monde continuera de croire qu'il faut être sociétaire pour obtenir un prêt et le recrutement de l'association ne se trouvera nullement ralenti : elle aura fait par hasard un peu plus de bien qu'elle ne l'aurait dû; encore une fois où sera le mal ? — Mais cette expérience première, pense-t-on que beaucoup d'associés seront disposés à la tenter ? On nous dit qu'en effet ils y tiennent peu et se laissent entraîner. Or les Raiffeisénistes sont gens sérieux, triés avec soin, vraisemblablement donc ils sauront résister, parce qu'ils comprendront bien que leur propre sécurité d'accord avec l'intérêt de la caisse et par choc en retour encore : leur intérêt personnel, est d'avoir beaucoup de membres pour jouir d'une considération morale et d'une considération financière plus grandes. D'une part, prêter les fonds obtenus de la caisse, c'est au fond prêter leur propre argent, puisqu'ils devront les rembourser un peu plus tard. D'autre part, s'est s'interdire à eux-mêmes, complètement ou dans la limite où ils ont prêté à d'autres les fonds obtenus, le recours à la caisse. Celle-ci nous le savons ne dépasse pas un certain chiffre dans ses prêts à ses membres. C'est donc se priver éventuellement de tout ou partie du bénéfice qu'ils espéraient retirer de leur participation à la caisse et s'exposer à des risques de non remboursement. La perspective est trop peu encourageante vraiment pour séduire de nombreux

Raiffeisénistes. — Va-t-on nous dire que l'appât du gain peut conduire à une telle pratique, que les membres de la société payant 4 0/0 pour leur emprunt pourront en reprêter le montant à 5 ou à 6 0/0 ? Nous nous demandons si, étant donné les sommes minimes relativement que la caisse met d'ordinaire à la disposition de ses membres, les bénéfices réalisés suffiraient à balancer les inconvénients graves que nous venons de signaler. A l'admettre même, n'oublions pas qu'il serait peu facile dans un village où l'on apprend si vite les faits et gestes de ses voisins (surtout lorsqu'on cherche à se renseigner comme doivent le faire les administrateurs des caisses rurales sur leurs débiteurs), de tromper longtemps ceux-ci. Sans peine ils découvriraient que le motif donné à l'emprunt était fallacieux, que la réparation ou l'achat invoqués ne se sont pas faits, et le remboursement immédiat serait exigé. Heureux si le coupable n'était pas exclu à tout jamais de la caisse rurale ! — On voit dès lors pour combien exagérée doit être tenue l'opinion qui fait de l'opération que nous venons de discuter une règle générale, une habitude dans les caisses rurales.

Voici encore une critique adressée aux caisses Raiffeisen et l'on doit malheureusement la tenir pour trop souvent exacte dans une certaine mesure. Les paysans, surtout les plus aisés et les plus sérieux, ceux chez lesquels un crédit accordé, (et ils ne sont pas non plus exempts d'en avoir parfois besoin), serait sûrement bien employé, hésitent fréquemment à entrer dans la société, par la crainte qu'on y voie une preuve de gêne. S'ils y entrent, ils n'osent le cas échéant, solliciter des prêts par peur qu'on ne vienne à le savoir. Lisons les rapports des caisses rurales, nous y trouverons la constatation de ce fait. Il provient d'un certain orgueil qu'on éprouve à se tirer d'affaire soi-même, d'une idée préconçue, (justifiée seulement lorsqu'il s'agit de prêts de consommation pure ou de recours à l'usurier), que quiconque emprunte, s'appauvrit. Au lieu que le commerçant tire vanité de son crédit, parce qu'il sait qu'on ne prête qu'aux riches, à ceux qui ont les reins solides, y recourent volontiers, car ils n'ignorent pas les bénéfices qu'on en peut obtenir, l'agriculteur cache d'ordinaire jalousement celui qu'on lui a consenti. La raison en est que pendant des siècles l'usurier fut le seul banquier des ruraux. On avait vraiment raison de considérer alors son cabinet comme l'antichambre de la ruine. Mais plus le crédit rural raisonnable se répandra, plus aussi, à la constatation de ses heureux résultats, se modifieront les préjugés dont il est l'objet. Déjà beaucoup de rapports, les rapports tyroliens et ceux de l'union d'Agram notamment, signalent une amélioration sur ce point. Le nombre de ceux qui participent à l'action salutaire des caisses rurales est immense, il croît chaque jour, (1) et bientôt, souhaitons-le, tous les yeux encore prévenus se dessilleront et il deviendra plus grand encore.

Un moyen de vaincre ces préjugés est certainement la publication des résultats obtenus par les caisses rurales. Un autre, de tâcher d'amener l'inscription sur la liste d'une caisse rurale d'un ou de plusieurs gros propriétaires, notoi-

1. Témoin l'Union de Lyon, qui, au 31 décembre 1906 accuse 7.247 prêts en cours au lieu de 5.724 au 31 décembre 1905 ; les caisses belges qui en 1906, ont eu 3.616 débiteurs contre 3.052 en 1905 ; etc.

rement connus comme en brillante situation de fortune dans le pays. Enfin un dernier moyen reste, et les journaux raiffeisénistes n'y manquent point: rappeler aux administrateurs des caisses rurales qu'ils doivent aux emprunteurs, si les statuts de leur caisse (et c'est le cas général) autorise ce silence, — que le prêt ait été ou non accordé, — un secret d'honneur. Sous aucun prétexte ils ne le rompront sans leur autorisation, à moins bien entendu qu'ils ne négligent de rembourser.

Il convient encore de montrer aux emprunteurs éventuels qu'emprunter de l'argent n'est en soi nullement déshonorant, — que les plus fortunés empruntent, — que les banquiers vivent somme toute à proprement parler d'emprunts, — qu'un emprunt sagement fait et à bon taux peut avoir d'incalculables avantages, — qu'à chercher de tous côtés, plutôt qu'à la caisse rurale où ils trouveraient conseil et discrétion, les avances qui peuvent leur faire défaut, ils attirent bien davantage sur eux l'attention de leurs concitoyens, — qu'avec tout cela ils risquent ou bien de ne pas trouver du tout — ou bien de trouver à des conditions exorbitantes qui mangeront le plus clair des bénéfices de leur opération, si toutefois elles ne les mettent pas sur la route d'un endettement toujours plus irrémédiable. Ainsi, la mentalité changera de plus en plus dans les campagnes ; avec le temps, mais ce ne peut-être que son œuvre, les idées ridicules si profondément invétérées disparaîtront, et alors seulement rien ne s'opposera plus à ce que l'arbre magnifique du Raiffeisénisme porte tous les fruits qu'il est appelé à faire mûrir (1).

1. On a dit avec quelque dédain (mais cela ne saurait être consi-

Nous touchons au terme de cet examen des critiques qu'on a adressées à notre système ; il nous est pénible de noter qu'il semble bien qu'on lui ait fait la guerre si âprement et si longtemps à cause surtout de l'esprit religieux qu'il prétend en général conserver. Le plus grand adversaire allemand du Raiffeisénisme fut le libéral Schulze-Delitzsch et ses adeptes suivirent. L'affirmation tombée à Gotha : « Raiffeisen dans son œuvre fait un abus de la religion » explique leur haine. Des tribunaux italiens ont jadis refusé l'homologation de caisses catholiques. L'Union de Lyon chez nous a été en butte à mille tracasseries, à cause des tendances qu'on lui prêtait.

Nous avons dit déjà en quoi consiste cet esprit religieux. Il consiste en ce que Raiffeisen, chrétien fervent, ne voulait pas qu'on oubliât jamais les principes de charité évangélique sur lesquels il souhaitait fonder son œuvre, sans lesquels il pensait qu'elle péricliterait. Il consiste en ce que les chefs actuels du mouvement dans les divers Etats, nous

---

déré comme une véritable critique, c'est pourquoi nous n'en parlons que dans cette note), que les caisses Raiffeisen étaient capables de pratiquer seulement le tout petit crédit. Eh ! sans doute, cela n'est point niable, n'a jamais été nié. Leur activité, sauf de rares exceptions, s'est toujours bornée à l'octroi de sommes modiques. Les statistiques que nous avons fournies le démontrent et les « exposés » du ministère belge, comme la dénomination même de « l'Administration du menu crédit », à laquelle sont rattachées les Raiffeisen russes, le constatent en termes explicites. Peu d'avances atteignent 1.000 francs. Mais si la caisse Raiffeisen n'est point outillée pour les grosses opérations de crédit, faut-il le lui reprocher, y a-t-il même lieu de le déplorer? Le crédit agricole important a ses institutions propres ; ce qui faisait défaut avant l'apparition des caisses rurales, et dont le besoin se faisait cruellement sentir, ce qui présentait aussi le plus de difficultés à organiser, c'était le petit crédit, le crédit des humbles devant lesquels se fermaient toutes les portes, sauf celle de l'usurier. Raiffeisen a compris sa nécessité et avec une justesse de coup d'œil, une pénétration d'intelligence admirables, il a su remédier à la situation : il a voulu faire petit parce qu'il n'y avait pas lieu de faire grand.

voulons du moins parler des principales unions françaises, italiennes, suisses, allemandes et autrichiennes ; sont des hommes religieux, catholiques et protestants du reste. Il consiste encore en ce que partout à peu près, une notable partie des divers clergés s'est activement employée à la fondation et à l'administration des caisses rurales. Il consiste enfin en ce que Sa Sainteté le pape Léon XIII a prodigué les encouragements de ses encycliques et ses bénédictions pontificales à cette œuvre. Mais il ne faudrait pas croire que la qualité de catholique ou de protestant pratiquant soit requise nécessairement pour faire partie d'une caisse ; il suffit d'être honnête, actif et de bonne conduite : voilà tout (1). Y a-t-il motif à crier au cléricalisme et à l'intolé-

1. Raiffeisen tenait tant à l'esprit religieux de ses caisses, parce qu'il voyait dans l'esprit chrétien de dévouement et de charité, le plus solide levier capable de remplacer, d'une façon permanente et normale, l'attrait de bénéfices à réaliser, de répartitions à percevoir, absent chez elles et motif ordinaire de la collaboration prêtée à toute institution financière.

Voici par ailleurs un fragment de lettre du président de l'Union de Lyon, M. Durand, écrite le 18 mai 1904, en réponse à la question posée par un fondateur de caisses rurales, afin de savoir s'il pouvait, avec toute sécurité pour la ligne de neutralité politique et religieuse suivant laquelle il en avait créé quatre, leur conseiller d'adhérer à l'union. Nous le citons ici, non seulement parce qu'il montra une fois pour toutes (et ainsi nous n'aurons plus à revenir sur ce sujet délicat en faisant l'historique des caisses françaises), la nuance véritable de l'Union de Lyon, mais aussi parce qu'il nous paraît tout à fait caractéristique et de nature à montrer ce qu'on a appelé les tendances cléricales des caisses Raiffeisen en général sous un aspect exact. L'union des caisses catholiques italiennes mise à part, le sens de la lettre dont nous allons transcrire les passages essentiels, convient à presque toutes les unions de caisses rurales, que nous connaissons.

« ... Parmi les personnes qui s'occupent d'œuvres sociales, il en est qui soutiennent que ces œuvres doivent observer la plus stricte neutralité politique et religieuse, d'autres estiment que ces œuvres ne doivent pas se désintéresser des questions vitales qui intéressent le pays. — L'union des caisses rurales a volontairement gardé le silence sur ce point dans son règlement, et ce silence signifie qu'elle entend respecter absolument la liberté des fondateurs des caisses rurales : ceux qui veulent leur donner un caractère politique et religieux en ont le droit ; ceux qui veulent en faire une œuvre neutre le

rance? Sans nous jeter dans une discussion qui sortirait du cadre de cette thèse, nous avouerons pour notre part, que nous n'en croyons rien. Que ceux auxquels déplaisent les tendances signalées fondent d'autres caisses avec un autre esprit. Qu'ils imitent les caisses neutres de M. Leone Wollemborg, les associations russes de crédit auxquelles ne s'intéressent pas les popes d'après M. Sokolowski, mais qu'ils cessent de harceler de leurs attaques une œuvre sociale féconde en résultats, digne de toutes les sympathies. Tous les Raiffeisénistes les applaudiront, si à une critique, à un dénigrement, à une hostilité stériles, succède une émulation loyale, et les petits cultivateurs, les petits paysans, tous ceux qu'on défend volontiers en paroles, mais qu'on aide moins souvent d'une manière effective, bénéficieront de leurs efforts dans une large mesure.

---

peuvent également. En entrant dans l'union une caisse conserve donc le droit d'avoir l'esprit qui lui convient, elle prend seulement l'engagement de ne pas contester aux autres caisses unies le droit d'avoir un esprit différent. — Tous les membres de l'union ont donc le droit d'exprimer leurs opinions, leurs vues sur l'œuvre, — d'assister à des congrès ayant la couleur qui leur convient, — de faire de la propagande en s'appuyant sur des doctrines qui leur plaisent. Mais aucune n'a le droit de faire une déclaration politique ou religieuse engageant toutes les caisses unies. C'est sur ce terrain de liberté absolue et de respect mutuel que nous nous sommes placés, et nous n'en sortirons pas. — En fait, vous savez sans doute, mon cher confrère, que sous l'étiquette de la neutralité, se cache trop souvent une hostilité à peine déguisée contre les principes et les croyances religieux. Aussi les anticléricaux les plus militants se rangent généralement sous la bannière neutre. Il en résulte que le programme libéral de notre union n'a plu en général qu'aux catholiques : l'union n'est donc composée presque exclusivement que de catholiques dévoués. Mais elle ouvre largement ses portes aux caisses rurales qui auraient un autre esprit, sous la seule condition que ces caisses, restant ce qu'elles veulent être, laissent les autres caisses unies user d'une égale liberté... »

CHAPITRE VI

Exemples de résultats obtenus par les caisses Raiffeisen

La caisse rurale fut appelée par son inventeur à faire bénéficier les habitants des campagnes des bienfaits qu'elle est apte à répandre et à moraliser aussi ceux que la gêne mène trop souvent à l'oubli de leur dignité, à la pratique dégradante de l'ivrognerie. « Misère, écrit un moraliste, n'est pas d'ordinaire fumier où pousse la vertu. » Raiffeisen, convaincu de la vérité profonde de cette maxime, ajoutait : « L'argent n'est pas seulement un but pour nous, mais un moyen d'atteindre le but. »

Au point de vue économique, la caisse rurale a trois sortes d'utilités distinctes, correspondant à trois groupements sociaux d'inégale étendue.

1° Pour la société en général, elle présente cet avantage incontestable de retenir à la campagne et pour la campagne, par ses caisses d'épargne, les capitaux nécessaires aux professions agricoles. Nous n'avons pas à exposer ici les raisons multiples de l'exode de l'argent vers les villes ; mais il est devenu de nos jours un véritable fléau, au même titre que l'émigration des populations villageoises vers les centres industriels. Drainé par les banques, il est offert par elles aux usiniers, commerçants, financiers, dont les affaires permettent à leurs actionnaires l'espoir de gros et rapides bénéfices. Le sol manque des sommes qui, bien utilisées, diminueraient le coût de production des récoltes ou donneraient faculté aux cultivateurs de parer à la pénurie d'ouvriers agricoles par l'emploi de machines perfectionnées.

2° Aux champs comme partout, l'association professionnelle est susceptible d'offrir son aide puissante à la faiblesse des individus isolés. Syndicats agricoles par l'achat en commun de matières premières ; syndicats d'industrie par celui d'instruments qui seront loués à bas prix aux petits cultivateurs, laiteries coopératives, unions de ventes, etc... peuvent y fleurir et y déployer leur salutaire activité. Seulement, pour se fonder et pour fonctionner, il leur faut des capitaux : la caisse rurale les leur procurera.

3° Mais ce n'est pas tout. Aux individus eux-mêmes la Caisse rurale offre les fonds réunis par sa caisse d'épargne, à condition qu'ils soient sollicités pour des buts reconnus utiles.

Son influence moralisatrice n'est pas moins considérable.

Par l'aisance qu'elle fait régner dans les campagnes, elle contribue à y retenir ceux que l'attrait des villes pousse trop à les abandonner.

Chez tous elle développe l'économie, par les facilités qu'elle présente de placer son épargne, si maigre soit-elle, et de la voir fructifier sous ses yeux dans des prêts consentis à ses propres concitoyens.

Aussi : elle forme une véritable aristocratie de gens de bien. L'affiliation à la caisse est un brevet d'honorabilité, et le désir de l'obtenir, — nous citerons plus loin de sérieuses attestations sur ce point, — a été pour beaucoup un puissant stimulant dans la lutte contre des habitudes pernicieuses. Qui veut jouir des bienfaits de la caisse rurale doit y entrer. Qui veut y entrer doit en prendre le moyen, c'est-à-dire se bien conduire.

Entre ses membres eux-mêmes enfin, elle développe un esprit de solidarité désintéressée. Chacun accepte somme toute, de répondre pour autrui sans y avoir de profit personnel, direct et immédiat.

Et tout cela n'est pas seulement théorique comme pour tant d'autres institutions, bonnes en soi, dont mille causes diverses viennent rendre pratiquement stériles les efforts louables. Les bienfaits que nous avons énumérés, la caisse rurale ne pourrait pas seulement les répandre, elle les répand véritablement autour d'elle. Nous allons le voir par des exemples tirés autant que possible des caisses ardennaises. Les faits et témoignages que nous produirons, nous ont été révélés par une enquête à laquelle nous nous sommes livré dans le département que nous habitons, en octobre dernier. D'autres plus éclatants pourraient nous être fournis par les brochures, les ouvrages, les publications et les rapports raiffeisénistes, par les articles de journaux et de revues étrangers, mais sympathiques à l'œuvre. Il nous a paru plus utile d'apporter des exemples nouveaux ; il nous a semblé plus frappant de les tirer d'une seule région. Ainsi on ne pourra nous accuser d'avoir colligé de droite et de gauche des exemples isolés, *rari nantes* au milieu de l'impuissance ordinaire des caisses rurales à faire le bien. Notons que la plupart des associations auxquelles nous les emprunterons sont de jeunes fondations qui remontent à deux, trois ou quatre ans; la plus ancienne de date, celle de Roisy est de 1899.

Reprenons un par un les services indiqués et démontrons qu'ils ont été réellement rendus.

A. — *La caisse rurale retient l'argent dans les campagnes et le porte à la terre*

La caisse d'Asfeld fait environ 15.000 francs d'affaires par an ; celle d'Hauviné, 18 à 20,000. Avançon a eu en 1906 un mouvement de fonds de 31.822 fr. 50 ; Sévigny-Waleppe de 33.000 francs. La Neuville-en-Tourne-à-Fuy prêtait au 30 juin dernier à onze emprunteurs. La caisse d'Avaux-le-Château a aujourd'hui environ 45.000 francs de dépôts. Or, il faut se souvenir que les caisses rurales proportionnent généralement l'acception des dépôts à leurs besoins, c'est-à-dire aux demandes d'emprunt reçues par elles d'habitants du pays où elles fonctionnent. C'est donc à peu près 45.000 francs prêtés, dans un seul village de 600 âmes, pour des buts reconnus utiles. On devine quel bien ils y ont dû y faire, quelles gênes ils ont pu soulager, quel concours efficace ils ont apporté aux paysans !

Nos autres correspondants restent muets sur les chiffres d'affaires de leurs caisses. Ceux qui viennent de passer sous les yeux nous paraissent assez éloquents, pour nous dispenser de chercher dans des régions voisines la justification du sous-titre qui domine ce paragraphe. Nous nous bornerons seulement à relever dans la dernière statistique dressée par l'Union de Lyon pour 516 caisses qu'au 31 décembre 1906 il y avait, faits par ces caisses : 7.347 prêts en cours, d'un montant de 6.653.947 fr. 91 et à donner le formidable chiffre du mouvement de fonds des caisses rurales Raiffeisen allemandes pendant l'année 1905 (derniers renseignements publiés) : 2.611 millions de marks pour 10.523 caisses. Si l'on ajoute le mouvement de fonds de quatre unions de caisses rurales, comprenant à peu près 1.900 caisses non comptées dans les 10.523 précédentes, on arrive à 3.100 millions de marks, près de 4 milliards de francs !... Voilà ce à quoi l'on est parvenu dans un pays qui a su comprendre les bienfaits de la caisse rurale.

B. — *La caisse rurale aide les groupements agricoles*

Pour fonder certaines associations agricoles, le tout n'est pas de se grouper et d'affirmer sur quelques feuilles de papier timbré sa volonté de les créer. Légalement cela suffit ; pratiquement cela ne mène à rien si l'on a devant soi les fonds nécessaires à l'entreprise. Ainsi la laiterie coopérative d'Avaux-le-Château : il fallait acheter une maison et le matériel, la caisse rurale a prêté l'argent. Ainsi encore les syndicats d'industrie agricole. Que servirait de les avoir, si les capitaux faisaient défaut pour acquérir à leurs membres les machines, dont ils ont besoin ?

C'est surtout à ces syndicats d'industrie que nos caisses ardennaises ont eu à ouvrir les plus fréquents crédits. A Avaux, on achète, grâce à la caisse, une batteuse trépigneuse, une moissonneuse lieuse, une faucheuse à foin, un trieur, une houe à cheval, une charrue-vigneronne, une souffreuse, un pal-injecteur, dont les syndicataires se servent moyennant payement d'une légère location. Voilà, par elle, un village bien outillé. Avec son concours, les habitants de Vieux-les-Asfeld ont à leur disposition une batteuse à pétrole. A Damouzy, ce sont : un semoir à betteraves et un distributeur d'engrais ; à Lametz : un semoir à blé ; au Thour et à Villers-devant-le-Thour : une batteuse à pétrole, un pressoir, un broyeur, deux semoirs, une bascule, etc. D'Hauviné, d'Avançon, on nous écrit que, sans elle, jamais les syndicats d'industrie n'auraient pu fonctionner.

Et veut-on une preuve de l'utilité de ces syndicats d'industrie ? En voici une entre mille, tirée du *Bulletin du Syndicat du Craonnais*. Le coût des battages, avec une machine louée au premier entrepreneur de battage venu, est là-bas de 5 francs l'heure, pour les batteuses de plus grande force, plus le charbon, l'huile et la nourriture de trois mécaniciens. Divers syndicats d'industrie agricole ont acheté une batteuse avec moteur à pétrole, grâce aux caisses rurales. Ceux de leurs adhérents qui ont souscrit une part d'action de 400 francs, ont droit d'employer la machine pendant dix heures au prix réduit de 3 fr. 50 l'heure. Les autres, (ou ceux-ci après dix heures) paient 4 francs, au lieu de 5 réclamés par les entrepreneurs. Mais la société fournit deux hommes : un chauffeur et un engreneur et elle ne fait payer ni le pétrole ni l'huile...

Enfin, aux syndicats agricoles proprement dits, la caisse avance les sommes nécessaires pour régler comptant leurs achats et bénéficier ainsi de l'escompte des fournisseurs ; — aux membres de ces syndicats, celles qui leur permettront à leur tour de payer le syndicat et de profiter des conditions avantageuses obtenues par lui pour ces achats. Beaucoup de lettres que nous avons sous les yeux, signalent cette fonction des caisses, notamment celle de mon honorable correspondant d'Avançon qui conclut : « Procurer des semences, des engrais, des machines est quelque chose : mais procurer l'instrument sans lequel on ne peut trouver ni semences, ni engrais, ni machines, c'est-à-dire l'argent c'est l'œuvre indispensable. » Cet argent, la caisse rurale le procure ; concluons en bonne logique : elle est l'œuvre indispensable.

C. — *La caisse rurale aide les individus.*

En voici deux exemples tirés encore des Ardennes. Nous les copions textuellement dans les lettres qui les ont portés à notre connaissance.

Nous nous excusons ici de ne plus citer les caisses qui nous les ont fournis. C'est un devoir de discrétion, auquel ne saurait faillir aucun Raiffeiséniste, d'éviter toute précision pouvant faire deviner les emprunteurs.

Une caisse rurale de l'arrondissement de Vouziers prête aux vanniers pour acheter en gros leur osier. Mais laissons la parole à notre informateur : « ...Ceci est énorme, car le vannier a l'habitude d'acheter ses osiers à la botte, au fur et à mesure de ses besoins, c'est-à-dire au très petit détail et fort cher. Achetant en gros, il paie beaucoup moins cher et se trouve plus libre pour la vente des paniers. Ceux qui achètent à la botte, vendent habituellement en effet aux marchands d'osier, qui leur prennent en paiement les paniers confectionnés. Jamais ils ne profitent de la hausse pour leurs paniers tandis qu'ils subissent la baisse. Nous avons été, en Janvier dernier, jusqu'à avancer 950 francs à un malheureux ouvrier qui n'aurait pas trouvé certainement 400 francs chez un particulier — et remarquez que nous ne faisions point une imprudence : l'administration de la caisse exige toujours les garanties nécessaires. — A l'heure actuelle, c'est-à-dire en moins d'un an, cet homme a remboursé 600 francs, il a vécu et a eu cette année, à marier un de ses enfants, évènement qui, vous le savez, endette généralement la famille ouvrière. Lui qui nous devait 950 francs il y a dix mois, ne nous en doit plus que 350. C'est la preuve qu'il a gagné largement sa vie ... et il lui reste encore de l'osier à travailler ! »

D'une autre caisse : « A X..., un domestique de culture, jeune encore et père de quatre enfants, était sur le point de perdre sa maison, parce qu'il n'avait pu opérer les versements convenus entre les mains du notaire : celui-ci était mort en faillite. Ne sachant à quoi employer son argent, notre homme avait acheté deux lopins de terre. Au bout d'un certain temps, il reçut avis du tribunal de... d'avoir à payer la somme de 750 francs pour sa maison. On lui fixait une date rapprochée et il était sans le sou. Désespéré, il conte son aventure à un voisin qui lui dit : « Mais adresse-toi donc à la caisse rurale ! » Il ignorait ce qu'était la caisse... Ce fut avec une grande hésitation qu'il vint trouver le directeur. Très timidement et le soir, pour ne pas être vu, il le mit au courant. A peine avait-il terminé que celui-ci le rassura (il était laborieux, honnête et rangé), et lui dit : « Vous avez vos 750 francs ; donnez-moi seulement un répondant. » Il l'a trouvé dans la personne d'un maréchal, chez qui, tous les soirs d'hiver, il allait battre le fer après son rude labeur de la journée. Au jour fixé, il est venu toucher 750 francs et les a portés au tribunal, débordant de joie. Nous avons espacé les remboursements en six années. Depuis il a remboursé, avant même l'expiration du délai, capital et intérêt. »

Autre part on nous signale que les particuliers empruntent aux caisses pour acheter des instruments divers (notamment des écrémeuses), des coins de terre, etc.

C'est par centaines qu'on pourrait citer de tels exemples. Nous nous sommes contenté de ceux-ci, parce qu'ils viennent des Ardennes. On en trouverait d'autres dans la brochure d'un Ardennais, M. l'abbé Péters : *Avant le Château ou l'œuvre d'un curé de campagne* (1).

Nous ne saurions pourtant résister au plaisir d'en citer encore un, qui s'est passé dans un département du Nord de la France presque notre voisin. On le trouve, au milieu d'autres, dans la brochure du vicomte de Bizemont intitulée : *Monographie d'une caisse rurale*, en vente au même endroit que la brochure de M. l'abbé Péters. Nous regrettons qu'une pure et simple reproduction des pages de M. de Bizemont soit trop longue pour prendre place ici.

---

1. Chez Victor Lecoffre. Paris, 90 rue Bonaparte.

Elle ferait tomber les préventions des plus sceptiques sur l'utilité des caisses rurales. Bornons nous à résumer l'exemple, en serrant le texte de ci, de là.

« Il y avait déjà huit jours, le 21 juillet 1894, que notre caisse rurale était légalement établie ; deux prêts avaient été faits à des riches et pas un seul à des pauvres. Nous allions faire faillite à notre programme... »

« Heureusement que nous avions sous la main une famille, composée du père, ancien tringlot d'Afrique, infirme, incapable d'aller à sa journée depuis quinze ans ; de la mère, femme extrêmement honnête et courageuse ; d'un gamin de seize ans à moitié idiot, paresseux comme une chouette, et d'une fillette de huit ans; à peu près dans les mêmes conditions. La femme seule travaillait, à 0 fr. 75 par jour, non nourrie. Avec les lessives et les travaux de moisson, on peut porter ses journées tout au plus à 1 franc; soit 300 francs par an pour faire vivre, chauffer et habiller quatre personnes ! »

Evidemment la charité privée intervenait un peu ; mais elle était impuissante à faire sortir ces pauvres gens de leur détresse. « Si la caisse rurale peut tirer de la misère cette famille, logée dans un taudis, et qui, sauf de très rares exceptions, n'a pas mangé de lard depuis le mariage des parents, soit dix-sept ans, on concédera a bien que c'est une institution incomparable. » Or ce miracle, elle l'a accompli.

Eléonore (c'est le nom de la femme), voudrait acheter trois porcs, car elle a place pour eux dans une petite étable. M. de Bizemont se porte caution. Elle emprunte, pour quatre mois, à la caisse rurale, 96 francs; c'est le prix qu'on lui demande de trois porcelets. A peu de frais ils sont nourris et engraissés. Avant l'échéance, Eléonore vend deux de ses porcs 112 francs. Bénéfice net de l'opération, déduction faite des intérêts payés pour l'emprunt : 15 francs moins 4 sous, plus un porc qui, tué à Noël, donne 154 livres de viande.

Encouragée par ce succès, Eléonore continue ses opérations avantageuses avec la caisse et gagne comme dans la première.

Quelques mois s'écoulent : elle voudrait maintenant avoir à elle une petite chaumière. Dame ! l'appétit vient en mangeant, n'est-ce pas ? De modestes économies lui permettent maintenant de mettre à l'achat du terrain et à la construction, la part que la caisse, toujours prudente, ne peut lui avancer d'après ses statuts.

Le 14 juillet 1895, un an après son premier recours à la caisse rurale, Eléonore franchit avec les siens le seuil d'une maison, d'une vraie maison avec une grande pièce principale, deux cabinets latéraux, une porte et quatre fenêtres, qui lui appartient. Le tout est revenu à 1.018 fr. 75....

Après un tel exemple, il nous paraît inutile d'en donner d'autres : la caisse Raiffeisen est vraiment la planche de salut des pauvres gens !

D. — *La caisse rurale et la moralité au village.*

Qu'elle développe la vertu d'économie par les facilités des placements qu'elle offre, elle a ceci de commun avec toutes les caisses d'épargne : nous ne nous appesantirons pas sur ce point.

Mais voici que des témoignages nous parviennent, qui la montrent telle que l'a voulue son fondateur : œuvre d'assainissement et de perfectionnement moral au premier chef. On parle peu de cela dans les lettres que nous avons reçues, parce que les progrès moraux sont difficilement appréciables par d'autres que par les intéressés et parce que ceux-ci n'ont guère coutume de venir dire aux administrateurs des caisses rurales : « J'avais tel défaut, je m'en suis corrigé, car sans cela vous n'auriez pas voulu de moi chez vous ! » Nous recourrons donc en majeure partie à des appréciations étrangères à notre département.

Voici ce qu'écrit M. l'abbé Kistler, fondateur d'une caisse rurale en Suisse (1) : « Autrefois, dans ma paroisse, le malheur des uns satisfaisait toujours quelques petites jalousies, ou tout au moins laissait les autres indifférents. Depuis que, par la caisse rurale, chacun est solidaire des engagements des autres, tous redoutent le malheur qui pourrait frapper le voisin. Jamais on avait été si disposé à s'aider, à se secourir mutuellement. Et ce sentiment, inspiré à l'origine, par l'intérêt, a pénétré dans les cœurs. »

A son tour, M. Avramovitch, secrétaire général des caisses rurales de Serbie, narre les faits suivants (2) : « Les paysans qui s'étaient autrefois habitués à jouer aux cartes et à boire, ont perdu ces habitudes. Dans le village de Ratta-

1. Premier compte-rendu de la caisse de Zimmerwald, cité par M. Louis Durand dans le « Correspondant » du 10 juin 1893 : « Un devoir social, le crédit agricole et les caisses rurales. »

2. Lettre publiée par le « Bulletin mensuel » de l'Union de Lyon, dans le numéro de mars 1896 sous ce titre : « Les caisses serbes. »

rée, avant la création de la caisse rurale, l'aubergiste de l'endroit payait 480 francs de loyer pour son café et faisait toujours de bonnes affaires. Cette année-ci (1896), à peine voulut-il verser 210 francs à la commune qui en est propriétaire, et il est en perte quand même... Dans le village de Mihaïlovatz, il existait deux auberges, l'une a fermé depuis le jour de l'an. Une fois on vit un membre d'une caisse jouer aux cartes et perdre 4 francs ; on le dénonça et il fut immédiatement exclu. Les autres membres, chez lesquels on soupçonnait le même défaut, cessèrent de fréquenter le café... En Serbie, à la campagne, les élections municipales sont toujours accompagnées de luttes et de querelles. Depuis que les caisses rurales existent, ces travaux se passent dans la paix et dans un accord parfait... »

M. Gyorgy Endre, député au Parlement hongrois, proclamait au Congrès de Tarbes en 1897 (1) : « La moralité quant à l'ivrognerie, la paresse, la débauche, le désespoir, s'améliore, on le constate (depuis la fondation des caisses Raiffeisen). Un prêtre des Karpathes dit un jour qu'il avait le sentiment d'avoir expliqué la Bible quand il avait fait tourner les clefs de la caisse ! »

Enfin, c'est après le témoignage de M. Louis Durand, affirmant qu'on a vu des hommes nombreux se corriger de leurs défauts et améliorer leur conduite pour entrer dans les caisses rurales (2), l'attestation d'un curé ardennais, celui d'Avançon. M. l'abbé Bouchy, nous écrit : «... Tels sont les services matériels, préparant le résultat moral,

1. Rapport paru dans le « Bulletin mensuel » de mars 1900.
2. L. Durand. « La caisse rurale, la caisse ouvrière, principes, méthodes et résultats », 2e édition, Paris, 5, rue Bayard, 1907, p. 19.

puisque, mettant en pratique la maxime : Aimez-vous les uns les autres, notre caisse rurale a su, entre des hommes déjà unis, resserrer encore les liens de charité et de fraternité. Les intérêts des uns et des autres sont en quelque sorte devenus le patrimoine de tous, et l'égoïsme, cette plaie de notre époque, tendra par ce fait à disparaître de plus en plus. Sous l'influence de cette association, l'homme des champs apprend l'ordre, le travail, l'économie et la tempérance. La lutte pour la vie est vraiment remplacée par l'union pour la vie ! »

Appuyé sur ces témoignages, nous pouvons conclure avec certitude que la caisse Raiffeisen n'a pas failli à son devoir moralisateur, ni à sa mission économique. Elle a réalisé les espérances de son fondateur, elle a tenu ses promesses, elle s'est montrée l'œuvre féconde qu'avait rêvée son rêve humanitaire.

C'est ce que nous voulions établir.

TROISIÈME PARTIE

LE DÉVELOPPEMENT DU RAIFFEISÉNISME

CHAPITRE PREMIER

Notes sur le Raiffeisénisme à l'étranger (1)

ALLEMAGNE (1864)

SOURCES : *Les caisses rurales en Belgique et à l'étranger*, par J. Trigaut, chez Oscar Schepens, Bruxelles, 1903. Les caisses Raiffeisen en Allemagne, 2e partie, ch, I, p. 27 à 73.

Compte rendu officiel du VIe Congrès de l'Alliance Coopérative Internationale, édition française. Guillaumin, Paris, 1905, notamment, p. 312 à 335.

Friedrich Wilhelm Raiffeisen und die nach ihm genannten lændlichen Darlehenskassen-Vereine, par Adolphe Wuttig, imprimerie Raiffeisen. Neuwied, édition 1905. Das rechte Heilmittel, p. 22 à 37.

---

1. Les pays (sauf la France qui forme un chapitre spécial), sont classés dans cette partie d'après l'ordre chronologique de la première fondation raiffeiséniste sur leur territoire. Les chiffres placés entre parenthèses près du nom du pays indiquent l'année de cette première fondation.

Les documents dont nous nous sommes servi sont énumérés sous le titre pour chaque Etat.

Notons enfin que presque tous les faits signalés de l'aide fournie par les gouvernements aux caisses Raiffeisen sont tirés du « Compte-rendu officiel du VIe congrès de l'Alliance coopérative internationale. »

Die Raiffeisen Organisation, édité par le General Verband de Neuwied, 7e édition, 1905.

Unbeschænkte oder beschrænkte Haftpflicht ? par Albert Buchrucker, imprimerie Raiffeisen, Neuwied, 1905.

Jahresbericht des Reichsverbandes der deutschen landwirtschaftlichen Genossenschaften, für 1905, imprimerie du Reichsverband, Darmstadt, 1906.

Jahresbericht des Reichsverbandes der deutschen landwirtschaftlichen Genossenschaften für 1906, imprimerie du Reichsverband, Darmstadt, 1907.

Bulletin mensuel de l'Union des caisses rurales et ouvrières à responsabilité illimitée. Lyon, 97, avenue de Saxe, n° de juillet 1895.

Un devoir social; le crédit agricole et les caisses rurales, par L. Durand, *Correspondant* du 10 juin 1893.

Reichsarbeitsblatt, organe du K. statistisches Amt de Berlin, n° d'avril 1907.

Lettres du General Verband de Neuwied, du 28 février et du 8 mai 1907.

Lettre de M. le docteur Haas, président du Reichsverband de Darmstadt, du 23 avril 1907.

Lettre du Verband landwirtschaftlicher Genossenschaften in Württemberg, du 23 septembre 1907.

Lettre du Pfælzischer Genossenschaftsverband Wachenheim für Geld-und Warenverkehr de Neustadt a Hdt., du 24 septembre 1907.

Lettre du Trierischer Genossenschaftsverband de Trèves, du 20 septembre 1907.

Lettre du Revisionsverband des Bundes der Landwirthe de Berlin, du 3 octobre 1907.

Lettre de M. l'abbé Cetty, curé de Saint-Joseph de Mulhouse, du 29 octobre 1907.

Lettre de M. van der Borght, président du Kaiserliches statistisches Amt de Berlin, du 12 novembre 1907.

Les caisses Raiffeisen allemandes présentent tout d'abord une sorte de contradiction avec les principes de leur fondateur. Alors que celui-ci voulait qu'on entrât dans ses caisses sans avoir à débourser le moindre pfennig, afin d'en rendre l'accès facile à tous, on exige aujourd'hui le versement d'une cotisation : ainsi l'a imposé la loi allemande. Mais cette part est généralement réduite à son strict minimum, surtout dans la fédération qui a conservé les plus pures traditions raiffeisénistes, la fédération de Neuwied. Quelquefois pourtant, imitatrices en cela des banques populaires de Schulze-Delitzsch, les Raiffeisen allemandes ont porté à des chiffres assez élevés le montant de leurs actions. D'après le livre de M. l'abbé Trigaut : *Les caisses rurales en Belgique et à l'étranger*, sur 650 caisses Raiffeisen existant en Wurtemberg vers le début de 1903, 5 avaient des actions de 5 à 80 marks, 472 de 100 marks, 173 de plus de 100 marks. Sans doute on a cru développer plus sûrement cette vertu d'économie que Raiffeisen souhaitait voir fleurir chez tous les ruraux. On a d'ailleurs fait le possible pour faciliter le paiement de ces grosses sommes, en le répartissant en nombreux petits versements réguliers, soit hebdomadaires, soit mensuels, jusqu'à complète libération. Ainsi pensait-on faire prendre aux Raiffeisénistes des habitudes d'épargne qu'ils conserveraient. Au demeurant, le capital-actions reste toujours bien insuffisant pour constituer tout ou notable partie du fonds de roulement des caisses rurales, et pour nettement marquer qu'on entend conserver à l'œuvre son caractère dépourvu de toute idée de spéculation, il est stipulé que le dividente servi aux actionnaires ne pourra jamais être supérieur tantôt à l'intérêt accordé aux déposants, tantôt à celui exigé des emprunteurs.

La loi allemande qui régit les associations (loi d'Empire du 1er mai 1889), ne contrecarra pas seulement quant aux parts sociales les principes raiffeisénistes. Une disposition plus gravement contraire à ceux-ci, puisqu'elle risquait d'introduire dans les caisses rurales cet esprit de lucre contre lequel tant de précautions avaient été accumulées par les statuts primitifs, y était contenue. Les gains réalisés par les caisses et placés au fonds de réserve, devaient être partagés entre les membres, au moins tous les dix ans. Les caisses tentèrent par la création des fonds de fondation (Stiftungsfonds) de rendre illusoire cette disposition. Par bonheur, la loi du 12 octobre 1896 vint, sur les instances des Raiffeisénistes, abroger cette disposition. Non seulement les bénéfices ne sont pas obligatoirement répartis entre les membres, non seulement l'avoir de la société, qu'il soit dénommé fonds de réserve ou fonds de fondation reste impartageable tant qu'existe la société, mais en cas de dissolution de cette dernière, sa propriété revient à la commune où elle avait son siège, à charge par celle-ci d'en affecter les intérêts à une œuvre d'utilité commune.

Si les pouvoirs publics ont montré, en modifiant la loi de 1889 en ce qu'elle avait de formellement opposé aux doctrines raiffeisénistes, qu'ils ne voulaient pas, suivant l'expression d'un auteur allemand, « risquer de tuer la poule aux œufs d'or », ils ne se sont pas contentés de cette protection en quelque sorte négative, et ils ont souvent accordé aux caisses rurales le secours de leurs fonds, soit pour seconder leur propagande, soit pour les aider à parer aux lourdes dépenses de l'inspection, que la législation exige être passée au minimum tous les deux ans dans chaque caisse, soit enfin pour assurer aux caisses locales une caisse centrale, aux caisses centrales les capitaux nécessaires à leur fonctionnement.

En 1882, nous l'avons vu, Guillaume Ier faisait à la caisse centrale de Neuwied un présent de 30.000 marks; en 1892, Guillaume II en faisait un autre de 20.000 marks. Ce sont là dons personnels, émanés de la bienveillance de souverains conscients du bien fait à leur peuple par les associations Raiffeisen. On ne saurait les considérer comme une marque de la faveur de l'Etat constitutionnel à la tête duquel étaient ces princes. Mais les gouvernements eux-mêmes ne ménagèrent pas leur appui moral et financier.

En Prusse, nous trouvons des avances faites pour alléger le fardeau de la revision des comptes et servir à la propagation de l'idée coopérative. En 1904, 10.000 marks sont accordés par le gouvernement prussien pour la fondation d'une école de reviseurs.

De 1886 à 1901, la commission de coopération fonde 61 caisses d'épargne et de prêts. En 1895 enfin est créée la *Caisse centrale prussienne des sociétés coopératives*, destinée à être « un établissement qui, repoussant toute idée de lucre et de bénéfice, pût donner satisfaction aux besoins du crédit personnel des forces productives, groupées en coopératives, des classes inférieures et des classes moyennes à des conditions convenables, et qui pût en même temps mettre ces classes en rapport avec le grand marché financier, afin de leur permettre de lui offrir et de lui demander de l'argent... d'égaliser le manque de capitaux en un point par l'adduction des fonds de coopératives à un autre, ou de placer parfois avantageusement des excédents existants (1) ». Cette caisse centrale, quoique véritable institution d'Etat, fut rendue autonome pour éviter d'engager les finances publiques dans les risques du mouvement coopératif, mais elle fut généreusement dotée par le gouvernement qui constitua son capital d'exploitation : 5.000.000 de marks en 1895, porté à 20.000.000 en 1896, à 50.000.000 par la loi du 20 avril 1898. Elle ne prête pas directement aux sociétés locales, mais aux caisses centrales des fédérations coopératives (2).

Si nous passons en Wurtemberg, nous voyons que, dès 1880, date des premières fondations raiffeisénistes, le concours du gouvernement leur est acquis. C'est lui qui provoque leur groupement, et la *Banque de la Cour royale* leur sert de caisse centrale jusqu'à ce que, toujours à la suggestion des pouvoirs publics, l'*Union des Sociétés coopératives agricoles* fonde en 1893 une caisse centrale propre, la *Caisse centrale coopérative agricole*. Pour couvrir ses premiers frais, la caisse reçoit une subvention gratuite de 3.000 marks en 1893, puis successivement pour

1. « La caisse centrale de Prusse », rapport de M. le Dr Heiligenstadt, président de cette caisse. « Compte rendu du VIe Congrès de l'Alliance Coopérative Internationale », édition française, p. 379.

2. Il nous paraît intéressant d'indiquer ici comment se mesure au maximum, le crédit ouvert par la Caisse centrale de Prusse aux caisses centrales emprunteuses dont les sociétés affiliées sont à responsabilité illimitée, (comme c'est le cas des Raiffeisen). La fortune de tous les membres des caisses faisant partie de la caisse centrale est évaluée d'après les chiffres inscrits et vérifiés du rôle de l'impôt sur le revenu. De cette somme on retranche préalablement son dixième. Puis, suivant que la caisse centrale s'est ou non engagée à ne faire d'opérations qu'avec la Caisse centrale prussienne, il peut être prêté les 3/4 ou les 2/3 de ce reste. Bientôt, trouvant que les caisses centrales négligeaient trop leurs propres ressources pour s'adresser à elle, la Caisse centrale prussienne décida (1er avril 1902), de ne plus avancer à ses clients que dix fois au plus le montant du capital-actions versé. La Caisse prête en moyenne à 3,50 o/o. (Voir compte-rendu du VIe Congrès de l'Alliance Coopérative Internationale, p. 381 et 417 et suiv.).

grossir son fonds de réserve ; 1.000 marks en 1897, 5.000 en 1900 et 5.000 en 1901. En outre la Banque d'Etat tient à sa disposition 1.000.000 de marks qu'elle peut emprunter quand elle veut à 3 0/0. Les autorités locales sont invitées à déposer leurs fonds momentanément disponibles dans les caisses Raiffeisen. Enfin, pour aider les caisses à supporter les charges de la revision bisannuelle, une partie des fonds votés chaque année par la Diète pour la coopération rurale va à l'*Union des sociétés coopératives agricoles*. Cette subvention (24.000 marks en 1903), couvre environ 70 0/0 des frais de revision.

En Bavière, l'*Union nationale des sociétés agricoles de crédit et de laiterie*, fondée en 1894, reçoit 4.000 marks pour ses frais de premier établissement, 25.500 marks par année de 1894 à 1897 ; 29.000 de 1898 à 1903 ; 34.000 en 1904 pour contribuer aux frais d'administration et d'inspection, — 12.000 marks annuels depuis 1899 pour pouvoir négocier des achats. Toutes ces subventions sont gratuites. En 1894 et en 1898, la Caisse centrale de la fédération est gratifiée de 100.000 marks chaque fois à titre de prêts sans intérêt, et en outre 3.900.000 marks à 3 0/0 lui sont avancés. La Bavière fournit encore une collaboration en espèces, dont nous ignorons l'importance, au *Reichsverband der deutschen landwirthschaftlichen Genossenschaften* de Darmstadt ; elle exempte les caisses rurales de certains impôts (patente, impôt sur le revenu), et les favorise quant aux droits d'actes officiels.

En Saxe, nous trouvons un vote du Parlement qui consacre 150.000 livres sterling aux intérêts de la coopération agricole. La *Caisse centrale de l'Union coopérative agricole du royaume de Saxe* reçoit ses avances à 1 1/2, mais doit se tenir toujours prête à les rembourser à trois mois de préavis, et les prêter aux sociétés adhérentes à un taux ne dépassant pas 2 1/2 0/0.

Sans prétendre nous livrer ici à une étude détaillée de l'appui fourni par les gouvernements allemands aux caisses Raiffeisen, nous signalerons encore le Grand-Duché de Bade, où la *Fédération des coopératives agricoles* a reçu de l'Etat 1.500.000 marks à 2 1/2 0/0 et touche en outre une allocation annuelle couvrant environ 60 0/0 des frais d'inspection et une somme de 60 marks pour solder l'établissement de chaque nouvelle fondation ; — la Saxe-Weimar, la Saxe-Meiningen, la Saxe-Gotha, l'Alsace-Lorraine, etc., où tantôt des subsides gratuits sont accordés pour payer les premiers frais de l'installation des caisses, ou alléger les charges de la revision, ou encore permettre d'ouvrir des cours de comptabilité, tantôt des avances à faible intérêt sont mises à la disposition d'une caisse centrale qui en fera profiter ses caisses affiliées.

Voilà les rapports de la caisse rurale allemande avec l'Etat, au point de vue législation, et au point de vue secours distribués. Considérons-la maintenant, abstraction faite de toute autre chose qu'elle-même, dans son activité et son développement.

L'association Raiffeisen allemande, s'il faut en croire les statuts publiés par les diverses unions et tout spécialement par la fédération de Neuwied, a une sphère d'activité beaucoup plus large que la Raiffeisen type dont nous avons examiné le rôle au chapitre II de notre seconde partie. Le *Musterstatut* de Neuwied porte au paragraphe 4 l'indication des buts que doit poursuivre une caisse rurale. Ce sont :

a) Accepter les épargnes et les capitaux disponibles moyennant intérêt ;

b) Accorder des prêts à ses membres solvables et dignes de crédit (Kreditfæhige und Kreditwürdige), pour des buts économiques justifiés, contre un intérêt convenable ;

c) Acheter en gros, par l'intermédiaire de la société, les produits nécessaires aux associés (engrais, fourrages, semences, etc.), et les vendre au détail aux membres ;

d) Vendre en commun les produits de la culture et des industries de la maison et des champs ;

e) Se procurer et entretenir à frais communs des marchandises, outils et autres objets nécessaires aux exploitations agricoles. En abandonner l'usage aux sociétaires moyennant payement d'une location réduite ;

f) Créer un fonds de fondation indivisible, destiné à promouvoir les intérêts professionnels des membres ;

g) Accroître les connaissances professionnelles par des conférences instructives, l'échange des résultats d'expériences intéressantes, des entretiens et des résolutions concernant les mesures à prendre pour l'amélioration de la situation des associés (1).

On le voit, il s'agit ici bien plus d'un véritable syndicat agricole uni à une caisse rurale, que d'une pure et simple

1. Notons ici, pour confirmer ce que nous avons dit autre part du caractère religieux et politique des caisses Raffeisen, le § 5 du Musterstatut de Neuwied. Il s'exprime ainsi : « L'association repose sur le principe chrétien et la fidélité à l'Etat. Dans les réunions, toute discussion de nature confessionnelle ou politique est strictement évitée. »

association mutuelle de crédit, telle que nous l'avons décrite (1). Toutefois, les caisses allemandes, ainsi que leurs sœurs des autres pays, aiment à susciter autour d'elles des associations d'intérêt agricole telles que : sociétés pour la vente des œufs, des fruits, laiteries coopératives, etc., qui ne sauraient rentrer dans leur cadre ; elles peuvent inscrire ces sociétés sur la liste de leurs membres et leur faire alors les avances nécessaires à leur fonctionnement.

Elles prêtent à des taux variant de 4 à 5 0/0 et rémunèrent leurs dépôts entre 3 et 4 0/0. Certaines caisses emploient, dans le but de favoriser les humbles, un système analogue à celui en vigueur dans la Caisse générale d'épargne de Belgique, c'est-à-dire que les petits dépôts, jusqu'à 500 marks par exemple, reçoivent un intérêt plus élevé que la partie excédant ce chiffre des dépôts d'un montant supérieur.

Les innombrables services rendus par les caisses Raiffeisen ont fait ce type populaire en Allemagne. Aussi ne serat-on pas surpris d'apprendre qu'il existe dans l'Empire un nombre très considérable de sociétés de crédit Raiffeisen.

---

1. Sauf ce type de généralité plus grande, la caisse allemande ne se différencie guère de la caisse analysée au commencement de ce travail. ses organes administratifs comportent également un directeur, deux conseils (administration et surveillance), un comptable qui seul peut être éventuellement rémunéré. Les attributions de ces organes sont celles que nous avons indiquées. La circonscription varie entre 1.000 et 2.000 âmes. Les règles de recrutement, d'accord des prêts, de remboursement sont celles précédemment vues.

Evidemment, nous ne parlons que de la généralité des caisses, sans soutenir qu'aucune ne s'écarte de ces formes. Témoin les caisses vurtembourgeoises qui émettent de grosses parts d'actions mais en ayant soin de leur ôter tout caractère spéculatif par une limitation si basse des dividendes attribuables, qu'elles se transforment au fond en simples dépôts obligatoires.

Ces caisses sont affiliées à de multiples fédérations qui ne portent pas toutes l'épithète raiffeiséniste et qui sont d'un modèle plus ou moins pur. Ces fédérations comprennent aussi pour la plupart, en outre des asssociations de crédit, des sociétés coopératives d'achat et de vente en commun, des syndicats d'industrie rurale, des laiteries, des unions pour la culture des fruits, etc. Beaucoup font partie du *Reichsverband der deutschen landwirtschaftlichen Genossenschaften* de Darmstadt seul, ou tout à la fois du Reichsverband et du *Generalverband lændlicher Genossenschaften für Deuschland* de Neuwied, d'autres ne sont affiliées à aucune de ces fédérations (1). On comprend dès lors combien il est difficile d'indiquer, même fort approximativement, le chiffre des caisses rurales Raiffeisen en Allemagne. Nous croyons pourtant pouvoir fixer leur nombre au 1er janvier 1907 à 12 ou 13.000 (2).

1. Cette fédération, qui, d'après la dernière statistique établie, du 8 mai 1907, (date où nous reçûmes une lettre de renseignements de son Generalanwalt) comptait 4.159 caisses rurales et 652 autres associations agricoles, est alliée nous l'avons déjà dit au « Reichsverband » de Darmstadt. Ses caisses, dont nous signalons le nombre à part pour montrer l'important développement de cette doyenne des unions raiffeisénistes, sont dénombrées aussi dans les statistiques du « Reichsverband. » Elles sont toutes du modèle raiffeiséniste le plus pur que permettent les lois allemandes. D'après M. L. Durand (« Correspondant » du 10 juin 1893) il y avait 725 caisses affiliées à l'union de Neuwied et en outre, (chiffres de M. Schenk, président de la fédération des banques Schulze-Delitzsch) 1556 Raiffeisen appartenant à d'autres groupements à la date du 31 décembre 1891.

2. Nous allons expliquer comment nous sommes parvenu à cette évaluation.

Beaucoup d'hommes, soucieux de ne classer parmi les Raiffeisen germaniques que des sociétés du type le plus pur, certains désireux peut-être de dénier une part de son extension au développement d'un système qu'ils prisent modérément, ont affecté de ne considérer comme raiffeisénistes que les seules caisses de l'Anwaltschaft de Neuwied. De ce nombre, M. de Malarce dans son rapport à la commission extraparlementaire du crédit agricole en 1894 ; M. Codet, rapporteur à la Chambre du projet de loi de cette même année sur le crédit agricole.

Que fallait-il penser de cette opinion? Nous avons fait appel pour

Le nombre des membres affiliés à ces associations était (évalué d'après les données et les règles établies dans la note 2) de 911.148 à la fin de 1905 dans les unions adhérentes du *Reichsverband;* 50.584 à la fin de 1905 dans le

---

la déterminer à quatre personnalités bien placées pour l'élucider d'une façon précise : M. l'abbé Trigaut, M. L. Durand, M. H. W. Wolff (cité par M. Durand) et M. Haas.

Dans « les caisses rurales en Belgique et à l'étranger », M. l'abbé Trigaut fixe le chiffre des Raiffeisen de l'Empire allemand à 7.000 au moment où il a écrit, et la fédération de Neuwied, qui a constamment grandi, depuis, n'en compte guère que 4.000 à l'heure présente. M. Trigaut est documenté par un Raiffeiséniste distingué, M. Georges Malherbe, comme l'attestent deux notes trouvées aux pages 30 et 55 de sa publication. Or, M. Malherbe nous écrit le 27 avril dernier : «... Pour obtenir des renseignements sur les caisses Raiffeisen à l'étranger, nous nous sommes servi des consuls belges dans les différents pays... » Voilà donc une opinion dont la valeur ne saurait être contestée : elle n'émane pas d'un admirateur de Raiffeisen qu'on puisse taxer de partialité, elle repose sur les communications d'agents du ministère des Affaires étrangères de Belgique.

Voici maintenant l'avis explicite de M. L. Durand (voir l'article intitulé « La Fédération générale des associations agricoles allemandes », dans le « Bulletin mensuel de juillet 1895). Les caisses de l'union du docteur Haas (le « Reichsverband » qui avait alors son siège à Offenbach) sont-elles, se demande M. Durand, de véritables Raiffeisen ? Certaines des unions de caisses appartenant à la fédération d'Offenbach se trouvent rapprochées des Schulze-Delitzsch par leurs sympathies dans les domaines politique et religieux. De plus, la loi de 1889 en forçant les Raiffeisen à émettre des parts sociales leur a imposé une analogie d'extérieur avec celles-ci. Mais les principes économiques des associations à Offenbach ne sont point ceux de Schulze-Delitzsch. Avant de le prouver par le raisonnement, M. Durand fait appel à une autorité : M. H. W. Wolff (l'actuel président de l' « Alliance Coopérative internationale ») lui a écrit : « Les caisses de M. Haas ne sont que des caisses Raiffeisen atténuées... » Mais examinons leurs bases. Avant la loi de 1889, l'union Haas applique des statuts absolument raiffeisénistes : circonscription limitée à la commune, gratuité des fonctions, absence de toute répartition de bénéfices, part sociale réduite à sa plus simple expression. (Il est à noter que même avant la loi du 1er mai 1889, de fréquentes décisions de tribunaux avaient obligé, mêmes les caisses de Neuwied à l'émission de parts sociales.) Le dernier rapport détaillé envoyé par M. Haas à M. Durand reste muet sur la distribution des bénéfices aux sociétaires. Cela ne signifie point qu'il n'en ait été fait aucune, mais du moins que cette préoccupation, primordiale chez les fidèles de Schulze ne tient pas grand'place chez les adhérents de l'union Haas. Quant aux parts sociales, leur moyenne est, dans cette dernière, de 42 marks par tête. (2.173.596 marks pour 51.551 associés); dans les banques Schulze, elles sont plus élevées, souvent elles atteignent 1.000 marks. Les nouvelles règles de la fédération d'Offenbach n'exigent plus la gratuité des fonctions, mais on peut juger combien

Verband der landwirtschaftlichen Kreditgenossenschaften de Bade ; d'environ 146.500 en 1907 dans trois, des quatre dernières unions. (Le *Revisionsverband des Bundes der Landwirthe* dans sa lettre ne nous a pas indiqué le chiffre

---

peu en fait il est profité de cette latitude, puisque, les 463 caisses du rapport Haas ont déboursé pour frais d'administration 230.856 marks, soit un peu moins de 500 marks par caisse et par an. Si l'on songe que la moyenne de 111 membres par société force à rétribuer presque partout le comptable, qu'il doit y avoir beaucoup de dépenses de timbres, d'imprimés, etc., on admettra qu'il ne doit pas y avoir un grand nombre de traitements d'administrateurs. Enfin, un rapport du président du groupe hanovrien, M. Johannszen inséré dans celui de la fédération d'Offenbach, constate qu'il a fallu vingt ans, « pour que la pensée du père Raiffeisen prenne racine dans la province. » Que conclure de tout cela, sinon que, si M. Haas applique les principes raiffeisénistes avec moins de sévérité que le Generalverband de Neuwied et il accepte dans un groupement des sociétés non Raiffeisen, les caisses de ce modèle se rencontrent pourtant en grande quantité parmi ses affiliées?

Malgré les fortes présomptions en faveur du Raiffeisénisme de nombreuses caisses du Reichsverband, fondées sur les avis que nous venons d'exposer, nous avons voulu obtenir sur ce point des éclaircissements de M. le docteur Haas lui-même. Or, la lettre qu'il nous fit l'honneur de nous adresser le 23 avril 1907 renferme cette phrase : « Les différences entre les caisses portant le nom de Raiffeisen et les autres caisses rurales d'épargne et de prêt s'effacent sans cesse davantage. » (Die Untersdchiede zwischen den sogenannten Raiffeisenkassen und die übrigen Spar-und Darlehenskassen werwischen sich immermehr.) Est-ce l'affirmation de graves dissemblances entre les caisses Raiffeisen et les caisses de l'union de Darmstadt ? N'est-ce pas au contraire la constatation qu'il n'existe guère que des divergences de détails légères, tendant de plus en plus à s'atténuer, — l'autorisation de considérer les sociétés de crédit rural de cette union, celles du moins qui comportent la responsabilité illimitée, même en dehors des caisses de Neuwied, en dehors des affiliés aux unions qui portent l'épithète raiffeiséniste dans leur titre, comme des caisses se rapprochant plus que de tout autre du type raiffeiséniste, comme — si nous osons employer cette métaphore — les filles d'un second lit du philanthrope de Neuwied ?

....

Cette question préliminaire tranchée, voici comment nous avons procédé pour arriver à l'appropriation donnée de 12 à 13.000 Raiffeisen allemandes,

Sur le « Jahrbuch des Reichsverbandes der deutschen landwirtschaftlichen Genossenschaften für 1906 », paru en juillet dernier, nous avons compulsé les tableaux détaillés des 33 unions de la fédération de Darmstadt. Cette statistique est arrêtée au 31 décembre 1905. De leur somme de caisses locales de crédit rural nous avons retranché celles qui ne comportent qu'une responsabilité limitée (817) et celles fondées sur le Nachschusspflicht (12) : il nous est resté 10.170 sociétés de crédit à responsabilité illimitée. Nous avons cru pouvoir

de ses affiliés.) Cela donne, en total rond un peu plus de 1.100.000 Raiffeisénistes ruraux en Allemagne.

Dans les sociétés pour lesquelles nos renseignements s'arrêtent au début de 1906 (34 unions comprenant 10.523 caisses rurales à responsabilité illimitée), le mouvement de fonds, entrées et sorties (Einnahme und Ausgabe zusammen), a été en 1905 de 2.611.229.228 marks et pour les quatre pour lesquelles nous avons des renseignements jusqu'à la fin de 1905 d'environ 500.000.000 m. (1).

---

les tenir pour des Raiffeisen plus ou moins pures, mais pour les Raiffeisen tout de même.

Ayant eu connaissance de cinq autres unions d'associations rurales de prêts, non affiliées au « General Verband de Neuwied et au Reichsverband », nous avons écrit à leur président : 1° pour savoir si l'on devait les considérer comme des Raiffeisen ; 2° pour connaître le nombre de leurs adhérentes locales ; 3° pour obtenir des renseignements sur leur mouvement de fonds et sur la quantité de leurs membres.

A la première question, la réponse a été affirmative pour les cinq unions.

Pour la seconde, voici les résultats communiqués :

1° « Verband der landwirtschaftlichen Kreditgenossenschaften im Grossherzogtum Baden » (cette union affiliée au « Reichsverband » en 1905 ne l'est plus en 1906) nombre de caisses à la fin de 1905 353

2° « Trierischer Genossenschaftsverband » (Trèves), au 29 septembre 1907 365

3° « Revisions verband des Bundes der Landwirthe. » (Berlin), au 3 octobre 1907 60

4° « Pfælzischer Genossenschaftsverband Wachenheim für Geld und Warenverkehr » (Neustadt a. H.), au 24 septembre 1907 50

5° « Verband landwirtschaftlichen Genossenschaften in Würtemberg » (Stuttgard), au 23 septembre 1907 1075

1903

Pour l'Allemagne entière, une simple addition donne : 10.170 + 1903 = 12.073 caisses.

Mais notons que pour 34 unions sur 38, nos chiffres sont ceux du 31 décembre 1905. Le nombre de leurs associations locales a sûrement augmenté depuis ce jour. Si l'on veut bien remarquer que les 31 unions également membres du Reichsverband en 1904 et en 1905, a passé de 9.588 à 9.981, soit 393 fondations nouvelles, on conviendra que le nombre de 13.000 caisses doit plutôt être dépassé à l'heure actuelle.

1. Deux nombres, celui de l'union wurtembergeois et celui de la fédération de Trèves, nous sont donnés avec chiffres précisés jusqu'aux milles seulement. Nous trouvons en additionnant ces chiffres pour les 4 unions : 499.142.567 marks.

Il est donc certain que le mouvement de fonds annuel des caisses rurales allemandes dépasse 3.000.000.000 de marks, qu'il atteint à peu près 4 milliards de francs.

Qu'on juge par là des bienfaits que doit répandre Outre-Rhin l'institution du « Vater » Raiffeisen (1).

ITALIE (1883)

SOURCES : *Les caisses rurales en Belgique et à l'Etranger*, par J. Trigaut. — Les caisses Raiffeisen en Italie, 2e partie, chapitre V, p. 79, 80, 81.

Le catholicisme pratique à Bergame (Italie), par Pierre Sylvestre ; chez Victor Lecoffre, Paris.

Bulletin mensuel de l'union des caisses rurales et ouvrières à responsabilité illimitée, nos d'août 1894, janvier 1895, juillet, novembre 1896, décembre 1897, août et décembre 1898.

Un devoir social, le crédit agricole et les caisses rurales, par L. Durand, « Correspondant » du 10 juin 1898.

Deutsche landwirtschaftliche Genossenschaftspresse, organe officiel du Reichsverband de Darmstadt. Eine Rundreise durch die landwirtschaftliche Genossenschaftswelt des Auslandes, no du 15 juin 1905.

Lettre de M. Medolago-Albani, secrétaire de l'Unione Economico Sociale pei Cattolici Italiani, de Bergame, du 3 mai 1907.

NOTA : Les lettres que nous avons le 7 avril et le 8 novembre derniers adressées à l'union Wollemborg, sont restées sans réponse.

C'est à M. le Dr Leone Wollemborg que revient l'honneur d'avoir introduit en Italie la caisse rurale du type Raiffeisen. Sa première fondation fut celle de Loreggia (province de Padoue), elle remonte à 1883.

1. Voir l'appendice à la rubrique « Allemagne ».

La conception du Dr Wollemborg différait de l'idée directrice de Raiffeisen en un point : il mettait nettement de côté l'esprit chrétien dans lequel celui-ci voulait voir fonder ses caisses et le remplaçait par un but de simple philanthropie (1), — d'où le nom de caisses neutres donné aux sociétés Wollemborg. Mais les tendances pouvaient être différentes, le mécanisme de l'institution restait le même. Toutefois, d'après le témoignage de M. Carlo Contini, lieutenant de M. Wollemborg, la plupart des caisses italiennes, dans un sentiment de fierté très noble, mais peut-être un peu exclusif, rejetèrent de parti pris l'appui offert par les grands propriétaires fonciers.

Les caisses neutres prospérèrent, lentement il est vrai, car les esprits dans la péninsule étaient peu préparés à cette initiative, mais cependant sans arrêt, au début du moins. Elles rendaient d'ailleurs de grands services aux paysans rongés par l'usure (2).

Le 30 novembre 1892, la *Federazione delle casse rurali italiane* comptait 50 caisses ayant prêté 734.544 lires. Le 15 décembre 1893, la *Cooperazione rurale*, journal de la fédération, accusait 51 caisses, avec 1.025.299 lires d'actif et un fonds de réserve de 29. 301 lires. En 1897, une lettre de M. Medolago-Albani nous dit qu'on estimait à 125 le nombre des caisses Wollemborg. Enfin, des renseigne-

1. Nous signalons le fait, car il a ici son importance. Il explique la division des caisses Raiffeisen italiennes en deux classes : les caisses neutres du Dr Wollemborg et les caisses catholiques de Bergame.

2. M. le commandeur Rezzara dans son rapport au Congrès de Tarbes écrit : «Nous avons connu et découvert des plaies honteuses : l'usure s'aperçoit sous des formes variées, singulières, terribles et nous avons pu nous convaincre qu'il n'y avait pas de communes ou paroisses, où il n'y eut personne qui s'enrichit du sang du pauvre, de l'honnête, du malheureux travailleur...»

ments recueillis au cours d'un voyage transalpin, M. de Ledinghen déduisait qu'en 1898, il existait 119 caisses suivant l'esprit du Dr Wollemborg. A l'heure actuelle, il y en aurait, d'après la lettre que nous a envoyé le 3 mai dernier M. Medolago-Albani, secrétaire de l'Union de Bergame, une centaine environ. Elles sont groupées à la fédération de Padoue. (1)

Dès l'origine, M. Wollemborg avait rencontré des sympathies dans le clergé des campagnes ; mais soit que ses caisses n'aient pas tout à fait tenu leurs promesses de neutralité confessionnelle et qu'elles aient plus ou moins ouvertement combattu l'esprit religieux ; soit que certains prêtres se soient souvenus des désirs de Raiffeisen concernant le christianisme de son œuvre, des caisses rurales catholiques commencèrent bientôt à se fonder. La première fut celle établie par l'abbé Luigi Cerutti, curé de Gambararo (Vénétie), dans sa paroisse, le 26 juillet 1890 (2).

L'idée de Don Luigi Cerutti reçut au congrès catholique de Vicence (1891) une approbation enthousiaste, réitérée depuis dans de nombreux autres congrès. Une sous-section

---

1. Notre demande de renseignements à la fédération de Padoue (octobre dernier), est restée sans réponse.

M. de Ledinghen estime qu'il y avait en Italie 71 caisses Wollemborg en 1892 et 81 en 1893. Ces chiffres sont en fort contradiction avec ceux que nous avons donnés. Peut-être indiquent-ils le nombre des fondations effectuées et ceux-ci le nombre des caisses en activité... De même il faut tenir pour considérablement exagéré le chiffre de plusieurs centaines fourni par la « Deutsche landwirtschaftliche Genossenschaftspresse », journal du Reichsverband, dans l'enquête à laquelle se sont livrés ses collaborateurs sur le mouvement coopératif rural à l'étranger (n° du 15 juin 1905 : « Eeine Rundreise durch die landwirtschaftliche Genossenschaftswelt des Auslandes. »)

2. L'abbé Cerutti, devenu Monseigneur Cerutti, est à l'heure présente curé de Murano, près Venise. De nouvelles occupations, nous écrivit-il, le 10 février 1907, ont détourné son activité du mouvement raiffeiséniste italien, à la tête duquel il brilla si longtemps.

des établissements de crédit et des caisses rurales fut même adjointe à cette occasion à l'*Œuvre des congrès*, où les caisses confessionnelles peuvent trouver appui et conseil (1).

Dès 1892, 28 caisses catholiques sont fondées ; en 1893 : 32 nouvelles ; en 1894 (janvier à juillet) : 52 autres (2). En quatre ans, 112 caisses ont été créées (3). Dès 1895, les caisses confessionnelles ont leur organe : *La cooperazione popolare*. D'après les chiffres donnés au congrès de Fieziolo (1896), on comptait au début de cette année 536 caisses (473 dans l'Italie septentrionale, 42 dans l'Italie centrale, 5 dans l'Italie méridionale, 16 dans les îles).

A cette époque, d'après le rapport du Dr Giuseppe Micheli, il y avait déjà plus de 20 caisses régionales diocésaines dans le nord de l'Italie. Certaines, comme la caisse Saint-Paul de Brescia, préexistaient à la fondation des caisses Raiffeisen qui n'ont fait que les utiliser. A Parme, on créa une caisse centrale à l'usage de toutes les caisses locales trop isolées dans leurs régions pour pouvoir fonder des caisses centrales diocésaines. D'après ce même rapport, on trouve au début de l'année 1897, 700 caisses confessionnelles ayant prêté à leur clientèle environ 6 millions de lires pendant l'année 1896. Elles atteignent 779 en 1897, mais des dissolutions font baisser

1. Il serait injuste de passer sous silence les lettres de félicitations adressées les 16 mars et 4 mai 1894 à l'abbé Cerutti par le cardinal Rampolla, au nom de Sa Sainteté le pape Léon XIII. A la suite des marques non équivoques d'assentiment qui y étaient contenues, évêques, prêtres et fidèles favorisèrent plus que jamais de toutes leurs forces le mouvement raiffeiséniste.

2. Communication de l'abbé Cerutti à M. Durand, du 10 juillet 1893 (Reproduite au « Bulletin mensuel » d'août.)

3. Toutes dans le nord de l'Italie : le groupe vénitien à cette époque en réunit 79, le groupe lombard : 27, le groupe piémontais : 6.

leur nombre et le 15 août 1898, M. de Ledinghen l'évalue à 747 (1).

Enfin, aujourd'hui, d'après les renseignements reçus de M. Medolago-Albani, on compte environ 1.400 caisses catholiques éparses partout (2) : près de 500 en Vénétie, de 200 en Lombardie, autant en Romagne, 130 en Piémont, 170 en Sicile, 60 dans les Marches, 80 dans l'Emilie, etc. La Campanie vient en dernière ligne avec 5.

Beaucoup de ces caisses sont unies en fédérations diocésaines (M. Medolago-Albani nous en cite 23); les autres sont rattachées aux comités d'œuvres diocésains. Enfin, toutes sont reliées, non par une union générale créée spécialement pour les caisses rurales, mais par leur affiliation commune à l'*Union économico-sociale des catholiques italiens*, dont le siège est à Bergamo (3).

Nous avons cité tous ces chiffres pour montrer la rapide extension des caisses Raiffeisen en Italie ; c'est la preuve la plus certaine de leur efficacité. Là aussi d'ailleurs les caisses font des achats en commun, fondent auprès d'elles des sociétés agricoles de consommation, de production et d'assurance, et leur accès est rendu d'autant plus facile qu'aucune cotisation n'est exigée des membres.

1. Le marquis di Rudini à la même date en relève 746.

2. Dans ce nombre se trouvent une centaine de caisses ouvrières. Seize d'entre elles seulement sont fédérées dans une union particulière qui a Venise pour centre. Les autres associations ouvrières s'affilient aux mêmes groupes que les sociétés rurales. L'union de Bologne par exemple s'intitule : « Unione delle casse rural' e popolari della diocesi di Bologna. » En 1905, la Genossenschaftspresse évaluait le nombre des caisses catholiques à 1.200.

3. Cette fédération a obtenu une médaille d'or et un diplôme d'honneur à l'exposition internationale de Milan en 1906. — Nous n'avons malheureusement aucun renseignement sur les récents chiffres d'affaires des caisses italiennes.

Cependant, l'existence de ces caisses a été traversée d'épreuves. Loin de les favoriser, le gouvernement italien les a parfois persécutées.

Soumises aux prescriptions du Code de commerce, ces sociétés devaient obtenir pour se constituer l'homologation des tribunaux. Certains, quand les tendances des caisses étaient à leur gré trop manifestement confessionnelles, la refusaient. D'autre part, des contestations s'élevèrent avec le fisc. Enfin, à un certain moment (1897), un arrêt de la Cour de Turin établit une jurisprudence si menaçante pour les caisses, que divers projets de réorganisation furent proposés au Congrès catholique de Parme, en janvier 1898 (1). Il n'y eut heureusement pas lieu de modifier les anciens statuts.

Pourtant dans le courant de mai 1898, au moment des troubles révolutionnaires qui ensanglantèrent la péninsule sous le ministère Di Rudini-Zanardelli, une nouvelle alerte eut lieu. Jugeant sans doute habile une politique de bascule, frappant à droite pour faire admettre les coups portés à gauche, certains préfets, celui de Mantoue notamment, voulurent dissoudre plusieurs caisses rurales. C'était, suivant une chanson de l'époque, « taper sur les bourgeois, pour effrayer les anarchistes ! » Dès le 27 mai, une circulaire ministérielle révoqua ces arrêtés et depuis ce temps les caisses rurales italiennes se multiplièrent sans plus être inquiétées.

---

1. Ces propositions sont celles de M. C. Rho (société civile) ; du Marquis F. Invrea (société commerciale non coopérative en nom collectif) ; du comte di Chinsano (caisse-mandat). Le dernier projet est analysé tout au long dans le numéro de février 1898 du « Bulletin mensuel de Lyon ».

Terminons par les mots du commandeur Rezzara dans son livre *Il movimento catholico*, page 77, qui sont le cri de victoire des caisses rurales : « Ce développement du crédit populaire devint l'épouvante des usuriers... les caisses mirent en fuite ces oiseaux de proie. »

AUTRICHE-HONGRIE (1885).

Pour l'Autriche

SOURCES : *Compte rendu officiel du VIe Congrès de l'Alliance Coopérative Internationale*, édition française, notamment, p. 262 à 312 ; 445 à 450 ; 487 à 496 ; 555 à 576.

Les caisses rurales en Belgique et à l'Etranger. — J. Trigaut, 2e partie, chapitre III, les caisses Raiffeisen en Autriche, p. 73 à 76.

Jahresbericht des Allgemeinen Verbandes landwirtschaftlicher Genossenschaften in Œsterreich für das Jahr 1904. — Imprimerie de l'Allgemeiner Verband, Vienne, 1905.

Genossenschaftliches Jahrbuch des Allgemeinen Verbandes landwirtschaftlicher Genossenschaften in Œsterreich. 1902. — Imprimerie de l' « Allegemeiner Verband », Vienne, 1903.

Der erste œsterreichische landwirtschaftliche Genossenchaftstag Wien, 1906. — Imprimerie de l' « Allgemeiner Verband », Vienne, 1907.

Rapports des caisses d'épargne et de prêt du Tyrol allemand de 1895 à 1905.

Un devoir social, le crédit agricole et les caisses rurales. — L. Durand, « Correspondant » du 10 juin 1893.

Œsterreichische landwirtschaftliche Genossenschaftspresse, organe officiel de « l'Allgemeiner Verband », n° du 27 mars 1907.

Lettre de M. Gjermanovitch, président de l' « Union des caisses rurales serbes en Autriche-Hongrie », du 22 avril 1907.

Lettre de M. le Baron de Stœrck, président de l' « Allgemeiner Verband », du 8 février 1908.

Pour la Hongrie

Compte rendu officiel du VIe Congrès de l'Alliance Coopé rative Internationale, édition française, notamment, p. 471 à 477; 509 à 529;

Rapports de M. Gyorgy Endre, député, vice-président de l'Union des caisses rurales hongroises et de M. le comte Karolyi au congrès de Tarbes, numéro de mars 1900 « du Bulletin mensuel des caisses rurales et ouvrières à responsabilité illimitée ».

Zwanzigster Verbandstag der ländlichen Spar-und Vorschussvereine, chez J. Drotleff, Hermannstadt, 1906.

Lettres de M. le docteur Ch. Wolff, président du « Verband Raiffeisenscher Genossenschaften als Genossenschaft » des 13 et 26 avril 1907.

Lettres de M. Gjermanovitch, président de « l'Union des caisses rurales serbes en Autriche-Hongrie » des 22 avril et 21 décembre 1907.

Pour la Bosnie-Herzégovine

Lettre de M. Avramovitch, secrétaire général de « l'Union des sociétés coopératives agricoles serbes », du 9 avril 1907.

AUTRICHE

Les premières caisses Raiffeisen remontent en Autriche à 1886 (1). Elles y furent fondées par l'initiative privée et se développèrent assez rapidement. A la fin de 1886, on en comptait 2, 5 à la fin de 1887, 31 en 1888, 160 en 1890 (2) et 246 en 1891.

Comme les caisses allemandes, les caisses autrichiennes réclament de leurs adhérents une cotisation variable. S'il

1. Date donnée par M. L. Durand, M. Gjermanovitch indique celle de 1887 et le rapport de la Diète de Gallicie au Congrès de l'Alliance Coopérative Internationale de Budapest, celle de 1880.

2. Chiffres contenus dans la lettre du 9 avril 1907 de M. Gjermanovitch, General anwalt de « l'Union des caisses rurales serbes en Autriche-Hongrie ». Ce nombre est aussi donné par M. le baron de Stœrck, président de « l'Union générale des sociétés agricoles coopératives autrichiennes », (siège à Vienne). M. Durand indique celui de 175 dans son article du « Correspondant » de 1893. Sans doute il compte les fondations et MM. Gjermanovicht et de Stœrck les caisses en activité.

faut en croire M. l'abbé Trigaut, un seul membre pourrait même posséder vingt-cinq actions dans certaines caisses, mais à la condition de ne disposer que d'une seule voix à l'assemblée générale. Ici encore, le dividende accordé aux parts d'action ne saurait dépasser le taux de l'intérêt consenti aux déposants. D'après le rapport pour 1905 des caisses du Tyrol allemand, la somme des *Geschæftsanteile* était dans cette province, au 31 décembre, de 352.025 couronnes pour 21.60? membres, soit de 16 couronnes 24 par membre en moyenne. Pour les caisses Raiffeisen de l'Allgemeiner Verband, la moyenne était en 1903 de 15 couronnes 43.

Comme les caisses rurales allemandes encore, les caisses autrichiennes peuvent jouer et jouent parfois, en même temps que celui d'institutions de crédit, le rôle de syndicats agricoles et même de syndicats d'industrie agricole. C'est ainsi qu'en Tyrol (1), 28 caisses d'après le rapport précédemment cité, s'étaient, pendant le cours de l'année 1905, livrées à des achats en commun pour leurs membres, et d'autres s'étaient procuré des batteuses, des trieurs, des voitures à bestiaux, etc. Peut-être faut-il chercher dans cette alliance intime du syndicat et de la caisse, des besoins et des offres d'argent, dans la réunion en une seule société des solutions de tous les desiderata de la profession agricole, une des causes du brillant succès des caisses rurales en Autriche.

1. On a pu remarquer dans cette thèse de nombreuses références aux caisses tyroliennes. C'est qu'ayant passé plusieurs mois à Innsbruck au début de 1907, il nous fut loisible de nous livrer à une étude assez approfondie des associations Raiffeisen qui y répandent leurs bienfaits.

Une autre cause aussi, reconnue par tous les documents envoyés à Budapest en 1904, à l'occasion du VIe Congrès de l'Alliance Coopérative Internationale, — proclamée tout particulièrement par M. le Dr Erll, chef de bureau au ministère autrichien de l'agriculture, ce sont les encouragements prodigués par le gouvernement. « Dans aucun pays, écrivait celui-ci, l'Etat n'a porté à un plus haut degré son attention sur la nécessité d'encourager l'application de la coopération à l'agriculture... Bien que, malheureusement, les contributions pécuniaires effectives, soient encore inférieures à ce que les partisans de l'intervention considèrent comme étant désirables, voire même absolument indispensables, l'Autriche peut donc être considérée maintenant, comme le champion le plus reconnu de l'assistance de l'Etat. » — Toutefois les caisses gardent toujours leur autonomie.

Dans un pays comme l'Autriche, où se heurtent à chaque pas des populations d'origines différentes, on comprend que la vie provinciale présente une grosse importance, que les gouverneurs et les assemblées régionales aient une autorité autrement sérieuse que nos préfets et nos conseils généraux. Il faut donc examiner à part ce qu'a fait le gouvernement autrichien et ce qu'ont fait les autorités provinciales pour le développement du raiffeisénisme.

Dès 1890, l'Etat subventionnait, mais sans règle fixe, les caisses rurales nouvelles qui pouvaient en avoir besoin, les caisses istriennes et dalmates spécialement. Il leur donnait aussi la faculté d'emprunter des capitaux aux caisses publiques. Mais surtout il essayait d'intéresser à la propagation et au fonctionnement de ces institutions les Statthaltor, les plus hauts de ses fonctionnaires, comme les plus modestes : les prêtres et les instituteurs. Par des tracts, des brochures, il faisait répandre la pensée coopérative, — par des cours et des conférences, des conférences de professeurs de faculté parfois comme à Poppelsdorf. Enfin la loi de 1903 sur les associations coopératives, exigeait une inspection sévère des caisses rurales.

Il leur accordait encore certaines immunités ou réductions des droits à percevoir normalement sur leurs opérations (1), la franchise postale dans leurs rapports avec l'administration, en outre l'exemption d'impôts.

Enfin, lors du premier Congrès raiffeiséniste autrichien en 1897, l'Etat s'intéressa vivement à la création proposée d'une *Union générale des sociétés agricoles d'Autriche*. En 1898 il accorda à celle-ci, (elle venait d'être établie à Vienne) 8.000 couronnes. Ces 8.000 couronnes se sont montées à 24.000 en 1903. Depuis 1901, un représentant du gouvernement assiste aux séances du conseil d'administration de l'Union et un bureau des caisses rurales existe au ministère.

Passons maintenant aux principales mesures prises par les gouvernements de province.

En Basse-Autriche, outre une dotation de 200.000 couronnes, 2.000.000 de couronnes ont été affectées par la Diète à la *Caisse agricole centrale* de la province. En 1903, 5.400 couronnes ont été versés aux caisses locales, aug-

---

1. Nous ignorons les réductions précises obtenues. D'après M. l'abbé Trigant, alors que pour un emprunt de 300 florins avec deux cautions, le montant normal des droits à percevoir serait de 2 florins, 72 kreuzer, la loi du 1er juin 1889 les ramènerait pour les caisses rurales à 20 Kreuzer, environ 42 centimes au lieu de 5 fr. 71.

mentées de 21.822 pour frais de voyage des reviseurs. (Il est vrai que la totalité de ces sommes n'était pas destinée aux caisses rurales.) En outre, il y a un fonds dépassant 250.000 couronnes, nommé fonds Colloredo-Mansfeld, déposé a la caisse centrale pour faire des avances à 2 0/0 aux caisses locales. Enfin, depuis la fondation des premières Raiffeisen dans ce cercle en 1888, la Diète leur a accordé successivement 500, 400, puis 300 couronnes pour frais de premier établissement.

En Haute-Autriche, le *Landesausschuss* sur le vote de la Diète, met à la disposition des caisses Raiffeisen une avance qui ne doit pas dépasser 200.000 couronnes pour une année quelconque, à 3 0/0, et 200 couronnes sans intérêt à chaque nouvelle caisse. Les caisses d'épargne de Linz, Steyr et Wels, font à peu près les mêmes sacrifices. La Diète prend à son compte le traitement des professeurs pour les cours techniques de comptabilité institués par les caisses rurales, tandis que le gouvernement impérial leur alloue une certaine somme pour frais de voyage de leurs élèves. Les inspecteurs sont aussi payés par la Diète.

En Bohême, en Bukovine, en Carinthie, les institutions coopératives agricoles et toujours tout particulièrement les caisses Raiffeisen, reçoivent des avances de Diète soit pour leurs frais de premier établissement, soit pour leurs unions, soit pour l'inspection et l'enseignement. De même en Gallicie, la Diète met en 1899 (elle avait fait des avances auparavant), 2.000.000 de couronnes à la disposition des caisses Raiffeisen, prend à sa charge les frais d'organisation d'une agence centrale des caisses, de l'enseignement et une partie de la dépense des caisses locales. Elle charge la délégation provinciale de patronner ces caisses. En Istrie, en Moravie, en Silésie, dans la province de Salzbourg, en Styrie, en Tyrol, en Voralberg, tantôt les frais de premier établissement des caisses sont remboursés, tantôt des avances leur sont faites avec ou sans intérêt, tantôt l'inspection et l'instruction professionnelle des comptables leur sont facilitées (1).

Voici maintenant quelques chiffres qui permettront de juger de la vitalité du mouvement raiffeiséniste dans les pays autrichiens.

En 1891 on comptait avons-nous dit 246 caisses Raiffeisen.

En 1893, il y en avait déjà 565 (2).

En 1903, 3.908 ainsi réparties (3) :

Caisses allemandes : Basse-Autriche : 520, Haute-Autriche : 213.

— Province de Salzbourg : 41, Bohême : 473, Moravie : 238, Silésie : 91, Styrie : 236, Carinthie : 130, Tyrol : 223, Vorarlberg : 64, Bukovine : 44.

Caisses tchèques : Bohême : 732, Moravie : 325, Silésie : 30.

Caisses Slovènes : Styrie : 7, Carniole, Gœrz et littoral : 167.

Caisses polonaises : Silésie : 46, Gallicie : 267.

Caisses ruthènes : Bukovine : 61.

Caisses roumaines : Nombre inconnu.

---

1. Nous ne pouvons donner le détail de toutes ces choses, on les trouvera dans le Compte rendu du VIe congrès de l'Association coopérative internationale aux pages 282 à 311.

2. « Les caisses rurales en Belgique et à l'étranger », par J. Trigaut.

3. Rapport de M. le baron de Stœrck au congrès de Budapest. Les ruraux se groupent parfois en Autriche plus par nationalité que par région.

D'après le numéro du 27 mars 1907 de la *Genossenschaftspresse* (organe de l'*Allgemeiner Verband landwirtschaftlicher Genossenschaften in Œsterreich*), il y avait à la fin de 1906 (non compris les caisses centrales), 3.972 caisses Raiffeisen appartenant à cette union, savoir (1) :

530	caisses	en Basse-Autriche.
225	—	en Haute-Autriche.
42	—	dans la province de Salzbourg.
252	—	en Styrie.
82	—	en Carinthie.
172	—	en Carniole (Laibach).
55	—	de l'Union de Cilli (Styrie).
17	—	de l'union de Gœrz.
19	—	de l'union de Gradisca (Slavonie).
244	—	en Tyrol allemand.
70	—	dans le Vorarlberg.
570	(allemandes)	en Bohême.
1.039	(bohémiennes)	en Bohême.
256	(allemandes)	en Moravie et Silésie.
161	caisses	en Silésie.
46	(bohémiennes)	en Silésie.
60	(allemandes)	en Bukovine.
132	(ruthènes)	de l'Union de Czernowitz (Bukovine).

Les chiffres qu'a bien voulu nous communiquer le 22 avril 1907, M. Gjermanovitch, diffèrent sensiblement de ces derniers, on va le voir. Il faut donc supposer qu'un assez grand nombre de caisses Raiffeisen d'Autriche ne sont pas affiliées à l'*Allgemeiner Verband*, car, M. Gjermanovitch nous prévient qu'il ne nous donne de rensei-

1. « Oesterreichische landwirtschaftliche Genossenschaftspresse », nº du 27 mars 1907. Cette fédération groupait en outre dans ses 18 unions, 1043 autres coopérations d'intérêt agricole.

gnements que sur les caisses de type pur, telles que les a définies le congrès de Tarbes de 1897. Les caisses que nous allons énumérer sont donc toutes de véritables Raiffeisen.

Basse-Autriche	690
Haute-Autriche	240
Province de Salzbourg	45
Styrie	280
Carinthie	90
Carniole (Slovènes)	260
Tyrol	290
Vorarlberg	75
Gœrz et Gradisca	48
Bohême (allemandes	680
— (slaves)	1.020
Moravie	315
Silésie (allemandes)	205
— (slaves)	70
Bukovine (allemandes)	70
— (slaves)	89
	4.467

M. Gjermanovitch nous signale encore une union de caisses serbes en Dalmatie, la *Srpeka-Zora* et des caisses croates isolées ; ni les unes ni les autres ne sont affiliées à l'*Allgemeiner Verband*.

A la fin de 1902, les 3.307 caisses existantes avaient 223.205.603 couronnes de dépôt, 173.249.328 couronnes de prêts et un mouvement de fonds de 461.670.318 couronnes, un fonds de réserve de 3.366.392 couronnes. En 1903, (d'après le rapport que M. le baron de Stœrck voulut bien nous faire tenir), le chiffre des dépôts s'élevait à 244.816.726 couronnes ; celui des prêts à 182.013.302 couronnes, le mouvement de fonds à 503.653.541 couronnes ;

le fonds de réserve à 3.940.269 couronnes. — Quant aux 14 caisses centrales affiliées à l'*Allgemeiner Verband* elles eurent en 1904 un mouvement de fonds de 401.343.783 couronnes.

Nous avions sollicité l'honorable *Generalanwalt* de l'*Allgemeiner Verband*, de vouloir bien nous adresser de plus récents documents. Depuis ce rapport paru en 1905, nous répondit M. le baron de Stœrck, la fédération n'a plus, faute de temps, publié de statistiques, mais avec une très haute bienveillance, dont nous sommes heureux de lui marquer ici notre respectueuse gratitude, M. de Stœrck nous communiqua les renseignements suivants le 8 février dernier. Le nombre total des Raiffeisen, autrichiennes doit être évalué à environ 5.500 à l'heure actuelle. L'*Allgemeiner Verband* réunit à peu près 6.000 associations rurales, dont la plupart sont des caisses Raiffeisen, dans 23 groupements. Les 3.439 Raiffeisen affiliées à lui le 31 décembre 1904, (355.216 membres) avaient à cet instant 292.389.268 couronnes de dépôts, 213.160.643 couronnes de prêts, et 4.848.622 couronnes au fonds de réserve. Leur mouvement de fonds s'était élevé à 617.367.837 couronnes. — En fin de 1905, les 16 unions alors adhérentes de l'*Allgemeiner Verband* comptaient 4514 sociétés Raiffeisen et leurs caisses centrales (il n'y a pas de caisse centrale générale pour l'Autriche, quoiqu'il soit question d'en fonder une,) avaient 85.368.535 couronnes de dépôts, 42.993.989 couronnes de prêts à leurs associations locales et leur mouvement de fonds s'était élevé au cours de l'exercice à 526.493.121 couronnes (1).

1. Il n'y a pas en Autriche de Raiffeisen ouvrière. Les banques de

Terminons notre aperçu par ces lignes de M. le baron de Stœrck, qui sont l'apologie du Raiffeisénisme dans son pays « Les caisses Raiffeisen ont un excellent succès en Autriche. Leur introduction ne s'y est nulle part heurtée à des difficultés. Elles sont d'une très grande valeur pour la population rurale qui s'est, par leur moyen, complètement tirée des mains des usuriers. Ces associations jouissent partout dans le peuple de la plus grande confiance et disposent par suite de sommes importantes en dépôts d'épargne, qu'elles prêtent à leurs associés. Dans mainte union ces dépôts forment un notable excédent, qui n'est même plus nécessaire pour les prêts... »

HONGRIE (1)

En 1885, au congrès agricole tenu à l'occasion de l'exposition nationale hongroise de cette année, sous la présidence du comte Karolyi, M. Endre, soutenu par M. Wollemborg et par une lettre d'encouragement de Raiffeisen, fit acclamer la caisse rurale créée par celui-ci, comme le véritable remède à la disette de crédit qui se manifestait en Hongrie.

---

crédit populaire des centres industriels sont du type Schulze-Delitzsch. De même en Hongrie.

1. M. H.-W. Woff, nous ayant écrit qu'il existe en Hongrie des caisses Raiffeisen autres que celles des trois unions serbe, croate et allemande dont nous avait entretenu M. Gjermanovitch, nous avons sollicité des éclaircissements nouveaux auprès de ce dernier. Avec une parfaite bonne grâce, une carte venue d'Agram le 27 décembre 1907 a maintenu de façon catégorique que seules les trois fédérations citées groupent des Raiffeisen dans le royaume magyar. Sur le conseil de M. Woff, nous nous étions adressé aussi à l'Hangya de Budapest, mais nous n'avons reçu aucune réponse. Fort de l'indiscutable compétence de M. Gjermanovitch, confirmée au reste de façon indirecte par les communications de MM. Endre et Karolyi au congrès de Tarbes, nous ne dirons que quelques mots des caisses hongroises en dehors de celles affiliées aux unions croate, d'Agram et d'Hermannstadt.

Mais les paysans hongrois étaient sans ressources et la caisse rurale fondée chez eux n'aurait point reçu de dépôts. On commença donc par la caisse centrale. Celle-ci fut établie dans le comitat de Pest et pour ce comté, en 1887. Peu après, elle se transforma en caisse centrale nationale. En 1887 aussi, naquit la première caisse rurale établie par la caisse de Pest. Il y en avait 350 en 1897. Elles avaient prêté l'année précédente 6.067.500 florins. Leurs parts sociales de 25 florins (car la législation hongroise ne permet pas aux associations de cet ordre de se fonder sans apport), étaient payables par fractions hebdomadaires de 10 kreuzer. Elles groupaient 74.499 membres. Mais si quelques-unes de ces sociétés étaient à responsabilité illimitée, beaucoup d'entre elles restreignaient cette responsabilité au double, triple ou quintuple de la part sociale. En 1904, il en existait environ 1.800 dans le royaume entier. Elles ont une caisse centrale avec succursales, celle de Pest, en relation avec la première caisse d'épargne hongroise qui lui avance les fonds nécessaires à son fonctionnement. Elles ont en outre une union à Budapest, avec organe bi-mensuel. Ces caisses sont seules protégées et favorisées par le gouvernement, les autres seraient plutôt entravées par lui, d'après M. Gjermanovitch. Un nombre très restreint de ces caisses peut être considéré comme raiffeiséniste, aussi nous sommes-nous borné à exposer brièvement leur organisation pour passer à celle des petites unions dont l'étude rentre mieux dans les limites de notre travail, puisqu'il s'agit sans conteste de caisses Raiffeisen fort pures.

M. le Dr Charles Wolff avait, dès 1885, commencé à faire

germer chez les Saxons de Transylvanie la semence raiffeiséniste. Le 13 avril dernier, il nous écrivit que ses caisses étaient au nombre de 153, avec environ 10.000 membres. L'union de ces caisses, le *Verband Raiffeisenscher Genossenschaften als Genossenschaft*, a son siège à Hermannstadt. Elle ne possède pas de caisse centrale propre, mais la caisse d'épargne de cette ville lui en tient lieu. En 1905, l'actif des 114 caisses alors existantes de cette union s'est monté à 7.083.099 couronnes, avec 7.502 couronnes de pertes et 62.299 couronnes de gain.

A la date du 18 avril 1907, une autre union, l'*Union des caisses rurales serbes en Autriche-Hongrie* (Agram), comptait 245 caisses. En fin de 1905, elle en avait 235 avec 7.227 sociétaires (1). Ses caisses avaient consenti en 1905, 9.170 prêts d'un total de 1.635.754 couronnes. Cette union a sa caisse centrale à Agram. Elle recrute surtout ses affiliées en Croatie, Slavonie et Hongrie du sud.

Enfin, existent (avril 1907) 220 Raiffeisen croates sans union et sans caisse centrale, qui se servent du concours de la *Banque agricole croate* d'Agram.

Soit dans ces trois fédérations : 618 caisses Raiffeisen (2).

BOSNIE-HERZÉGOVINE

Deux ou trois caisses Raiffeisen sont nées dans ce pays. Nous ignorons si elles sont comprises dans les statistiques

---

1. 104 ecclésiastiques, 130 maîtres d'école, 140 marchands, 330 petits industriels et artisans, 6.398 cultivateurs, 125 membres de profession diverses. 4.196 associés avaient une fortune de moins de 5.000 couronnes, 1.568 une fortune de 5 à 10.000 couronnes, 835 de 10 à 20.000, 233 de 20 à 30.000, 106 de 30 à 50.000, 68 de plus de 50.000, 221 ne possédaient rien.

2. Voir l'appendice à la rubrique « Autriche-Hongrie ».

données pour l'Autriche ou pour la Hongrie, mais nous en doutons, car les territoires Bosnio-Herzégoviniens ne se rattachent ni à cet empire, ni à ce royaume comme administration.

SUISSE (1887)

SOURCES : *Compte rendu officiel du VIe Congrès de l'Alliance coopérative Internationale*, édition française, p. 582 et 583.

Kurze Aufklærung über Raiffeisen'sche Darlehenskassenvereine. — J. Traber, Pfarrer. Imprimerie Frauenfeld, 1900.

Spar-und Darlehenskassen. — Vortrag von J. Kæppeli, Imprimerie K J. Wyss, Berne, 1904.

Referat über Raiffeisenkassen. — J. Traber. (Sans date, ni nom d'imprimeur.)

Kurze Aufklæreng über Raiffeisensche Darlehenskassenvereine im Lichte eines praktischen Beispiels. — J. Traber. Imprimerie « Ostschweiz », Saint-Gall, 1907.

Statuts de la caisse de crédit mutuel. — Imprimerie Ch. Viret-Genton, Lausanne, 1906.

Statuten des Schweizer. Raiffeisenverbandes. — Imprimerie F. Müller, Frauenfeld, 1902.

I. — *Jahresbericht über den Schweiz. Raiffeisenverband*, 1903. — Imprimerie F. Müller, Frauenfeld, 1904.

II. — *Idem*, 1904. — *Idem* 1905.

III. — *Idem*, 1905. — *Idem*, 1906.

IV. — *Idem*, — Geschæftsjahr 1906. — Imprimerie F. Müller, Frauenfeld, 1907.

Un devoir social, le crédit agricole et les caisses rurales. — L. Durand. « Correspondant », du 10 juin 1893.

Genossenschaftspresse, organe du « Reichsverband » de Darmstadt, numéro du 31 mai 1905, p. 183.

Lettre de M. Henri Abt, du 9 avril 1907.

Lettre de M. Traber, directeur du Schweizereischer Raiffeisenverband de Bichelsee, du 5 février 1908.

La première association Raiffeisen vit le jour en Suisse

à Schlosshalde, près de Berne. Elle y fut fondée par M. Traber (1) en 1887.

Le gouvernement fédéral, pas plus que les gouvernements cantonaux, ne soutinrent, ni n'entravèrent le développement des caisses, ils lui accordèrent seulement cette complète liberté que revendiquent les partisans du self-help.

Quoique la législation helvétique n'impose pas aux caisses l'obligation d'un capital constitué par les parts sociales de leurs membres, elles l'imposèrent elles-mêmes. Outre un certain droit d'entrée, une action de 50 francs libérable en un délai donné, doit être souscrite par chacun d'eux. (statuts art. 9). Mais aucun n'a droit de posséder deux parts (art. 30.) Cette action est susceptible de porter un intérêt prélevé sur les bénéfices de la caisse de la façon suivante : 50 0/0 du bénéfice annuel est d'abord attribué à un fonds de réserve impartageable. Le reste rétribue, jusqu'à concurrence de 5 0/0, les parts sociales. Dès que le fonds de réserve atteint le montant du capital d'affaires de la caisse, les bénéfices, diminués du dividende à répartir entre les associés, doit être affecté par décision de l'assemblée générale à des entreprises agricoles ou industrielles profitables à l'ensemble des membres de la caisse (art. 31).

Sauf cette part sociale établie spontanément par les caisses, celle-ci sont de véritables Raiffeisen. Mais au contraire des caisses françaises, elles se livrent, comme les

---

1. Nous ne savons quel titre donner à M. Traber : M. l'abbé ou M. le pasteur. La lettre de M. Abt et les rapports se servent du mot Pfarrer, mais suivant les différentes régions de langue allemande, ce terme s'applique tantôt aux représentants du clergé catholique, tantôt aux ministres de l'Eglise réformée.

caisses allemandes, à des achats de matière première, d'articles de consommation, de produits agricoles pour le compte de leurs adhérents (art. 2).

De 1887 à 1900, aucune caisse nouvelle ne fut fondée à notre connaissance. En tout cas il y en eut bien peu. Mais en 1900, le mouvement raiffeiséniste reprit vigueur et bientôt on vit de toutes parts, dans la Suisse allemande et plus particulièrement dans les cantons du nord et de l'est des caisses rurales se fonder. (1) Curés et pasteurs s'employaient au reste à les propager. En janvier 1902, on comptait déjà 15 associations Raiffeisen.

Le 12 juin de cette même année, une union, le *Schweizerischer Raiffeisenverband* et une caisse centrale furent fondées à Bichelsee ; 20 caisses avaient alors surgi. Union et caisse centrale (à responsabilité limitée) rendent les services ordinaires à ces institutions et spécialement s'occupent de l'inspection et de la revision de la comptabilité des caisses, suivant les différentes lois cantonales (§ 12 et 28 des statuts). Pour s'affilier à cette union, chaque société

---

1. Sur la liste de 77 caisses insérée au rapport pour 1906, 67 étaient dans des cantons allemands, 4 dans des cantons exclusivement français (Vaud : 3, Valais : 1), 5 dans des cantons limites, partagés entre les deux langues, 1 dans le canton à demi italien des Grisons.

Il parait que d'autres Raiffeisen isolées existent en Suisse. Sur l'indication de M. L. Durand nous, avons écrit à M. Reymond, auteur d'un article sur elles dans la « Chronique des syndicats du Sud-Est » d'octobre 1907 : nous n'avons point obtenu de réponse. Nous nous sommes alors adressé à M. Traber, pour éclaircir ce point. Dans sa lettre du 5 février dernier, il nous dit : « ... Les caisses Raiffeisen, n'appartenant pas « au Schweizerischer Raiffeisenverband » de Bichelsee, ne sont pas nombreuses. Il y avait, il y a deux ans, 6 caisses de langue allemande, qui ne voulaient pas entrer à l'union : 3 d'entre elles ont disparu, elles se sont elles-mêmes dissoutes et nous espérons gagner les 3 autres. Dans la partie française de la Suisse elles ne peuvent non plus être beaucoup ; dans le canton de Fribourg, il y en a 2 à ma connaissance, dans celui de Vaud, je ne sais combien. Le mouvement raiffeiséniste est du reste tout neuf en Suisse... »

doit verser par 100 membres ou fraction de 100 membres 1.000 francs, divisés en échéances de 200 francs, payables au mois de janvier de chaque année.

Voici les chiffres éloquents fournis par les quatre rapports annuels jusqu'ici publiés par l'union :

Rapport pour	1903 : 25	caisses...	1.740	membres
—	1.904 : 38	—	2.455	—
—	1.905 : 49	—	3.292	—
—	1.906 : 61	—	?	—

		MOUVEMENT DE FONDS	
		pour la caisse centrale	pour les caisses locales
		—	—
Rapport pour	1903..	1.636.241 fr. 65	6 037.707 fr. 73
—	1904..	2.474.425 fr. 94	9.896.497 fr. 38
—	1905..	3.834.262 fr. 62	13.697.274 fr. 50
—	1906..	4.135.959 fr. 02	15.678.817 fr.

Au moment où ce dernier rapport fut imprimé en Mai 1907, on comptait 77 caisses avec 4.905 membres, Et, si nous interprétons bien les numéros d'ordre ajoutés à la liste de ces 77 caisses dans le rapport que nous a adressé le 2 novembre dernier, M. J. Traber, il y en avait 80 à cette date (1).

BELGIQUE (1892)

Sources : *Compte-rendu officiel du sixième Congrès de l'Alliance Coopérative Internationale*, édition française, notamment p. 365, 366 ; 465 à 470 ; 586 à 588.

Les caisses rurales en Belgique et à l'Etranger. — G. Trigaut, chez Oscar Schepens. Bruxelles, 1903.

Le Raiffeisénisme ; étude théorique et monographique. — G. Malherbe, chez Oscar Schepens. Bruxelles, 1902.

Les relations des caisses Raiffeisen avec la caisse générale

1. Il n'existe pas dans la République, de caisse Raiffeisen ouvrière.

d'épargne. — G. Malherbe, chez Oscar Schepens, Bruxelles, 1905.

Exposé statistique de la situation des associations d'intérêt agricole pendant l'année 1903, par le Ministère de l'Agriculture, chez Weissenbruch, Bruxelles 1904.

Idem *1904*, idem 1905.

Idem *1905*, idem 1907.

Bulletin mensuel de l'union de Lyon, surtout nos de novembre 1896, février 1899, décembre 1900, janvier 1901, décembre 1902, octobre 1904.

Genossenschaftspresse du « Reichsverband », de Darmstadt, n° du 31 mai 1905, p. 182.

Lettres de M. G. Malherbe, secrétaire du Cercle d'Etudes sociales de Binche, des 26 mars et 27 avril 1907.

Lettre de M. Vliebergh, secrétaire du « Boerenbond » de Louvain, du 12 novembre 1907.

Lettre du Ministère de l'agriculture belge, signée de M. le chef de division Heurn (?) du 6 décembre 1907.

L'étude des caisses Raiffeisen de Belgique présente un intérêt particulier pour nous, non seulement parce qu'il s'agit d'un pays voisin du nôtre, mais parce que ce pays nous est uni par maints liens et présente avec nos régions du nord de frappantes analogies.

C'est sur lui heureusement que nous sommes le plus complètement documenté, parce que la littérature raiffeiséniste y fleurit avec une particulière abondance, ou parce que peut-être nous avons pu nous procurer avec plus de facilité les brochures publiées sur ce sujet.

C'est M. l'abbé Mellaerts, secrétaire général du Boerenbond de Louvain qui le premier, dès l'année 1891, commença une active propagande pour faire établir dans le royaume des associations Raiffeisen, dont le développement soulageait tant les classes rurales de l'empire allemand. Toute une série d'articles réunis plus tard en brochure parurent à cette époque dans l'organe du Boerenbond. Ils furent remarqués, commentés, approuvés et — qui mieux est — appliqués.

Le 4 décembre 1892, naissait à Rillaer la première caisse Raiffeisen belge, peu avant la première caisse française, comme nous le constaterons plus loin. Aujourd'hui, il y a plus de 400 caisses réparties sur tout le territoire du royaume.

Si nous nous arrêtons un instant à comparer le développement du mouvement raiffeiséniste en France et en Belgique, par rapport aux chiffres des populations des deux Etats, nous verrons que, commencé en même temps, il a pris chez nos voisins un bien plus rapide essort. Il nous faudrait pour que les proportions soient les mêmes, environ 2.500 Caisses rurales... et nous en sommes loin.

Quels sont donc les motifs de ce succès des institutions Raiffeisen ? Sans doute, il faut les chercher dans l'admirable adaptation de ces associations aux besoins des campagnes, bien comprise par l'esprit pratique de nos voisins et aussi dans le zèle qu'ils apportent à l'organisation des œuvres sociales. L'appui que leur ont fourni le gouvernement et la puissante caisse générale d'épargne n'y a pas non plus été étranger.

Frais de premier établissement et frais d'inspection sont en effet en grande partie couverts par les subsides du ministère de l'agriculture (1).

1. 100 francs à toute Raiffeisen nouvelle enregistrée au « Moniteur » et 25 francs aux unions par caisse affiliée pour couvrir les frais d'inspection. (Cf. « Compte rendu officiel du sixième congrès de l'Alliance Coopérative Internationale, p. 365 de l'édition française et rapports des abbés Dountrelungue et Mellaerts au congrès de Paris, 1900, « Bulletin mensuel » de Décembre 1900.

Quant à la *Caisse générale d'épargne*, M. l'abbé Mellaerts avait su, dès l'origine, intéresser son éminent directeur M. Mahillon, au mouvement raiffeiséniste. D'abord, les caisses rurales peuvent placer leurs excédents à la Caisse générale d'épargne et, si elles sont affiliées à une caisse centrale, quel que soit le montant de leurs dépôts, elles reçoivent un intérêt de 3 0/0 (1). En outre, toute caisse rurale, (dont les statuts ont été approuvés par la Caisse d'épargne), peut obtenir de celle-ci, — toujours si elle est affiliée à une caisse centrale qui lui sert de caution, — des prêts s'élevant jusqu'à 200 francs par membre contre 3 1/4 d'intérêt, dont 0 fr. 25 revient à la caisse centrale. Bien entendu, les dépôts reçus ou les autres emprunts contractés par la caisse viennent en déduction de ce chiffre. Cette complaisance n'a en effet pour but que de procurer aux caisses à leurs débuts ou momentanément gênées, la possibilité de fonctionner. Le 31 décembre 1905, 163 caisses Raiffeisen avaient obtenu de la Caisse d'épargne des ouvertures de crédit se montant à 594.832 francs, mais 70 sociétés seulement les avaient réalisées pour un total de 143.252 fr. 34 ; par contre les 6 caisses centrales et 237 sociétés locales avaient à la même Caisse d'épargne 4.464.353 fr. 81 en compte courant ou en livrets d'épargne (2).

1. On sait qu'en Belgique, la caisse générale d'épargne accepte les dépôts sans limitation. Mais dans le but de favoriser les petits déposants, elle diminue son intérêt au-delà d'une certaine somme : 2 0/0 au lieu de 3, à partir de 2.000 francs croyons-nous.

2. « D'après les tableaux statistiques, le montant des dépôts confiés aux sociétés est supérieur à celui des sommes empruntées par les membres. On peut donc prévoir, comme l'a fait remarquer l'administration de la Caisse générale d'épargne dans son rapport pour 1895, que l'intervention de cette institution à titre de prêteuse aux

Les caisses rurales belges sont copiées sur le modèle des premières caisses allemandes. Toutefois, la loi du 18 mai 1873 qui régit leurs statuts leur a imposé quelques modifications. Elles ont dû exiger une part sociale de leurs affiliées, mais le plus souvent cette part se réduit à 2 ou 3 francs. Elles doivent distribuer des dividendes, mais ces dividendes sont toujours strictement limités et d'ordinaire nul sociétaire ne peut toucher un taux supérieur au taux de l'intérêt payé aux déposants de la caisse. Enfin, le fonds de réserve ne peut être indivisible, mais différentes clauses de leurs réglements, nous apprend M. l'abbé Trigaut, le rendent tel en grande partie. Somme toute, les disciples se sont encore ici rapprochés le plus possible de la doctrine du maître.

Voyons donc maintenant, année par année, la marche en avant, le succès sans cesse progressif des caisses belges.

De 1892 à 1895, nous ne connaissons que le nombre des caisses, mais à partir de cette époque, les « Exposés statistiques de la situation des associations d'intérêt agricole », publiés par le ministère de l'Agriculture belge, nous fournissent d'abondants documents.

	Caisses	MEMBRES DES CAISSES	
		Cultivateurs	Non cultivateurs
1892	1		
1893	5		
1894	17		
1895	33	980	180
1896	77	2.339	513

caisses Raiffeisen, n'est que momentanée. Ce fait est dû à la grande confiance qu'inspirent les caisses Raiffeisen à raison de la responsabilité solidaire et illimitée des membres. » (« Exposé statistique » pour 1905, p. 27.)

1897	158	4.475	1.214
1898	199	6.283	1.529
1899	229	7.817	1.776
1900	264	9.783	1.886
1901	l'Exposé statistique nous manque pour cette année.		
1902	l'Exposé statistique nous manque pour cette année.		
1903	359	14.468	3.178
1904	373	14.506	3.315
1905	423	16.079	3.893
1906 (1)	469	17.297	4.310

PRÊTS CONSENTIS PENDANT L'EXERCICE

	Aux Cultivateurs		Aux non Cultivateurs	
	Nombre	Montant	Nombre	Montant
1895	239	84.825 fr.	27	26.225 fr.
1896	690	231.296 —	75	51.376 —
1897	1.261	389.231 —	110	78.222 —
1898	1.745	586.066 —	188	154.358 —
1899	1.838	849.416 —	227	204.555 —
1900	2.062	1.263.952 —	207	280.957 —
1901	l'exposé statistique nous manque pour cette année.			
1902	*idem*			
1903	2.616	1.679.427 fr.	362	651.422 fr.
1904	2.596	1.867.113 —	469	832.512 —
1905	2.557	1.983.640 —	496	778.838 —
1906	3.017	2.251.462 —	599	961.462 —

Les caisses Raiffeisen belges se répartissaient ainsi au 31 décembre 1906 entre les provinces : Anvers : 43 ; Brabant : 76 ; Flandre occidentale : 52 ; Flandre orientale : 24 ;

1. Notre documentation pour l'année 1906 est due à la toute particulière bienveillance du ministère de l'Agriculture belge. Les chiffres concernant cette période ne sont pas encore publiés, et en décembre nous en avons reçu un abondant tableau, par l'intermédiaire de M. le chef de division Albert Heurn [?] Nous sommes heureux d'exprimer ici notre vive reconnaissance de cette bonté.

Hainaut : 54 ; Liège : 40 ; Limbourg : 50 ; Luxembourg : 121 ; Namur : 9.

Il existe six caisses centrales (1) : celle de Louvain fondée le 16 juin 1895 qui comptait 215 caisses affiliées au 31 décembre 1905 ; celle de Liège : (31 mars 1896) avec 23 caisses ; d'Enghien, d'Arlon de Bruges, (toutes trois de 1897), avec 50, 80, 25 caisses ; enfin celle d'Ermeton-sur-Biert (1898), avec 5 caisses. Ces caisses centrales avaient en 1905 consenti pour le compte de la Caisse générale d'épargne 163 ouvertures de crédit d'un montant de 594.832 francs (dont 143.252 francs réalisés) et pour leur propre compte 164 d'un montant de 1.037.550 francs (2).

SERBIE (Mars 1894)

SOURCES : *Compte rendu officiel du sixième congrès de l'Alliance Coopérative Internationale*, édition française, notamment p. 621 et 622.

Les caisses rurales en Belgique et à l'Etranger. J. Trigaut, 2e partie, chapitre VII, les caisses Raiffeisen en Serbie, p. 85 et 86.

Genossenschaftspresse, de Darmstadt, n° du 30 mars 1905, p. 95.

Bulletin mensuel de l'union de Lyon, nos d'avril 1895, juillet 1895, janvier 1896, mars 1896, juillet 1896 (dans l'article : La caisse centrale des Hautes-Pyrénées), novembre 1899, octobre 1900, décembre 1900, décembre 1902.

Lettre de M. Avramovitch, secrétaire de l' « Union générale des sociétés coopératives agricoles serbes », du 9 avril 1907.

Si le crédit rural était infiniment nécessaire en Serbie, il n'était pas commode de l'y établir. « Chez nous, disait

---

1. A responsabilité limitée.
2. Il n'existe pas en Belgique de Raiffeisen ouvrière, mais en 1907, une caisse de ce type a été fondée à Enghien entre petits bourgeois. (Lettre de M. Vliebergh).

M. Michel Avramovitch, au congrès de Tarbes en 1897, la loi protège si bien le paysan, elle établit avec tant de rigueur le homestead, qu'il est exceptionnel de rencontrer un campagnard non propriétaire de quelques bouts de champs ; la petite propriété est donc très développée. » « Malheureusement, ajoutait-il, l'argent manque complètement. » Et il donnait comme preuve que la soixantaine de caisses rurales existant à ce moment et dont la durée de fonctionnement variait entre quelques semaines et trois ans et demi, n'avaient pu obtenir à elles toutes, malgré la confiance dont on les entourait, que 80.000 francs de dépôts.

Autre difficulté, les propagateurs de l'idée raiffeiséniste se trouvaient moins nombreux que dans les autres pays. Ici en effet, les popes étaient pour la plupart les banquiers de leurs villages et, pour nous servir des termes de M. Avramovitch : « Ils ne pouvaient pas entrer dans le mouvement raiffeiséniste sans le gâter et sans y apporter des éléments qui ne tarderaient pas à détourner l'œuvre de sa vraie voie. » Les instituteurs, « classe très dévouée au relèvement économique et social du peuple, » restaient trop peu longtemps dans un même poste, pour y travailler efficacement à l'œuvre coopérative.

Toutefois, le 29 mars 1894, M. Avramovitch parvint à fonder à Vranovo (département du Danube), une caisse rurale basée sur les principes de Raiffeisen. Au 1er juillet 1895, on trouvait en Serbie 10 caisses semblables.

Ces caisses sont d'un type fort pur (1), légèrement

1. Tantôt on les trouve jointes à un véritable syndicat agricole, tantôt séparées de lui, tantôt même absolument seules dans leur village comme association agricole.

accommodé toutefois aux exigences du pays. C'est ainsi qu'elles acceptent leurs membres sans droit d'entrée ni part sociale, qu'elles ne leur servent aucun dividende, qu'elles n'admettent comme territoire d'une caisse que les villages ayant de 1.000 à 3.000 habitants, etc. Les organes administratifs sont ceux des autres caisses Raiffeisen. Pour entrer, il faut être chef de famille (*zadrouga*) et avoir obtenu l'autorisation des membres de la *zadrouga* (1).

Le seul point où une prescription spéciale — qui n'est d'ailleurs pas en contradiction avec les idées raiffeisénistes — est véritablement imposée aux membres des caisses serbes, est le suivant : les adhérents des caisses peuvent, comme les non adhérents naturellement, déposer leurs fonds à la caisse d'épargne, mais s'ils sont emprunteurs, ils ne peuvent retirer leur argent qu'au moment de l'échéance de leurs obligations, et l'employer qu'à l'amortissement total ou partiel de leur dette. Les ruraux ont, paraît-il, fort bien accepté cela en Serbie.

Par suite des difficultés que nous avons signalées, l'aide de l'Etat fut dans ce pays une condition *sine qua non* du développement de la coopération agricole. Il dégreva de tous impôts, droits d'enregistrement et de timbre les caisses rurales, et il leur accorda un prêt sans intérêt de 5.000.000. Sur ces 5.000.000, environ 1.000.000 a été jusqu'à ce jour emprunté. Le prêt, suivant d'ailleurs l'exemple donné par la plupart des autres Etats, est accordé non aux caisses locales, mais à la caisse centrale.

Une caisse centrale fut en effet établie, dès le début du

1. C'est la loi serbe qui exige cette autorisation. La « zadrouga » est une sorte de coopérative familiale.

mouvement raiffeiséniste serbe. Mais contrairement à ce qui s'est passé autre part, elle ne fut pas créée par les caisses locales, mais pour elles, qui sans son secours n'auraient pu se procurer l'argent nécessaire à leurs prêts. Elle fut fondée sur les bases de la responsabilité limitée à Semendria et son capital-actions, fut souscrit par le département, 7 arrondissements (ces divisions jouissent de la personnalité civile en Serbie), 132 communes et environ 500 particuliers. Nous ne nous attarderons pas sur son fonctionnement analogue à celui des autres caisses centrales (1).

De même, une union fut formée également à Semendria (2), *L'Union générale des Sociétés coopératives agricoles serbes*. La loi serbe oblige toutes les coopératives agricoles à s'y affilier, aussi n'est-elle pas composée uniquement de caisses rurales, mais encore, de syndicats d'industrie, de sociétés de consommation et de production agricoles (3). Cette union conseille les caisses, les appuie, les renseigne par son journal bi-mensuel, la *Zemoradnitchka Zadrouga* (la Coopération rurale). Elle les inspecte (7 inspecteurs) (4). Elle organise la propagande

1. D'après le livre de M. l'abbé Trigaut, « les caisses rurales en Belgique et à l'étranger », paru en 1903, le capital de la caisse centrale était à ce moment de 490.000 francs. En avril dernier il se montait à environ 1.120.000 francs.

2. Caisse centrale et union ont été transportées depuis à Belgrade.

3. Outre les caisses rurales, on trouvait en 1904 dans cette union : 154 coopératives pour l'achat et l'emploi de machines, 40 de consommation, 4 laiteries, 2 caves, 1 coopérative de gros et 60 de buts divers. — Nous donnons ces chiffres parce que l'aide des caisses rurales n'a pas été sans une prépondérante influence sur le développement de ces sociétés. Avant mars 1894, il n'y avait pas en Serbie une seule coopérative. Grâce à l'initiative hardie de M. Avramovitch, qui sut comprendre le parti merveilleux à tirer du Raiffeisénisme ce pays peut servir de modèle maintenant à bien des grandes nations.

4. Chaque caisse paie à l'union 20 centimes par tête de membre pour couvrir les frais d'inspection.

par ces inspecteurs, les conférences que provoque M. Avramovitch, les cours coopératifs (60 en 1907), qui, en cinq ans, ont attiré 10.000 auditeurs — et par ses congrès annuels. Grâce à elle, il se fonde chaque mois en ce moment, nous écrit M. Avramovitch 15 à 20 caisses nouvelles ! Actuellement 2 sous-unions départementales secondent cette union générale.

Mais revenons aux caisses rurales. Leur importance varie évidemment suivant leur ancienneté, l'étendue du village où elles fonctionnent, etc. Ainsi la plus faible avait en Avril dernier 11 membres avec moins de 50 francs de fonds de réserve, la plus importante plus de 300, avec une réserve dépassant 30.000 francs.

Nous les avons trouvées 10 au milieu de 1895, elles sont 264 en 1900, 292 en 1901, (1) 324 dans le courant de 1903, 416 au début de septembre 1904, enfin 902 le 9 avril 1907. Ces 902 caisses groupent environt 40.000 membres dont 300 prêtres, (c'est un succès qui prouve que les idées de la coopération ont gagné du terrain dans cette classe,) et 450 instituteurs. En 1906, le mouvement de fonds de la caisse centrale a été de 11.000.000 de francs ; celui des caisses locales réunies de 36.000.000 de francs. (2)

1. Cette même année, la statistique accuse 10.383 sociétaires, (dont 123 prêtres, — leurs idées se sont bien modifiées depuis le jour où M. Avramovitch les traitait plutôt en ennemis de son œuvre, et 165 instituteurs ;) un mouvement de caisse de 2.175.788 fr. 85 : 7144 prêts se montent à 521.098 fr. 05 ; 542.671 fr. 70 de dépôts, (dont 110.717 fr. 40 provenant de l'épargne scolaire.) Ces résultats sont contenus à la fois dans « les caisses rurales en Belgique et à l'étranger » et le « Bulletin mensuel » de décembre 1902. Le premier ouvrage indique 262 et non 292 caisses rurales. Nous croyons à une erreur d'impression de la brochure belge, puisque, au congrès raiffeiséniste de Paris en 1900, M. Michel Avramovitch signalait déjà 264 caisses : il est peu supposable que leur nombre ait baissé en 1901, étant donné leur rapide et continuelle progression.

2. Aucune Raiffeisen ouvrière en Serbie.

Si l'on songe que la Serbie ne compte guère plus de 2.000.000 d'habitants, n'est-ce pas le cas de répéter avec M. H. W. Wolff, au congrès de l'Alliance Coopérative Internationale de Budapest, que les coopérateurs de Serbie, sous la direction de M. Avramovitch, « accomplissent de vraies merveilles d'organisation et de progrès ? »

ROYAUME-UNI ET COLONIES (Juin 1894)

GRANDE-BRETAGNE

SOURCES : *Compte-rendu officiel du VIe congrès de l'Alliance coopérative internationale*, notamment p. 533.

Report of the Agricultural Organisation Society, 30 Juin 1906. — The Stepney Press, Trade Union Printers, Londres.

Bulletin mensuel de l'Union de Lyon. » Août et septembre 1894, Décembre 1898, Octobre et Novembre 1901.

Genossenschaftspresse du « Reichsverband », n° du 31 mai 1905, p. 181.

Lettre de M. Nugent Harris, secrétaire de l' « Agricultural Organisation Society », du 9 mai 1907.

Lettre de M. H. W. Wolff, président de l' « Alliance coopérative Internationale » du 23 Mai 1907.

L'Angleterre est pauvre en caisses rurales.

Outre que la gratuité des fonctions et l'absence de dividendes enthousiasment peu les Anglais, gens d'un tempérament « capitaliste », comme l'écrit M. H. W. Wolff, il faut noter que l'agriculture occupe relativement peu de bras dans ce pays et que les petites propriétés y sont très rares. De plus, la législation y est, ou plutôt y était en 1894, au moment où furent établis les premiers statuts, difficile à adapter aux principes raiffeisénistes (1). L'esprit anglais enfin très traditionnaliste, est opposé à ce qui vient de l'étranger.

Malgré ces obstacles, et une foule d'autres encore provenant du caractère britannique, le président de l'Association Coopérative Internationale était si convaincu de l'immense utilité de la caisse Raiffeisen que le 3 juillet 1894, aidé de M. Sutton Nelthorpe, il fonda à Scawby (Lincolnshire), la première caisse Raiffeisen du royaume. Quoique M. Wolff soit parvenu à intéresser à ce mouvement de hautes personnalités comme le duc d'Argyll, l'archevêque catholique de Dublin, le Rév. docteur Walsh, sir H. Plumkett, et d'autres, — malgré l'autorité qui s'attache à son nom, il y eut peu de fondations nouvelles et en fin de 1906 on rencontrait 12 caisses rurales en Angleterre (dont 11 affiliées à l'*Agricultural Organisation Society*), avec environ 350 membres. Et encore, à cause des exigences de la loi à laquelle elles ont dû se soumettre à l'origine, sont-elles « fort adultérines », nous écrit M. Wolff. Elles fonctionnent bien, mais leur activité est assez limitée parce que les villages sont en général de très mince importance et les petits propriétaires peu nombreux.

M. Nugent Harris, secrétaire de l'*Agricultural Organisation Society*, nous communique que dernièrement s'est fondée une Banque coopérative centrale d'agriculture (*Central Cooperative Agricultural Bank Limited*), dans le but de procurer aux caisses rurales d'Angleterre et du pays de Galles les fonds qui peuvent leur manquer. Il

1. La loi qui régit actuellement les caisses rurales anglaises est le Friendly Societes Act.

compte sur cette nouvelle organisation, trop récente pour avoir manifesté une grande activité jusqu'ici, et surtout sur la tendance sans cesse accentuée à accroître le nombre des petites propriétés pour donner une sérieuse extension au mouvement raiffeiséniste dans son pays. Tel est aussi l'avis exprimé par M. H-W. Wolff.

En Angleterre, le gouvernement n'a rien tenté pour soutenir les caissses rurales, malgré une enquête favorable faite sur leurs résultats à l'étranger par le Bureau des affaires étrangères, et un rapport très élogieux d'un comité départemental où l'on recommandait cette forme de la coopérative de crédit, comme le complément indispensable de la création des petites propriétés.

Dans le Pays de Galles, il n'y a aucune caisse Raiffeisen, l'*Agricultural Organisation Society* se propose d'en fonder bientôt. La *Scottisch Agricultural Organisation Society* veut aussi marcher sur ses traces en Ecosse.

C'est tout ce que nous dirons du mouvement raiffeiséniste dans l'île de Grande Bretagne ; mais nous nous en occuperons encore un peu pour l'Irlande et les colonies anglaises.

Irlande

Sources : *Compte rendu du VIe Congrès de l'Alliance Coopérative Internationale*, édition française, notamment p. 213, 215, 335-337.

Les caisses rurales en Belgique et à l'Etranger.— J. Trigaut, 2e partie, Chapitre IV, p. 76-79.

Genossenschaftspresse du « Reichsverband ». n° du 31 mai 1905, p. 181.

Lettres de M. R. A. Anderson, secrétaire de l' « Irish Agricultural Organisation Society », des 6 mai 1907, 7 novembre 1907 et 6 février 1908.

Lettre de M. Nugent Harris, secrétaire de l' « Agricultural Organisation Society, » du 9 mai 1907.

Lettre de M. H. W. Wolff, président de l' « Alliance Coopérative Internationale, » du 23 mai 1907.

Les caisses irlandaises, quoique d'un type plus pur que les caisses anglaises, ne sont pas non plus absolument conformes à l'esprit raiffeiséniste, puisqu'une légère cotisation, — non exigée par la loi qui les régit, le Friendly Societes Act, — est reclamée aux sociétaires.

Un concours matériel fut prêté à ces caisses par le *Congested districts Board*, le Département de l'Agriculture et quelques County Councils. Toutefois cette aide ne consiste nullement en une subvention, comme on va s'en convaincre.

Le Département de l'agriculture, après une enquête très satisfaisante sur les caisses rurales établies par l'*Irish Agricultural Organisation Society*, décida de mettre à leur disposition : 1° 1.000 livres sterling pour couvrir leurs premiers frais ; 2° 10.000 livres sterling pour la constitution de capitaux de roulement. Mais ces sommes n'étaient avancées que pour dix-huit mois et contre intérêt de 3 0/0. Le département de l'agriculture a jugé bon de ne pas réclamer à l'expiration de ce délai les fonds prêtés, parce que la garantie fournie par les caisses présente toute sécurité et qu'il n'a pas voulu risquer de nuire à leur développement. Mais il peut, lorsqu'il le voudra, demander son remboursement et l'intérêt continue à lui être payé d'une façon régulière. En 1904, 7.705 livres avaient déjà été mises à la disposition des caisses (1).

1. 7780 d'après M. de Fontgalland au congrès de Budapest.

De son côté, le *Congested Districts Board for Ireland* (Comité des districts surpeuplés d'Irlande), avait avancé aux caisses rurales en 1904, 4.850 livres à un taux variant entre 2 1/2 et 3 0/0.

Les petites propriétés sont plus nombreuses que dans la Grande-Bretagne et la caisse rurale a pris une extension plus appréciable. Elle tend de plus en plus à supplanter les anciennes sociétés de caisses d'avances qui n'étaient pas coopératives.

Le mouvement raiffeiséniste fut introduit en Irlande par M. H. Plumkett, aujourd'hui vice-président du département de l'Agriculture et de l'instruction professionnelle, par le père Finlay et d'autres personnalités d'opinions politiques et religieuses très diverses. La première caisse rurale fut fondée en Juin 1894, à Doneraille. Au premier Décembre 1899, on comptait 42 caisses en activité, dont beaucoup établies dans les districts misérables et surchargés de population. Aussi les prêts étaient-ils minimes : 50 à 125 francs le plus couramment. A ce moment, les dépôts encaissés s'élevaient à 4.829 livres 14 schellings 3 pences et les prêts à 5.560 livres, soit 110.726 et 139.000 francs. En 1900, il y avait 75 caisses, 201 en 1903 et 232 en 1905. Ces 232 sociétés comprenaient 13.035 membres. Au moment où M. Anderson nous écrivit le 6 Février dernier, les plus récents renseignements recueillis portaient le nombre des caisses Raiffeisen en Irlande à 347, avec 14.999 sociétaires le 31 Décembre 1906. 8.000 livres de dépôts avaient été effectués dans le cours de l'exercice, dont 4.000 par les habitants des régions où fonctionnent les caisses et 4.000 par le gouvernement. La somme totale du capital d'emprunt était de 46.381 livres. Il y avait eu 8.447 prêts, atteignant ensemble 50.164 livres, consentis pendant l'année ; les frais généraux avaient été de 275 livres 14 schellings, et le profit net réalisé par les associations de 550 livres. Une de ces associations est fondée dans une petite ville comme caisse ouvrière. Elle n'a pas donné jusqu'alors, paraît-il, d'aussi excellents effets que les caisses rurales, pas tous ceux du moins qu'on était en droit d'attendre.

Il n'y a encore en Irlande ni union de caisses, ni caisse centrale. Cependant les Raiffeisen se montrent d'une grande utilité et toutes les classes sociales, clergymens de toutes sectes, propriétaires et ouvriers, fermiers et paysans s'emploient activement à leur diffusion. C'est à celà qu'on doit de les voir se répandre maintenant sur presque toute la superficie de l'Irlande, sauf une ou deux contrées.

Le mouvement raiffeiséniste est donc un progrès dans l'île, semble y être appelé à un brillant avenir. La raison? C'est que les caisses rurales, là comme ailleurs rendent d'éminents services. Nous n'en voulons pour preuve que ces lignes extraites d'une des lettres de M. R. A. Anderson, le distingué secrétaire de l'Irish Agricultural Organisation Society : « Je puis dire que nous considérons cette branche de notre activité comme donnant des résultats complets et que, quoique ces sociétés ne traitent pas sur un très large capital et qu'elles n'aient pas, quant à présent, de banque centrale, le crédit coopératif a, grâce à elles répandu ses bienfaits sur presque toute l'Irlande. »

Colonies britanniques

Sources : *Compte rendu officiel du VIe congrès de l'Alliance Coopérative Internationale*, édition française p. 648 et 651 notamment

Almanach de la coopération française, suisse et canadienne 1906, p. 23 à 30, 1, rue Christine, Paris.

Les caisses rurales en Belgique et à l'Etranger.— J. Trigaut, 2e partie, Chapitre VIII, les caisses Raiffeisen au Canada, p. 86.

Bulletin mensuel de « l'Union de Lyon » nos de novembre 1899, novembre 1901, février 1902.

Lettre de M. Nugent Harris, secrétaire de l' « Agricultural Organisation Society », du 9 mai 1907.

Lettre de M. H. W. Wolff, président de l' « Alliance Coopérative Internationale », du 23 mai 1907.

Lettre de M. A. Desjardins, président de la caisse populaire de Lévis, directeur général de l' « Action populaire économique, » du 19 novembre 1907.

On a, en bien des endroits du vaste empire colonial anglais, essayé de prêcher l'évangile rédempteur de Raiffeisen. Par suite des tempéraments divers des peuples, des nécessités économiques propres aux différentes contrées, de leurs civilisations dissemblables, ces tentatives ont eu des fortunes changeantes, suivant les climats où elles se sont produites.

Dès 1900, M. H. W. Wolff, signale dans un très intéressant rapport lu au congrès raiffeiséniste de Paris, la série d'efforts inaugurée dans les possessions anglaises et les résultats obtenus à cette date.

En Australie, quelques caisses rurales ont été fondées, mais la population est encore trop clairsemée pour permettre leur développement. En Colombie britannique, de récentes expériences n'ont pas encore porté leurs leçons. Au Canada, le crédit populaire a tendance à s'organiser. Dans les Indes orientales (1) on a le plus ferme espoir d'arriver bientôt à une riche floraison de caisses coopératives de crédit agricole. Dans ces dernières surtout, l'usure règne avec une inhumaine rigueur. A la fin du XIXe siècle, on y a recherché les meilleures formes de petit crédit (2). Puis, l'Armée du Salut, dans un but de conversion, a entamé une campagne de propagande en faveur des caisses rurales. L'entreprise, dit M. H. W. Wolff était impraticable, du moins en tant que liée intimement à un but religieux. Mais cela viendra. — La misère des ouvriers blancs ou noirs est affreuse, aux Antilles : on cherche à créer de petites propriétés pour les leur attribuer et une caisse rurale Raiffeisen fonctionne déjà à la Barbade. M. Wolff se propose, avec le concours promis par le gouverneur de la Jamaïque, d'aller sous peu faire retentir sous les tropiques la bonne parole de la coopération.

De ces espérances que s'est-il réalisé ? Nous sommes malheureusement assez peu documenté. Nous pouvons déduire de la lettre récente de M. Wolff et de sa communication au congrès de Paris, qu'il existe des caisses Raiffeisen de formes plus ou moins pures à Chypre (14 caisses), dans les Indes occidentales en assez grand nombre et dans les Indes orientales anglaises (1 caisse), en Guyane (1 caisse). Il n'y a pas de caisses rurales au Canada, mais 3 banques popu-

---

1. Antilles.
2. Cf. « The Report regarding of the possibility of introducing land and agricultural Bank into the Madras presidency », par F. A. Nicholson. (Madras 1895).

laires fondées en dehors de la responsabilité illimitée (lettre de M. A. Desjardins, président de la caisse de Lévis) (1) Nous avons cherché à nous renseigner sans succès sur les caisses rurales des Indes orientales en faisant appel à la bienveillance de M. Ukil, correspondant de l'*Alliance Coopérative Internationale.*

Terminons enfin ce bref aperçu de la situation de l'œuvre raiffeiséniste dans les possessions anglaises, en ajoutant que M. H. W. Wolff exprime la conviction de voir bientôt les sociétés de ce type prendre pied dans la colonie du Cap

HOLLANDE ET COLONIES (1895)

Hollande.

Sources : *Compte rendu officiel du VI*e *congrès de l'Alliance coopérative Internationale*, édition française, p. 369 et 592.

Bulletin mensuel de l'Union de Lyon, numéros de novembre 1898.

Genossenschaftspresse du « Reichsverband » numéros du 31 mai 1905, p. 182.

Les associations agricoles dans le Brabant hollandais. — Abbé A. Malet, chez Victor Lecoffre, Paris.

Cooperatieve Centrale Boerenlenbank te Eindhoven, rapport de 1904, chez Van Pierre, Eindhoven.

Idem, *1905*, chez Van Pierre, Eindhoven.

---

1. Notons pourtant que le « Bulletin mensuel » de novembre 1899 révèle l'existence d'une caisse rurale canadienne, celle de Notre-Dame des Anges et donne sur ses règlements d'abondants détails. Si les associations rurales de crédit n'ont pas surgi nombreuses dans le Dominion, ce n'est faute ni d'admirateurs (voir Bulletin mensuel des mois de mars d'avril et de décembre 1895), ni même de législation convenable puisqu'un bill voté par le Parlement de Québec en 1900 prévoit leur organisation sous la forme raiffeiséniste, (Bulletin mensuel d'avril 1900).

Cœperatieve Centrale Raiffeisen-Bank te Utrecht. rapport pour 1903.
Idem, *1904.*
Idem, *1905.*
Idem, *1906.*

Lettre de la Cœperatieve Centrale Raiffeisen-Banck d'Utecht signée de M. A. [Feihema ?], du 6 Février 1908.

Lettre de M. V. Bevavens ?] directeur de la « Cœpérative Centrale Boerenbeenbank, à d'Tindhoven, du 8 Février 1908.

Il y a en Hollande trois groupements de caisses Raiffeisen : (1) celui d'Eindhoven celui d'Utrecht et celui l'Alkmaar.

Quoique M. le directeur de la *Coœperatieve Centrale Raiffeisen-Bauk* d'Utrecht nous indique, comme la première caisse fondée dans le royaume, celle de Louneker (2) créée en 1896, nous trouvons, dans les listes de caisses contenues dans les rapports que nous avons entre les mains de la *Coœperatieve Centrale Boerenleenbauk* d'Eindhoven, (1904 et 1905,) une fondation antérieure : celle de Maasbracht, (Limbourg), en date du 15 Juin 1905. Nous nous croyons donc autorisé à considérer le Raiffeisénisme, comme ayant fait son apparition dans les Pays-Bas cette année-là.

Les premières caisses Raiffeisen prirent naissance sous l'impulsion du *Nederlandschen Boerenbond* ; elles grandirent et se multiplièrent avec l'appui du gourvernement.

---

1. Faute d'avoir pu traduire les modèles de statuts que nous ont fait parvenir nos honorables correspondants, il nous est impossible de donner aucun renseignement sur la pureté plus ou moins grande des régles de ces caisses.

2. Cette caisse n'est inscrite à aucune fédération : c'est une preuve de plus de ce que nous avons dit au début de cet ouvrage, que la caisse rurale peut se suffire à elle même par ses seuls moyens.

Ces associations peuvent se placer sous l'égide d'une des deux lois suivantes : la loi du 22 Avril 1855 : elles n'ont point besoin alors de faire établir leur existence par acte notarié, — ou la loi du 17 Novembre 1876 qui requiert au contraire l'intervention du notaire. Elles reçoivent 75 florins des pouvoirs publics dans le premier cas, 175 dans le second, pour couvrir leurs frais d'installation. Elles sont exemptées en outre, à quelque type qu'elles appartiennent, du droit annuel de timbre sur leurs bilans. En 1907, le Trésor néerlandais a versé 16.000 florins aux institutions Raiffeisen, dont 3400 à la caisse centrale d'Utrecht et 2500 à celle d'Eindhoven. Ces caisses ne jouent pas d'ailleurs, le simple rôle de caisses centrales vis-à-vis de leurs affiliées, mais aussi celui d'unions. Elles organisent notamment la propagande et l'inspection.

Voici les chiffres qui nous ont été fournis, concernant l'activité des caisses hollandaises.

Coœperatieve Centrale Boerleenbank

Au 31 décembre 1903, ses 104 caisses comptent 6928 membres, ont 2.307 prêts en cours, d'un montant de 974.835 florins. Le nombre des caisses passe l'année suivante à 124, avec 9.679 sociétaires. Il y avait 3.037 avances au 31 décembre, qui atteignaient 1.539.546 florins. Et le progrès s'accentue, puisque, en fin de 1906, (les résultats de 1907 ne sont pas encore connus,) les adhérents de la *Boerleenbank* ont un solde de dépôts de 5.661.994 florins, dont 3.12[illegible]46 ont trouvé à se placer dans 5.045 opérations de prêt. Actuellement, 221 caisses sont inscrites à la fédération et réunissent 17.017 associés.

Le bilan de la caisse centrale s'établissait ainsi au 31 décembre 1907.

149 caisses créditrices de 1.565.963 florins ;

72 débitrices de 565.045 florins.

Son mouvement de fonds total durant l'exercice atteignait 18.503.573 florins (1)

Coœperatieve Centrale Raiffeisen-Bank

Voici les tableaux statistiques de la *Coopérative Centrale Raiffeisen-Bank* d'Utrecht au 31 décembre de chacune des années suivantes :

	Nombre de caisses	Nombre de membres	Dépôts
	—	—	—
1903	78	4.605	920.079 fl.
1904	129	7.712	3.791.078 fl.
1905	169	10.495	4.275.378 fl.
1906	208	13.583	5.729.555 fl.

Ces données sont les dernières relevées, sauf cependant en ce qui concerne le nombre des caisses rurales : il atteint aujourd'hui 238.

	Avances en compte courant		Prêts	
	Nombre	Montant	Nombre	Montant
	—	—	—	—
1903	190	342.080 fl.	1.814	404.955 fl.
1904	282	276.726 fl.	3.185	1.695.177 fl.
1905	240	146.022 fl.	4.672	2.273.183 fl.
1906	405	406.945 fl.	6.243	3.303.725 fl.

1. Cette caisse centrale accorde 3.25 o/o aux dépots et prête à 3 fr. 75.

Quant à la caisse centrale, ses affiliés avaient en dépôt chez elle au 31 décembre 1906 : 4.265.793 florins, et avaient au contraire reçu d'elle : 2.181.017 florins. Son mouvement de fonds global en 1907 était de 17.642.830 florins.

Reste une petite union, — elle s'étend sur deux provinces, au lieu que les précédentes fédérations embrassent tout le territoire de l'Etat, — celle d'Alkmaar, sur laquelle nous n'avons pas de détails. Tandis que la lettre de notre honorable correspondant d'Eindhoven lui attribue 28 caisses locales, celle de M. Feihema réduit ce chiffre à 25.

La Hollande ne renferme point de Raiffeisen ouvrière.

Java

Source : *Compte rendu officiel du VIe congrès de l'Alliance Coopérative Internationale*, édition française p. 662.

M. de Wolff von Westerode, haut fonctionnaire hollandais, a créé à Java en 1904, une caisse rurale se rapprochant du type Raiffeisen, Nous n'avons pu savoir ce qu'il est advenu de cet essai, ni des espérances conçues par M. de Wolff, soutenu par son gouvernement.

EMPIRE RUSSE (1896)

Russie

Sources : *Compte-rendu officiel du VIe congrès de l'Alliance Coopérative Internationale*, édition française, p. 477.

Le crédit populaire et la coopération en Russie, par Serge W. Borodaewsky. Congrès international des classes moyennes urbaines et rurales. Liège, 16-18 Août 1905. Partie spéciale, IIIe section. (Publié sans nom d'imprimeur.)

Un devoir social ; le crédit agricole et les caisses rurales. — L. Durand, « Correspondant, » du 10 juin 1893.

Bulletin mensuel de l' « Union de Lyon », numéros de mars et avril 1899 ; octobre et décembre 1900 ; avril 1906 ; juin et novembre 1907.

Lettre de M. S. de Borodaewsky, du 17 mai 1907.

Les institutions de menu crédit ont le droit. d'après la loi du 7 juin 1904, qui remplaça celle du 1er juin 1895, 1° de faire à leurs membres du crédit personnel ou réel. (D'après les statuts modèles établis par l'Administration du petit crédit de la Banque d'Etat, le crédit accordé sur caution ne doit pas dépasser 300 roubles par tête et sur gage : 1.000 roubles ; 2° de recevoir des dépôts et conclure des emprunts ; 3° de faire des achats pour leurs sociétaires. Les prêts peuvent être accordés pour un maximun de 5 ans.

Ces associations sont nombreuses en Russie (1), aussi diverses que les races de l'immense empire moscovite, que leurs différences de coutumes et d'instruction. Les seules qui nous intéressent sont les associations de crédit, car ce sont des caisses Raiffeisen. (2)

L'état arriéré des moujiks et leur pauvreté ont forcé le gouvernement russe à prendre en mains la question

1. Associations de prêt et d'épargne, associations de crédit (aussi appelées associations de prêts), banques rurales de type ancien ou nouveau, banque des apanages, banques de Soumi et de Perm, banques urbaines, caisses de secours des baillages, caisses des Bachkires, et des Kirguises, caisses de prêt et d'épargne polonaises (nommées encore caisses des gouinas), etc... De toutes ces institutions de crédit rural, les associations de prêts et celles de prêt et d'épargne revêtent seules la forme coopérative.

2. Les associations de prêts d'épargne se rapprochent elles, du type Schulze-Delitzsch. En fait ce sont presque en Russie des Raiffeisen. En effet, l'obligation où se sont trouvées les associations de prêts aussi bien que les associations de prêt et d'épargne de rétribuer leurs fonctionnaires, (comme nous l'expliquerons plus loin), ne laisse sub-

question du petit crédit rural, pour la faire aboutir à un résultat pratique. A cet effet, la direction des institutions de crédit populaire fut attribuée au ministère des finances qui a fondé auprès de la Banque d'Etat l'*Administration des affaires de menu crédit.*

Cette administration comprend, outre un gouverneur et son adjoint, des reviseurs, des chanceliers et un conseil. Elle s'occupe de la fondation de nouvelles institutions de crédit populaire, de la gérance des capitaux concédés par l'Etat pour les besoins de ce crédit, (en 1905, 2.500.000 roubles,) d'élaborer des modèles de statuts, de contrôler les caisses. Dans chaque province, des comités composés des habitants de la région sont établis, chargés pour le gouvernement où ils siègent, des mêmes attributions et particulièrement de la revision des caisses, Celle-ci peut encore être ordonnée par le directeur de la succursale de la Banque d'Etat du gouvernement. Les avances du pouvoir impérial servent à constituer aux institutions de crédit un capital de roulement dès leur fondation. Elles doivent les rembourser petit à petit par annuités prélevées sur leur bénéfices. Comme les autres sociétés de crédit populaire, les caisses Raiffeisen russes profitant de ces avantages.

Il est difficile de préciser de façon certaine la date

---

sister entre elles qu'une différence d'existence de parts sociales chez ces dernières. Mais vu la détresse du paysan russe, ces parts sont très faibles et la plus part du temps demeurent impayées. La dissemblance est donc légère entre les deux genres de société, que des nécessités d'accommodation pratique ont amenées dans l'empire des tsars à s'éloigner toutes deux un peu de l idéal conçu par leurs fondateurs. Toutefois, nous ne parlerons ici que des associations de crédit.

(Voir sur les similitudes indiquées le « Bulletin mensuel » de juin 1907, la brochure de M. S. de Borodaewsky « le crédit populaire et la coopération en Russie ». p. 10 et 11, et le rapport de M. Beretti, inspecteur des caisses rurales russes, dans le « Bulletin » d'octobre 1900).

d'introduction en Russie du Raiffeisénisme. Ce type d'associations, dit M. de Borodaewsky, fut créé par la loi du 1er juin 1895. Telle est aussi l'opinion de M. Braudo, bibliothécaire de la Bibliothèque impériale publique de Saint-Pétersbourg, dans sa communication au congrès de Tarbes. (1) Cependant, dans un article du Correspondant, du 10 juin 1893, M. L. Durand signale déjà, sur la foi d'une lettre de M. Sokolowski, alors secrétaire du comité des caisses rurales de Saint-Pétersbourg, l'existence de sociétés Raiffeisen dans l'empire. « Nous ne donnons pas les chiffres que nous a fournis pour la Russie M. Sokolowski, écrit-il, parce que ses statistiques ne distinguent pas les caisses système Raiffeisen des banques Schulze-Delitzsch. » C'est dans la similitude de fait des associations Schulze-Delitzsch russes, (que nous avons soulignée dans une précédente note,) avec les associations Raiffeisen, qu'il faut chercher l'explication de cette contradiction. Si la possibilité légale de fonder les associations de crédit ne remonte en effet qu'à 1895, et si la première caisse de ce genre ne fut créée qu'en 1896, (2) la première association de prêts et d'épargne date de 1866, et en réalité, ces dernières associations durent fonctionner en grande partie sur les principes de Raiffeisen, parce que leurs sociétaires ne pouvaient pas libérer les parts d'actions qu'ils avaient souscrites.

Quoi qu'il en soit du type auquel il convient de rattacher réellement les associations de prêt et d'épargne, nous ne nous occuperons que des associations de prêts. Or, avons-

1. « Bulletin mensuel », nos de mars et d'avril 1899.
2. M. Beretti dit 1897. Quant à M. de Borodaewsky, il indique la date de 1896 dans la lettre qu'il a bien voulu nous adresser et celle de 1897 dans un article publié par le « Bulletin mensuel » d'avril 1906.

nous dit, celles-ci sont de vraies caisses Raiffeisen que la loi de 1895 a établie sur les bases suivantes :

1° Fondation sans aucun capital social, pas de cotisation d'entrée des adhérents ;

2° Examen de la solvabilité de l'emprunteur avant l'accord du prêt et surveillance de l'emploi du prêt consenti, avec faculté de suppression ou de diminution du crédit accordé, au cas où il en serait fait mauvais usage ;

3° Long terme possible, avec possibilité de remboursement par acompte ;

4° Bénéfices non répartis entre les associés.

Une seule dérogation existe aux stricts principes raiffeisénistes : une certaine indemnité pour stimuler les dévouements, (on sait que le paysan russe est apathique, et que, de plus, les gens instruits sont rares dans les campagnes), peut être allouée aux dirigeants de la caisse. C'est là une nécessité commandée, paraît-il, par l'état social de la classe rurale en Russie.

Comme l'argent est peu commun, la Banque d'Etat, est autorisée à avancer à 5 0/0 aux caisses les fonds dont ces institutions de petit crédit ont besoin pour leurs prêts.

En 1897, il y avait seulement, d'après M. Beretti, 3 caisses Raiffeisen dans l'empire. En juillet 1900 on en trouvait déjà 42 ; en 1904 : 420 avec 85.000 adhérents.

Voici les chiffres des dernières statistiques parues :

1er décembre	1904, 520 associations de crédit avec	171.700 membres.
1er juillet	1905, 646	249.000
1er octobre	1906, 1084	435.000

Ces statistiques indiquaient respectivement 4.884.000 roubles de prêts, 7.639.000 et 11. 999.000.

Il faut noter que toutes les associations de crédit ne prennent point part à ces relevés et M. de Borodaewsky révèle qu'au 1er octobre 1906 il y en avait plus de 1.500.

Il nous écrivait qu'au 1er janvier 1907 il s'en trouvait plus de 2.590 (1) réparties dans toutes les régions de l'empire, mais plus spécialement dans les gouvernements de : Chersonèse (149), Samara (114), Koursk (98). Ces associations ne sont pas fédérées, (2) sans doute parce qu'elles sont encore trop clairsemées et à cause aussi de la difficulté des communications, mais toutes ont cependant un centre commun : l'*Administration du petit crédit* de la Banque impériale d'Etat.

Tels sont les résultats obtenus en Russie. On remarquera combien s'y justifie le rapide développement de l'institution Raiffeisen puisqu'elle seule permet aux paysans qui ne possèdent rien que leur honnêteté d'emprunter et puisque, d'après la *Genossenschaftspresse* du 15 avril 1905, les taux d'intérêt de 100 0/0 n'étaient pas rares il y a quelques années ! — Le succès est beau sans doute, mais loin d'être complet encore : au dire de M. Braudo au congrès de Tarbes, 45 0/0 des paysans russes, soit 8.000.000 environ d'individus sont obligés d'avoir recours au crédit...

FINLANDE

SOURCE : *Compte rendu officiel du VIe congrès de l'Alliance Coopérative Internationale*, édition française, p. 377 ; 480 ; 616.

1. Contre 1.100 associations de prêt et d'épargne. Or, en 1905, la brochure de M. Borodaewsky parle d'un peu plus de 900 de ces sociétés et de 600 associations de crédit. En deux ans donc, les sociétés les plus raiffeisénistes de Russie se sont accrues de 2.000 unités, les plus proches du type Schulze de 200.

2. Pour être exact, il faut dire qu'il existe 8 petites unions insigni-

Dans ce pays fonctionnent des caisses Raiffeisen. Malgré une lettre adressée à M. Hannes Gebhard, président de la société finlandaise *Pellervo*, sur le conseil de M. H. W. Wolff, nous n'avons aucun renseignement récent. Nous savons seulement qu'en 1904 la banque centrale de ces caisses rurales recevait annuellement 20.000 francs du gouvernement pour ses frais d'administration et qu'un prêt de 4.000.000 de francs lui était accordé à 3 0/0 ; que les sociétés coopératives agricoles sont dispensées de certains droits d'enregistrement ; que le 15 avril 1904 il existait en Finlande 49 caisses rurales Raiffeisen et 2 caisses ouvrières.

BULGARIE (1899)

Sources : *Compte rendu du VIe congrès de l'Alliance Coopérative Internationale*, édition française, p. 625 et suiv.
Banque agricole de Bulgarie, édition officielle de la Banque pour l'exposition des pays balkaniques à Londres 1907. — G. V. Paspaleff, Sofia, 1907.
Genossenschaftspresse, du « Reichsverband », numéro du 30 mars 1905, p. 95.
Lettre de M. V. N. Tantiloff, inspecteur de la « Banque agricole de Bulgarie », du 8 mai 1907.

Depuis longtemps les usuriers turcs ou bulgares des villes rançonnaient impitoyablement les campagnes, aussi l'idée d'organiser le crédit agricole vint tôt dans ce pays. C'est en 1863 que le gouverneur ottoman de la province dite du Danube (actuellement Bulgarie du Nord), Mithat

---

flantes puisqu'elles ne groupent à elles 8 que 60 à 65 caisses. La plus active est, paraît-il, celle du district de Mélitopol, (province de Tauride.)

Pacha commença à établir des caisses pour le soulagement des populations rurales.

Par quelle série de transformations, d'innovations apportées par des lois nouvelles, vint-on de ces caisses aux caisses Raiffeisen actuellement florissantes en Bulgarie ? Un historique de la question, fort intéressant pourtant, sortirait du programme que nous nous sommes tracé ; nous ne tenterons pas de l'ébaucher (1).

Une loi de 1897 traita la première des associations coopératives et après deux ans de tâtonnements, les caisses rurales Raiffeisen prirent leur essor. Encore, cette loi fut-elle modifiée en 1902 dans un sens libéral.

Comme dans tous les pays orientaux, le gouvernement bulgare intervint puissamment. Son action la plus efficace s'exerça par la création de la *Banque agricole de Bulgarie*, organisée avec un capital de 35.000.000 de francs par une loi promulguée le 31 décembre 1903 (2). Ce capital s'élève approximativement à l'heure actuelle au chiffre de 40.000.000. Toutes les caisses rurales bulgares sont affilées à cette banque qui, non seulement joue pour elles le rôle d'une caisse centrale, mais aussi d'une union générale. Elle les inspecte fonde de nouvelles caisses, leur prodigue son appui et ses conseils, répand l'idée coopérative particulièrement chez les prêtres et les instituteurs, qui sont ses précieux auxiliaires. Dans ce rôle d'union, elle a repris les traditions de l'ancienne *Administration des caisses*

---

1. Le petit livre signalé aux sources, « La Banque agricole de Bulgarie », donne sur cette évolution des aperçus d'une parfaite clarté et d'un grand intérêt.
2. Montant des capitaux des caisses agricoles au moment de la promulgation de la loi.

agricoles qui la précéda jusqu'en 1903. — Le ministre du commerce et de l'agriculture a, par la présentation au prince qui les nomme, du gouverneur et des administrateurs, la haute main sur cette banque.

C'est en 1896 que l'on commença sérieusement à développer le crédit coopératif agricole en Bulgarie. Les organisations fondées s'appelèrent du nom imposé par le gouvernement provisoire russe aux sociétés de crédit rural le 20 juin 1878 : *Caisses agricoles*, jusqu'au 1er janvier 1904. A cette date qui est, rappelons-le, celle de la fondation de la *Banque agricole de Bulgarie*, elles s'intitulèrent *Caisses rurales*. D'après le rapport de M. Assen Ivanoff au Congrès de l'Alliance Coopérative Internationale de Budapest, il existait 25 de ces sociétés du type Raiffeisen en 1903. Mais une note de M. C.-J. Kirtcheff, insérée à la suite de ce rapport, parle d'environ 100 caisses rurales « du système Wollemborg » dans le courant de 1904. Enfin, d'après une lettre de M. Tantiloff, on en comptait 146 en septembre 1906 et 254 (176 en activité et 78 en formation) en mai 1907. Elles groupaient à ce moment 11.582 membres. Dans la brochure intitulée *Banque agricole de Bulgarie*, qui a dû paraître vers le mois d'août 1907, car c'est tout au début de septembre que M. Tantiloff eut la bienveillance aimable de nous l'adresser, le chiffre des caisses rurales indiqué, (on ne parle plus de caisses en formation seulement), est, 254 et le nombre de membres serait monté à 14.382. Ces caisses avaient au 31 décembre 1906, dans les diverses succursales de la *Banque agricole*, un crédit de 3.000.000 francs. Leurs effets en portefeuille se montaient à 2.100.000 francs, les dépôts à échéance fixe à 500.000 francs,

les cotisations des membres. (car si une loi récente a permis aux caisses rurales de se créer sans capital social, elle prévoit des dépôts périodiques obligatoires de 0 fr. 50 à 2 francs pour les adhérents, afin de développer chez eux l'esprit d'économie), s'élevaient à 170.000 francs.

Si l'on songe que cette puissante organisation a surgi en moins de dix ans sous l'impulsion de l'Administration centrale des caisses agricoles (jusqu'en 1904), et à partir de cette époque sous celle semblant plus énergique encore de la Banque agricole, on ne peut que rendre hommage à l'utile et féconde besogne accomplie par ces institutions et leur payer un légitime tribut d'admiration.

PAYS OU LE RAIFFEISÉNISME A FAIT SON APPARITION SANS QU'ON PUISSE DIRE QU'IL Y A PRIS PIED

Sources : *Les cajas rurales.* — Rivas Moreno, chez Francisco Vives Mora, Valence, 1904.

Bulletin mensuel de l'Union de Lyon, numéros de février 1895, septembre 1896, juin 1900, juillet et octobre 1901, juillet 1902.

Lettre de M. Avramovitch, secrétaire de l' « Union générale des sociétés coopératives agricoles, serbes », du 9 avril 1907.

Lettre de M. Duca, directeur de la « Banque agricole d'État », de Roumanie, du 27 avril 1907.

Lettre de M. Rivas Moreno, du 14 novembre 1907.

Dans certains des pays sud-orientaux de l'Europe, le Raiffeisénisme a fait de timides apparitions. L'État économique arriéré de ces nations le rend à la fois plus nécessaire et plus difficile à organiser que partout ailleurs. L'Espagne enfin l'a vu récemment tenter de s'acclimater chez elle.

En Roumanie toutefois, le système a subi un échec, le seul, croyons-nous, qu'il ait jamais enregistré. On y a créé 2 ou 3 caisses Raiffeisen à titre d'essai, et, la responsabilité illimitée effrayant trop les paysans, on s'en est tenu à la responsabilité limitée. Il existe à l'heure présente environ 2,000 banques populaires de cette dernière forme en Roumanie.

Dans la minuscule principauté de Monténégro, une caisse rurale Raiffeisen est établie et fonctionne à la satisfaction commune.

Une campagne en faveur de l'introduction des caisses de ce modèle en Turquie, fut à différentes reprises menée par le *Journal de la Chambre de Commerce de Constantinople*, (voir notamment les numéros des 9 décembre 1893, 8 Août 1896 et 28 avril 1900). Les Serbes en résidence dans l'Empire ottoman avaient fondé au mois d'avril 1907, 5 caisses Raiffeisen, mais malgré une lettre au *Journal de la Chambre de Commerce*, il nous a été impossible de savoir si d'autres nationalités ont suivi leur exemple.

En Espagne, le Raiffeisénisme rencontre de nombreux partisans, un jésuite spécialement, le P. Vincent (1) s'en est fait l'apôtre zélé. Cependant, M. Rivas-Moreno nous écrit : « Dans mes travaux de propagande pour la création des caisses rurales, j'ai acquis la certitude qu'il est impossible d'amener les agriculteurs à une responsabilité illimitée, car tous avant d'entrer dans la société, veulent voir déterminer d'une façon précise leurs droits et les obligations qui vont leur incomber. » Nous nous garderons bien

1. « Las cajas rurales », p. 130 et 131.

d'émettre le plus léger doute sur la portée de l'opinion de notre éminent correspondant, mais nous ne saurions, sans ressentir un peu l'espoir qu'un jour viendra où les faits se chargeront peut-être d'atténuer sa rigueur pessimiste, la rapprocher d'une note de la Rédaction, précisément imprimée dans le Bulletin mensuel de l'union de Lyon, en juillet 1901, au sujet des projets de fondation de caisses espagnoles : « Dans tous les pays où s'est implanté le système Raiffeisen, on a commencé par dire qu'il fallait l'atténuer, parce que le caractère national répugnait à la solidarité (illimitée). Mais quand on a voulu résolument essayer de faire accepter cette responsabilité, on y a parfaitement réussi... »

Quoi qu'il en soit, un congrès catholique tenu à Burgos se préoccupait, dès 1899, de la création de caisses Raiffeisen, comme remède au sort rigoureux des paysans. Il préconisait une modification de détail aux principes purs, « pour éviter les craintes que pourrait inspirer la responsabilité des associés. » Des membres honoraires seraient agréés, même s'ils n'habitaient pas la commune siège de l'association, « qui auraient les mêmes droits et devoirs que les autres associés, autant que le permettrait leur résidence, sauf le droit d'obtenir des prêts. Par contre leur responsbilaité serait limitée à la somme qu'eux-mêmes fixeraient à leur entrée dans la société. » La mesure ne nous paraît pas constituer une dérogation essentielle et de fait, cette clause, (traduite du texte même de la résolution du du congrès de Burgos,) est reproduite à peu près mot pour mot à l'article 6 des caisses de la province de Zamora, que M. Luis Chaves Arias déclare formellement être des Raiffeisen (1).

La première institution du type dans le royaume fut, croyons-nous, celle d'Amusco, province de Palencia, (30 juin 1901). Dans cette province, une autre caisse vit le jour le 30 mars 1902. Toutes deux furent fondées par des prêtres, M. l'abbé Valentin Gomez et M. le chanoine Anacleto Orejon. Fort de ces exemples, M. Luis Chaves s'adonna à la propagation de l'œuvre raiffeiséniste dans la région de Zamora, ou bientôt quatre caisses surgirent sous son impulsion (2).

Malheureusement, M. Rivas Moreno ne nous indique pas dans sa lettre, si ces premières nées se multiplièrent, mais cela paraît probable, car, malgré la réflexion citée plus haut, M. Moreno nous dit qu' « il y a dans sans patrie des propagandistes enthousiastes de l'idée raiffeiséniste. » Or. les renseignements reçus par lui et publiés dans son livre, sont pour la province de Zamora du 7 août 1902 et pour celle de Palencia du 22 août suivant. Depuis des positions nouvelles ont dû vraisemblablement être conquises par le Raiffeisénisme. La lettre adressée à M. Moreno, le 18 de cette même année, par l'évêque de Jaen (3), faisait prévoir de ces succès à bref délai dans sa contrée.

Ajoutons que, d'après la *Propaganda cattolica* de Palencia (nº du 14 juin 1902) (4), la *Commission des réformes sociales* se montrait excessivement favorable à ces initiati-

1. « Las cajas rurales », p. 29 et 32.
2. Le nombre des caisses agricoles d'autres modèles était au reste, fort restreint aussi, à l'époque dans la péninsule.
3. « Las cajas rurales », p. 72.
4. Voir « Bulletin mensuel » de l'union de Lyon, nº d'octobre 1901.

ves et venait de voter à l'unanimité le vœu présenté par M. le comte de San Bernardo, pour inviter le ministre des Finances à « rechercher la manière de favoriser l'établissement de sociétés agricoles semblables à celles de Zamora, par tous les moyens dont dispose l'administration publique, parmi lesquels figure en premier lieu l'exemption de l'impôt du timbre... »

PAYS EUROPÉENS N'AYANT AUCUNE CAISSE RAIFFEISEN

Sources : *Lettre de M. M. Avramovith*, secrétaire de l' « Union des sociétés coopératives agricoles serbes », du 9 avril 1907.
Lettre de M. H. W. Wolff, président de l' « Alliance Coopérative Internationale », du 23 avril 1907.
Lettre de M. Costa Goodolphim, du 20 octobre 1907.

Presque partout donc, le sol de l'Europe est couvert aujourd'hui des bienfaisantes institutions raiffeisénistes. Là où elles ne se sont pas implantées encore, on les connait du moins, on a même souvent tenté quelques expériences. Pourtant, au sein de cet océan, se détachent quatre ilots, si l'on nous permet d'employer cette image, où les théories du philanthrope de Neuwied n'ont jamais reçu jusqu'ici le moindre commencement d'application. Sauf le Grand Duché de Luxembourg qui tranche curieusement au milieu d'Etats munis de caisses rurales, tous ces pays sont situés aux confins de notre vieux monde civilisé, sont un peu isolés, un peu mis à l'écart de la famille européenne, soit par le climat : Suède, Norvège, Danemark et Islande, soit par l'éloignement : Grèce et Portugal.

Messieurs H. W. Wolff pour les Etats du nord et le

Luxembourg, Avramovitch pour la Grèce et Costa Goodolphim pour le Portugal, nous apprennent que les caisses Raiffeisen sont inconnues dans ces régions.

Inconnues ! non pas tout à fait, puisqu'on se préoccupe d'en créer dans quelques-unes. Ainsi, il y a trois ans, M. Avramovitch reçut une lettre dans laquelle M. Vassili, député au Parlement d'Athènes, lui faisait part de son intention de propager les caisses Raiffeisen dans la péninsule hellénique et lui demandait des renseignements.

Pour le Portugal, M. Costa Goodolphim nous écrit : « Malheureusement, il n'y a dans mon pays à l'heure actuelle aucune caisse Raiffeisen. Cependant il y a lieu d'espérer que cette question recevra une prochaine solution par la fondation de telles caisses, seules ou unies aux syndicats agricoles qui existent aujourd'hui en grand nombre en Portugal... Nous avons déjà beaucoup de caisses économiques qui prêtent une aide puissante à l'agriculture, mais elles ne suffisent pas à combattre l'usure qui broie les cultivateurs. C'est une question urgente et il y a motif de croire que le gouvernement la prendra en considération. »

Rien n'empêche d'espérer que les énergies dépensées sans compter dans ces diverses régions en faveur de la belle œuvre raiffeiséniste, porteront leurs fruits, et que dans quelques années se seront acclimatés chez les plus rebelles, ses principes féconds et moralisateurs.

CHAPITRE II

Le Raiffeisénisme en France

SOURCES PRINCIPALES : Collection du *Bulletin mensuel de l'Union des caisses rurales et ouvrières à responsabilité illimitée* : 97, avenue de Saxe, Lyon. — Années 1894 à 1908.

Manuel pratique à l'usage des fondateurs et administrateurs de caisses rurales, — L. Durand, 6e édition, Maison de la Bonne Presse, Paris, 1905.

Lettres de M. L. Durand, président de l' « Union des caisses rurales et ouvrières à responsabilité illimitée ; » notamment celle du 4 décembre 1907, portant l'énumération et la forme des caisses régionales affiliées à l'Union de Lyon.

Lettre de M. Dufourmantelle, secrétaire du « Centre fédératif du crédit populaire en France », du 24 octobre 1907.

Vers 1890, un avocat de Lyon, M. Louis Durand, fut chargé par l'*Union des syndicats du Nord-Est*, d'une enquête sur le crédit agricole dans les divers pays européens. Au cours de ses études, M. Durand se persuada que l'institution idéale de crédit populaire était la caisse Raiffeisen.

Aussitôt, il se mit à chercher le moyen d'accommoder aux lois françaises l'institution qui lui paraissait si utile. Il crut le trouver dans la création de caisses rurales sous la forme de sociétés en nom collectif à capital variable, conformes à la loi du 24 juillet 1867.

A ce moment, M. Durand entra en relation par l'intermédiaire du Père Ludovic de Besse, avec l'*Agence Fédérative du crédit populaire*. L'accord fut complet au début. Comment fut-il détruit par le congrès de Toulouse de 1892? Nous n'avons pas à l'expliquer ici (1). Mais de part et d'autre on se mit à fonder des caisses Raiffeisen. M. Durand en créa deux : l'une rurale, avec le concours de l'abbé Ragu, à Langé, en mars 1893 ; l'autre ouvrière à Bagnères de Bigorre par l'intermédiaire de M. Soulé et Dussert le mois suivant.

Ces deux caisses formèrent aussitôt l'*Union des caisses rurales et ouvrières à responsabilité illimitée*, dont le siège est à Lyon. M. Durand en était le président provisoire. Il l'est resté jusqu'au congrès raiffeiséniste de Tarbes (août 1897) et fut à cette époque réélu président à titre définitif. Depuis lors, il a toujours occupé le fauteuil présidentiel.

On considéra comme prématurée à l'époque cette maigre union de deux caisses ! L'avenir montra que l'on avait tort. C'est grâce en effet à la propagande de l'Union, à ses conseils, à ses mesures, que l'œuvre raiffeiséniste put s'établir d'une façon solide et prospérer sur notre sol.

---

1. A ce congrès fut cimentée l'union entre la « Société de propagation du crédit populaire » et l' « Agence fédérative. » Celle-ci perdit son nom et devint le « Centre fédératif. » Les deux groupes alliés : « Société de propagation » avec MM. Lourties, Many, Fougerousse, Benoit-Lévy ; « Centre fédératif » avec MM. Rostand, Rayneri et le P. de Besse, constituaient le « Centre fédératif du crédit populaire ».

Les causes de sa rupture avec l'Agence fédérative devenue partie intégrante du Centre fédératif sont exposées par M. Durand dans le « Bulletin mensuel », de février 1900.

La « Société de propagation du crédit populaire » est dissoute depuis 1896, mais l'inimitié subsiste toujours un peu entre l'« Union de Lyon » et le « Centre fédératif. »

En juillet de cette même année 1893, le *Centre fédératif* avait jeté les assises de sa première caisse Raiffeisen à Castellar, (Alpes-Maritimes).

C'est sous la forme de sociétés en nom collectif à capital variable, comme l'avait préconisé M. Durand, que les caisses Raiffeisen furent fondées en France.

Les premières furent toutes établies sous le régime de la loi de 1867 (1). Après la loi du 5 novembre 1894, certaines caisses se placèrent sous son égide. Mais l'union de Lyon déconseilla longtemps l'emploi de cette loi, à cause de l'article 6 qui soumettait la caisse et ses administrateurs à un étrange arbitraire des tribunaux. Depuis, la loi du 20 juillet 1901 est venue abroger l'article 6 ; les caisses sont donc entièrement libres de choisir le type de leurs statuts : chaque forme a ses mérites particuliers (2). La défaveur originelle jetée sur elles par l'Union de Lyon explique que les caisses syndicales, (type créé par la loi de 1894,) soient moins nombreuses que les autres. Pourtant, avant même l'abrogation de l'article 6, il s'en était formé quelques-unes.

---

1. Régissent ces caisses : les dispositions du Code civil, du Code de commerce, les titres III et IV de la loi de 1867. Les caisses syndicales, réglementées par la loi du 5 novembre 1894, leur sont-elles aussi soumises ? La question a été très controversée ; en faveur de l'affirmative : MM. Durand, d'Anglade (auteur d'une thèse présentée à la faculté de Bordeaux en 18.6, « le crédit agricole personnel et mobilier », sur la condition juridique des caisses rurales françaises.) l' « Union des Syndicats du Sud-Est en 1899 », contre : M. Souchon à son cours M. Maurin dans le Bulletin mensuel du Musée social dans divers articles de 1895 et 1899...

2. La société de droit commun, (caisse type 1867) peut affilier des cultivateurs et des non-cultivateurs, faire des prêts agricoles ou non ; la société syndicale (caisse type 1894) ne peut accepter que des agriculteurs membres d'un syndicat agricole, et faire que des avances agricoles. La première paie des droits plus élevés pour se constituer ou modifier ses statuts ; elle ne peut au contraire de la seconde

Les caisses Raiffeisen en France, qu'on appelle aussi souvent du nom de leur introducteur et zélé propagateur chez nous : caisses Durand, ont de multiples champs d'activité. Les unes, caisses rurales soumises à la loi de 1867, peuvent prêter à tous les habitants du village, sans distinction de profession. L'Union de Lyon recommande cependant de ne point accepter comme membres, et par conséquent comme emprunteurs, les commerçants ayant beaucoup recours aux effets de commerce, car leur situation de fortune est impossible à apprécier, même pour des voisins et ils pourraient faire courir des risques à la caisse. Mais il n'y a pas lieu de repousser les petits détaillants n'usant de ces papiers que d'une façon toute exceptionnelle ; c'est une question de fait. Les autres caisses rurales syndicales de la loi de 1894, recrutent uniquement leurs affiliés parmi les agriculteurs syndiqués. On trouve des caisses ouvrières dans les villes, et des caisses de marins en Bretagne. Les caisses rurales, d'après les conseils de l'Union de Lyon ne doivent accorder que des prêts productifs. Si l'on veut qu'une caisse puisse contenir aussi des prêts de consommation, il faut créer une caisse mixte, c'est-à-dire rurale et ouvrière, avec un maximum très

---

escompter les billets à ordre, mais elle n'est pas astreinte comme celle-ci à tenir une comptabilité commerciale, ni à déposer chaque année la liste de ses membres et les résultats de son inventaire au greffe de la justice de paix. Enfin, le taux des prêts faits à ses membres par la caisse syndicale doit être déterminé statutairement, une modification de ce taux entraîne un remaniement des statuts.

En résumé, quelques avantages en ce qui concerne certains frais pour la caisse syndicale, mais beaucoup moins de liberté.

En mars 1898, l'union de Lyon ne comptait que 3 associations de ce genre. Nous en avons relevé 67 depuis cette date, soit 70 sur 1265 inscrites à cette union avant le 1er janvier 1908, qui ont adopté les statuts syndicaux.

strictement déterminé pour les prêts de cette sorte, plus dangereux de leur nature que les prêts de production.

En France, les caisses rurales ne sont pas à la fois des institutions de crédit et des syndicats agricoles, comme nous l'avons vu dans nombre d'autres pays. Il n'en demeure pas moins que leur œuvre est liée à celle des syndicats, que souvent l'établissement de l'un dans un village suscite la naissance de l'autre. A maintes reprises au reste, les syndicats ont manifesté leurs sympathies pour les caisses Raiffeisen (1). Quant aux syndicats d'industrie qui se livrent à l'achat en commun de machines et les louent ensuite à bas prix à leurs adhérents ; quant aux laiteries coopératives et autres sociétés professionnelles agricoles, on peut affirmer d'une manière générale que non seulement la caisse rurale est fréquemment leur promotrice, mais qu'elle est presque partout leur auxiliaire indispensable, en un mot, qu'une parenté intime relie les différentes associations agricoles à celle qui est chargée de leur procurer des fonds. Cela est naturel !

L'UNION DE LYON (fondée en 1893)

Faire l'historique de l'*Union des caisses rurales et ou-*

---

1. Voir le compte rendu de la réunion du syndicat agricole de Poligny en avril 1894, la délibération de la chambre syndicale d'agriculture de Castelnaudary du 28 août 1894, les demandes de conférences adressées vers la même époque à M. Durand par les syndicats de Bourgogne et de Franche-Comté. Nous ne pouvons signaler toutes les approbations décernées à l'œuvre raiffeiséniste française par les syndicats agricoles. Quelques-unes sont données aux Congrès nationaux des syndicats agricoles (Orléans 1897 et Périgueux 1905), dans le rapport au congrès des syndicats agricoles d'Arras en 1904, de M. le comte de Vogüé, président de l' « Union du centre des syndicats agricoles et viticoles », dans le « Bulletin du syndicat des agriculteurs de la Loire-Inférieure », (n^{os} de novembre 1899 et septembre 1900, etc.

vrières à responsabilité illimitée qui siège à Lyon, c'est en quelque sorte faire l'historique du mouvement raiffeiséniste français lui-même. D'une part, elle seule ne compte comme affiliées que des caisses Raiffeisen, d'autre part c'est elle qui en groupe le plus, de beaucoup. Elle peut donc à l'heure présente être considérée comme le véritable organe du Raiffeisénisme sur notre territoire.

C'est en 1893 que naquit l'union de Lyon, avec, nous l'avons vu, le modeste chiffre de deux adhérentes. Les railleries ne manquèrent pas à l'homme auquel nous sommes heureux de rendre ici notre modeste hommage d'admiration, à M. Durand, président provisoire du groupement. Et pourtant, M. Durand avait compris avec une claire vision des nécessités de la situation, que s'il s'efforçait de fonder des caisses sans lien entre elles, jamais le Raiffeisénisme, ne pousserait, dans notre sol, de racines profondes.

Réunir, conseiller les jeunes caisses, organiser la propagande en leur faveur, les défendre : tel fut dès l'origine, tel est resté le but de l'Union de Lyon et de sa feuille ; fondée presque en même temps qu'elle en mars 1894, le *Bulletin mensuel de l'Union des caisses rurales et ouvrières à responsabilité illimitée*.

Heureuse prévoyance ! car les orages ne devaient pas tarder à venir et sans l'Union, il n'est point téméraire d'affirmer que les caisses n'auraient pu les surmonter.

Le premier, le plus grave, fut l'affaire dite de la patente.

En 1897, un contrôleur de l'Isère avait réclamé à trois caisses rurales le paiement de la patente. Les caisses répondirent que, sociétés de crédit mutuel, elles en étaient exonérées. Le représentant du fisc répliqua que seules sont exemptes de patente les coopératives limitant leur champ d'action à leurs membres. Or, dans les statuts étaient insérés des articles prévoyant qu'en cas de dissolution de la caisse, le fonds de réserve irait à une œuvre d'utilité publique et que le jour où ce fonds de réserve serait suffisant pour permettre à la caisse de prêter sans emprunter elle-même, les bénéfices recevraient une destination analogue. Ces sociétés pouvaient donc être considérés comme travaillant éventuellement en faveur de tiers étrangers à l'association et comme telles patentables.

L'affaire fut portée devant le conseil de préfecture de l'Isère. Le 28 juillet 1897, il admit la prétention de l'administration des finances.

A tout hasard l'Union avait préparé sur les points en litige des modifications de statuts. Payer en effet la patente pour des caisses prélevant sur leurs opérations un bénéfice d'à peine 1 0/0 et faisant peu d'affaires, c'était la ruine ; augmenter le taux des bénéfices, c'était faillir à leur mission philanthropique. Mais avant de les faire mettre en vigueur et pour tenter de sauvegarder la doctrine raiffeiséniste dont les clauses attaquées étaient l'expression, elle conseilla aux caisses condamnées de se pourvoir devant le Conseil d'Etat.

L'affaire devait venir le 4 décembre. Elle fut remise au 18, jour où le commissaire du gouvernement donna ses conclusions.

Dans l'intervalle, la Direction des contributions directes déposa au greffe du Conseil d'Etat un mémoire concluant que la patente était due, parce que les caisses empruntaient à d'autres qu'à leurs membres ! Etrange conception vraiment, qui, si on l'admettait, abolissait purement et simplement en fait, toute possibilité de crédit coopératif en France. Ceux qui se groupent pour emprunter, n'ont guère d'ordinaire l'intention de prêter, puisqu'ils manquent ou prévoient devoir manquer d'argent !

Le commissaire du gouvernement rejeta ces conclusions bizarres, mais maintint que les caisses devaient la patente à cause des prévisions d'avenir contenues dans les statuts et signalées par le conseil de préfecture de l'Isère.

Le prononcé de l'arrêt fut remis au 24 décembre.

Les caisses furent reconnues patentables pour deux raisons. Nous donnons ici le texte même de l'arrêt.

« Au fond, considérant d'une part, qu'il résulte des termes mêmes des statuts que la caisse rurale ne se borne pas seulement à demander à des bailleurs de fonds étrangers les capitaux strictement nécessaires à la réalisation des emprunts contractés par ses membres, mais qu'elle reçoit des dépôts à terme ou à vue et qu'elle se livre à des opérations rentrant dans l'exercice de la profession d'escompteur. ;

Considérant d'autre part que si les bénéfices assurés à la société par la différence entre l'intérêt qu'elle sert aux prêteurs et celui qu'elle reçoit de ses membres sont employés à la constitution d'un fonds de réserve, ce fonds destiné à couvrir les déficits et à réduire le taux de l'intérêt, et qu'elle pourrait même répartir entre les associés au prorata de leurs opérations, reçoit une autre affectation ; qu'en effet les statuts, en prévision du cas où la réserve atteindrait un capital excédant les besoins sociaux, prescrivent de disposer de cet excédent en faveur d'une œuvre étrangère à la société; qu'ainsi la requérante n'est pas fondée à soutenir qu'elle a pour but unique de procurer à ses membres le crédit qui leur est nécessaire; qu'il suit de là que c'est à bon droit qu'elle a été imposée et maintenue à la contribution des patentes et que la requête doit être rejetée... »

Nous n'entreprendrons pas de discuter cet arrêt. Notre rôle n'est pas, dans une thèse de doctorat économique et politique, de nous livrer à des controverses juridiques. La patente pourtant, véritable prélèvement sur les bénéfices de ceux qui y sont soumis, semble établie pour atteindre des bénéfices. Or, les caisses rurales avaient inséré la clause de distribution éventuelle des bonis réalisés au-delà de leurs besoins, à une œuvre d'utilité sociale, pour éviter précisément de percevoir ce que le langage courant appelle avec raison, des bénéfices, c'est-à-dire des sommes tendant à leur propre enrichissement. Cette définition du bénéfice, tirée de l'usage, est peu juridique, nous en convenons, mais il est toutefois curieux de constater que, pour n'avoir pas voulu s'enrichir, les caisses rurales furent frappées de l'impôt pesant sur ceux qui cherchent à s'enrichir.

Le passage « Considérant... qu'elle se livre à des opérations rentrant dans la profession d'escompteur », visait l'article 16 des statuts qui permettait l'emploi du billet à ordre.

Mais un fait plus grave était la différence établie par le Conseil d'Etat entre le dépôt reçu par la caisse et l'emprunt contracté par elle. Lorsqu'il ne s'agit pas de dépôt en compte courant, opération commerciale de sa nature, mais de dépôt avec ou sans terme, où est, pour une société financière, la différence entre la réception de dépôts et l'emprunt ?

Dès le 24 décembre, grâce à M. Durand, les modifications suivantes au règlement des caisses étaient prêtes. On ne devait plus attribuer en aucun cas les bénéfices à une œuvre d'utilité publique et en cas de dissolution, le fonds de réserve était destiné à rembourser les intérêts payés par les emprunteurs en commençant par le dernier. Seulement, des garanties étaient prises contre une dissolution trop facile, qui eût pu tenter lesdits emprunteurs, s'ils s'étaient trouvés en majorité dans une caisse prospère (1).

Quant à l'emploi du billet à ordre, il était très exceptionnel et avait été déjà déconseillé par M. Durand dans le *Bulletin*, pour presque tous les cas. On supprima dans les statuts ce qui y avait trait.

Enfin, pour ce qui touche la fameuse distinction entre les dépôts et les emprunts, M. Méline, le 27, conseilla simplement à M. Durand de calquer dans ses statuts les termes de l'arrêt. Le 28, MM. de Ramel et Le Marois, avec lesquels celui-ci tint conférence, opinaient dans le même sens. Ce serait ainsi au fisc, s'il voulait attaquer les caisses, à démontrer qu'elles faisaient autre chose que des emprunts... Il ne l'a jamais tenté et pour cause...

Dès le 24, l'Union de Lyon avait adressé aux directeurs des caisses affiliées, l'avis d'avoir à convoquer pour le 30,

1. Voir à l'appendice l'article 21 des statuts types publiés par l'Union de Lyon.

une assemblée générale de leurs membres, car des modifications devraient être apportées aux statuts avant le 1er janvier. Certaines caisses n'ayant pas reçu à temps les circulaires de l'Union procédèrent à leur dissolution, les autres changèrent leurs statuts conformément à ses conseils. Sans la sage prévoyance du président, toutes auraient certainement sombré et on ne jugea pas superflu ce jour-là le rôle de l'Union de Lyon.

Certaines des caisses dissoutes se reconstituèrent aussitôt avec les mêmes sociétaires, mais le coup porta pourtant d'une façon sensible. A la veille de l'arrêt du Conseil d'Etat, l'Union comptait à son actif 633 fondations de caisses affiliées à elle ; d'après le *Bulletin* de mars 1898, moins de 400 caisses étaient sorties indemnes de la tempête. Beaucoup de disparues il est vrai, se reformèrent petit à petit par la suite,

Telle est l'affaire de la patente, fameuse dans les fastes des caisses Raiffeisen françaises. dont elle fut la plus chaude alerte. Depuis, rien ne vint plus troubler leur quiétude jusqu'en 1907.

Cette année en effet le tribunal d'Annecy rendit un jument déclarant, contrairement à la prétention de M. Durand et de ses caisses qui se pensent non de véritables sociétés puisqu'elles n'ont pas pour but le partage de bénéfices, mais des contrats innomés, que les caisses rurales sont de vraies sociétés, soumises au droit proportionnel pour leur enregistrement, au lieu du droit fixe de 3 fr. 75 (1).

1. La caisse Raiffeisen est-elle une société aux termes de l'article 1382 du Code Civil? Non, semble t-il, puisque le troisième caractère

Par contre, la Cour d'Orléans vient de prononcer un arrêt décidant que la caisse rurale n'est pas une société et ne peut se faire représenter en justice par ses administrateurs.

Sur les conseils de l'Union, les deux décisions ont été portées devant la Cour de cassation et en mai, la Chambre des requêtes a admis le pourvoi contre l'arrêt d'Orléans. En tout cas, il sera difficile à la Cour Suprême de donner raison au Tribunal d'Annecy et à la Cour d'Orléans, puisque l'une prétend la caisse Raiffeisen une société, l'autre soutient le contraire (1). Quelle que soit l'issue de ces affaires, leurs conséquences seront heureusement moins graves que celles de l'arrêt du Conseil d'Etat de 1897 (2).

L'Union, dans toutes ces circonstances a servi de guide aux caisses attaquées, prenant en main leur défense dans l'intérêt commun. En mille autres cas elle fut encore d'un précieux secours à ses adhérentes. Nous n'en voulons citer qu'un exemple, celui des quarante millions de la Banque de France.

---

exigé : la réalisation des bénéfices est absente. Dès lors, elle doit être considérée comme un contrat innomé et soumise au droit fixe d'enregistrement de 3 fr. 75 ; la loi du 20 avril 1893 qui frappe d'un droit de 0 fr. 20 0/0 du capital social l'enregistrement des sociétés ne lui est pas applicable. Tel était l'avis exprimé en 1894 par M. J. Hostache, professeur à la faculté libre de droit de Lyon. (Voir « Bulletin mensuel. » d'avril 1894).

Mais voici plus concluant encore. Un receveur d'enregistrement ayant obligé une caisse rurale, celle de Guiseuil à déclarer un capital social et à payer un droit proportionnel de 5 francs, celle-ci réclama. Une lettre du 23 avril 1895 du directeur général lui fit restituer 1 fr. 25. (Voir « Bulletin mensuel » de mai 1895).

1. M. Durand soutient que ses caisses sont bien des contrats innomés, mais que la loi du 24 juillet 1867, ayant pris le mot « société » « lato sensu », elles bénéficient des avantages de son titre III et sont assujetties aux règles de son titre IV.

2. Dans la statistique pour 1899, publiée dans le « Bulletin mensuel » de juin 1900, l'Union de Lyon avoue 206 caisses dissoutes et non encore reconstituées à la suite de l'arrêt du Conseil d'Etat, et 86 n'ayant pas donné réponse au questionnaire envoyé.

En 1897 (1), au moment du renouvellement du privilège de la Banque de France, on imposa à celle-ci une avance de quarante millions sans intérêt, à mettre à la disposition du gouvernement pour aider au crédit agricole. En outre un prélèvement annuel sur ses bénéfices, fixé à un minimum de deux millions, fut exigé dans le même but. Il fut décidé que ces sommes seraient mises au service des caisses régionales de crédit agricole, à titre d'avances sans intérêt (loi du 31 mars 1899).

M. Durand avait demandé à M. Lourties, rapporteur de cette loi au Sénat que les caisses rurales du type 1867, ne soient pas exclues de la participation aux avances de la Banque de France, comme il en avait été question. M. Lourties avait promis de conclure dans ce sens. Soit oubli, soit réflexion, le rapporteur omit de préciser ce point lors de la discussion et maintint au contraire l'exclusion frappant les caisses de 1867. Exclusion de peu d'importance au reste, puisque nous l'avons vu dans un autre chapitre, M. Durand et avec lui presque tous les Raiffeisénistes français, considèrent que des caisses qui veulent sérieusement réussir, peuvent se tirer d'affaire par leurs propres moyens. Toutefois il s'agissait des intérêts des membres de l'Union ; si théoriques parussent-ils, celle ci ne pouvait les négliger. Ses porte-paroles à la Haute Assemblée, MM. Le Cour Grandmaison, Halgan, Félix Martin et Gouin, président de la Commission lui-même, firent admettre que les caisses de droit commun seraient fondées à faire partie des caisses régionales, bénéficiaires éventuelles des

1. Loi du 17 novembre 1897.

avances de la Banque de France, comme celles de 1894, et qu'il ne pourrait par conséquent être fait de différence dans l'attribution des prêts accordés par l'Etat, entre les caisses 1867 et les caisses 1894.

Le 18 août 1899, la circulaire Dupuy prescrivit aux préfets de se conformer à l'esprit de la loi et leur rappela que les caisses de droit commun pouvaient participer aux avantages concédés par la Banque de France.

C'était un nouveau succès pour l'Union de Lyon.

Le 30 janvier 1901, le ministre de l'Agriculture envoya une autre circulaire déclarant « probable » que la décision prise par le Sénat en 1899, en faveur des caisses 1867, ne vise que les sociétés admises à faire des opérations avec les caisses régionales, non celles admises à souscrire des parts dans ces caisses. Et il déclarait préférable de s'en tenir à cette interprétation.

A nouveau l'Union réclama. M. Durand accompagné de M. de Pontbriant sénateur, vit le ministre et sur sa demande lui remit une note. La réponse ne vint pas.

Devant la menace des procès qui allaient, toujours à l'instigation de l'union, lui être intentés par les caisses lésées dans leurs droits, M. Dupuy s'empressa de déposer un projet de loi, dans lequel, malgré la bienveillance promise, les caisses 1867 perdaient la faculté de s'affilier aux caisses régionales.

Le 21 décembre 1901, la commission d'agriculture de la Chambre des députés entendit le rapport de M. Durand sur le projet dont elle était saisie. Entre temps, l'*Union du Sud-Est des syndicats agricoles*, l'*Union des Syndicats des Agriculteurs de France*, les unions de Bourgogne, de

Franche-Comté et du Midi, le Syndicat agricole de Haute-Garonne, émettaient le vœu qu'une si injuste exclusion des caisses de droit commun ne soit pas prononcée.

Le 24 février 1902, la commission de la Chambre, par l'intermédiaire de M. l'abbé Lemire, déposait un rapport, dont les conclusions étaient adoptées par le ministre. Malgré les efforts de M. Fernand David, la commission déclarait vouloir « n'en (des caisses de crédit rural) laisser aucune en dehors des avantages communs, quelle que soit la loi à l'abri de laquelle elles se sont placées ».

On pouvait croire la question résolue. Dans la séance du 22 janvier 1903 à la Chambre, M. Fernand David y revint encore et soutint l'exclusion des sociétés 1867 du bénéfice de la loi du 31 mars 1899. M. Mougeot ministre de l'Agriculture, répondit en termes évasifs.

Le 31 janvier 1905, nouvelle attaque de MM. Violette et Fernand David, prétendant que les caisses rurales 1867 n'ont pas droit à la subvention. M. Ruau, alors ministre, répondit qu'il accorderait des avances aux caisses 1867, mais déclara qu'il les refuserait aux caisses Durand qui sont « à la fois rurales, ouvrières et confessionnelles ». Or nous verrons que les caisses simplement rurales constituent l'immense majorité des associations de l'Union de Lyon, et bien entendu il ne s'est jamais agi pour elle de faire reconnaître que le droit de ces seules caisses. Quant à la confessionnalité (1), où donc est le texte législatif permettant d'en faire un vice rédhibitoire ? Mieux, où a-t-on décou-

1. Nous avons d'ailleurs vu autre part, ce qu'il faut penser de la confessionnalité de l'Union de Lyon.

vert que les caisses Durand sont des caisses confessionnelles? « Confessionnelles, disait M. l'abbé Thomas, rapporteur du groupe nantais, au congrès du Sillon réuni à Saint-Malo Saint-Servan en 1904, la caisse régionale de la Loire-Inférieure et les caisses rurales ses adhérentes ne le sont pas. Elles sont professionnelles, agricoles, mutuelles et rien de plus. Leurs sociétaires sont en général d'excellents catholiques et ne s'en cachent pas, mais elles sont ouvertes à tout agriculteur honnête et travailleur, quelle que soit sa religion ou son opinion. » (1).

Qu'est-ce qu'une société confessionnelle ? « C'est une société, écrit M. Durand dans le *Bulletin* de mars 1905, où l'on ne peut entrer et dont on ne peut profiter qu'autant qu'on professe et pratique une religion... Or, nous n'en connaissons pas une seule en France et cependant, il nous semble que nous serions bien placés pour la connaître, si elle existait. »

Le 11 avril 1905, nouveau décret, rendu en vertu de la loi de 1899 (qui permet au ministre de l'Agriculture de fixer les moyens de contrôle et de surveillance à exercer sur les caisses régionales). Le décret reconnaît le droit aux avances des caisses de 1867, mais il contient des illégalités, relevées par M. Durand dans le *Bulletin* de juin 1908.

L'article 7 exige que les caisses régionales indiquent le syndicat agricole auquel sont affiliées les membres de chaque caisse locale.

Plus fort, dans l'article 5 du même décret, le ministre décide que les caisses régionales ne pourront faire des

1. On se rendra compte plus loin du motif qui nous a poussé à produire ce témoignage, plutôt que tant d'autres.

avances aux caisses locales, qu'à concurrence du montant des parts sociales souscrites par ces caisses locales et encore à condition que ces avances soient représentées par des effets. Or, la loi de 1899 dit : « Les caisses régionales peuvent faire aux caisses locales les avances nécessaires pour la constitution de leur fonds de roulement. » Singulière interprétation de la loi qui consiste à y introduire des dispositions nouvelles contradictoires avec son texte même. Où sont, dans tout cela, le contrôle et la surveillance que le ministre est chargé d'organiser par la loi de 1899? N'y a-t-il pas un excès de pouvoir caractérisé, un empiétement de l'exécutif sur le législatif?

Voici comment M. Durand résumait ce décret. « Le ministre avait contesté pendant longtemps aux caisses rurales de droit commun, le bénéfice de la loi de 1899 : il convient loyalement qu'il s'est trompé et il est heureux de leur ouvrir les portes et les guichets des caisses régionales, sans leur imposer le régime de la loi de 1894. Il ne met à cette faveur que deux petites conditions. La première, c'est que ces sociétés de droit commun se soumettront aux prescriptions de la loi de 1894 et notamment n'accepteront pour sociétaires que des syndiqués. La deuxième, c'est que les sociétés de droit commun n'useront pas des caisses régionales, puisqu'il ne permet aux caisses régionales que les opérations d'escompte que l'arrêt du Conseil d'Etat du 24 décembre 1897 rend impossible aux sociétés qui ne sont pas régies par la loi de 1894 (1) ».

1. Le congrès national des syndicats agricoles de Périgueux s'empresse de protester contre la circulaire du 11 avril.

Le titre seul de la pièce « Décret relatif au fonctionnement et à la surveillance des caisses régionales », démontre son illégalité puis-

La question en est là et aucune caisse régionale de l'Union de Lyon n'a reçu d'avances de l'Etat. Une seule du reste, celle de la Loire-Inférieure, (c'est pour cela que nous avons choisi plus haut le témoignage du président du groupe de la Loire-Inférieure dans la question de confessionnalité), a sollicité en 1902, 30.000 francs d'avance. Après des démarches réitérées de sa part et deux ans de silence du ministère, on se décida à lui répondre qu'elle ne suit pas les lois de 1894 et 1899. C'est inexact...

A la suite du décret du décret du 11 avril 1905, la caisse régionale de la Loire-Inférieure, voyant de nouveaux obstacles dressés devant sa demande, s'est pourvue devant le Conseil d'Etat contre ce décret. L'affaire est encore pendante.

Nous le répétons, il s'agit plutôt d'une question de principe, que d'une affaire d'importante pratique. A chaque page du *Bulletin mensuel*, se répète l'affirmation que les caisses Durand n'ont pas besoin pour vivre de l'aide de l'Etat. Il faut se rendre à l'évidence au reste : elles ont prospéré depuis quatorze ans et jamais elles n'ont reçu un sou de lui. Si nous avons insisté sur cette affaire, c'est que nous avons voulu montrer avec quelle défaveur étrange, le gouvernement traite en France les caisses Raiffeisen. Alors que cette institution est encouragée presque partout autour de nous, alors que là où elle n'est pas soutenue par les pouvoirs publics comme en Angleterre, et en Suisse, on la laisse pour le moins répandre en paix

---

que nulle part la loi de 1899 n'a chargé le ministre de l'Agriculture de s'occuper en quoi que ce soit du fonctionnement des caisses régionales.

ses bienfaits, nous voyons avec tristesse combien de préventions s'accumulent contre elle dans les sphères officielles de notre pays. Il ne nous convient pas d'en chercher la cause : nous ne voulons que constater l'effet et le déplorer.

Malgré ces tracasseries, malgré les attaques venues d'un groupement qui eût dû marcher la main dans la main avec l'Union, puisque lui-même fondait des caisses Raiffeisen et était par conséquent mieux à même que quiconque d'apprécier leur utilité et leurs bienfaits ; malgré l'hostilité marquée par une foule d'hommes ou de groupes influents (1), les caisses de l'Union de Lyon continuèrent de se multiplier.

En 1897, un congrès international fut convoqué à Tarbes par les soins de l'union, — en 1900, un autre congrès se tint à Paris, qui réunirent des raiffeisénistes de tous pays et leur montrèrent que notre terre aussi promettait une riche moisson aux disciples du maître de Neuwied. Avant de voir dans quelle mesure ont été aujourd'hui tenues ces promesses et par quelles étapes est passée l'Union pour arriver à son développement actuel, rendons témoignage, que si les contradictions ont été nombreuses, les encouragements et les dévouements réconfortants ne furent pas ménagés à nos caisses françaises.

---

1. Nous ne citerons aucun nom, parce qu'il nous paraît que pour beaucoup d'entre les adversaires français du Raiffeisénisme (plusieurs l'ont publiquement proclamé), il s'agit de poursuivre une institution, non pas même confessionnelle, mais qui compte parmi ses adhérents ou ses partisans une majorité de gens dont ils ne professent pas les convictions religieuses. On ne discute pas les bienfaits économiques de l'œuvre : ils sont évidents, mais on la bat en brèche quand même. — Comprenant mal ces haines, nous préférons ne pas nous y arrêter ; aussi bien ne serait-ce point ici le lieu : nous n'avons à tenir compte dans ce travail que des objections tirées de la raison ou des faits, non des sentiments.

Le clergé s'intéressa aux caisses rurales depuis l'éminent pontife qui présida si glorieusement aux destinées de l'Eglise, Sa Sainteté le pape Léon XIII, en passant par des hauts dignitaires du clergé (1) qui, dans leurs lettres ou par leur présence aux assemblées raffeisénistes, manifestèrent leur approbation, jusqu'aux curés de campagne, dont plusieurs sont membres du conseil de l'Union. De hautes personnalités prêtèrent à l'œuvre l'appui de leur sympathie ou de leur collaboration ; nous ne pouvons les citer toutes et nous bornons aux membres d'honneur du Conseil de l'Union : MM. Delalande, Dufaure, Léon Harmel, Etienne Lamy, abbé Lemire, comte Albert de Mun. Jacques Piou, marquis de Voguë. Des groupements, la Société des agriculteurs de France (membre d'honneur du conseil), divers syndicats agricoles (nous en avons nommé quelques-uns plus haut), le Sillon, la Jeunesse catholique, etc., lui apportèrent leur concours. D'innombrables journaux parisiens et surtout provinciaux aidèrent à sa propagande. En juillet 1897, MM. Méline, président du conseil des ministres, et Deschanel, rendirent à la Chambre des députés, un éclatant hommage à l'utilité féconde des caisses rurales. Enfin, en 1900, le Jury de l'Exposition universelle, décerna des

1. Le 13 mai 1905, le pape envoie par son secrétaire d'Etat le cardinal Rampolla, sa bénédiction et ses encouragements à M. L. Durand. Déjà en janvier de la même année, un des premiers collaborateurs de celui-ci, M. l'abbé Fontan, avait reçu une marque analogue de la satisfaction pontificale, pour son concours apporté à une œuvre, « si merveilleusement appropriée aux besoins de notre époque ». Dans l'Encyclique du 8 septembre 1899, adressée aux évêques et au clergé de France, Léon XIII souligne, en l'approuvant, les efforts des prêtres pour essayer d' « introduire des réformes dans l'ordre économique et social », nommément par les « caisses rurales ». — Ce sont enfin, la lettre de félicitation de l'archevêque de Lyon à M. Durand, la présidence acceptée par l'évêque de Tarbes d'un congrès raiffeiséniste régional, etc.

récompenses à elle-même, à ses collaborateurs et à ses groupes (1). C'était, malgré tant de mauvais vouloir rencontré d'autre part, la consécration officielle du succès.

Voici maintenant quelques chiffres indiquant la progression des caisses de l'Union de Lyon, depuis 1893 (2).

En	1893	furent fondées :	17	caisses
—	1894	—	195	—
—	1895	—	169	—
—	1896	—	160	—
—	1897	—	130	—
—	1898	—	59	—

1. Classe 103 (agricole), 3 médailles d'or : une à l'Union de Lyon ;
Une au groupe régional du Doubs ;
Une à M. Fournier-Sarlovèze, président du groupe de Haute-Saône.
Une médaille d'argent : groupe régional des Hautes-Pyrénées.
Deux médailles de bronze : groupe régional du Gers.
Groupe régional de la Loire-Inférieure.
Classe 104 (ouvrière) : une médaille d'or à l'Union de Lyon.

2. Il ne faudrait pas s'étonner de ne nous voir citer aucun chiffre officiel, concernant le mouvement raiffeiséniste français.

En vain avons-nous compulsé les « Annuaires statistiques, » publiés par le ministère du travail et de la prévoyance sociale, (années 1904, 1905, et 1906.) Nous y avons découvert aux pages 125, 137 et 123 les statistiques des sociétés de crédit agricoe en France, établies sur les communications du ministère de l'agrilculture, mais ces sociétés ne sont classées que d'après la loi sous le régime de laquelle elles se sont placées, non d'après leur type constitutif. — Davantage, nous avons eu la preuve que les relevés officiels étaient pour le moins incomplets. D'après l'enquête à laquelle nous nous sommes livré en effet sur les Raiffeisen de notre département en octobre dernier, il y avait dans les Ardennes au 31 décembre 1906, (date à laquelle s'arrêtent les tableaux de l' « Annuaire ») 14 caisses rurales de ce genre suivant la loi du 24 juillet 1867. Or, à la page 123 du volume indiqué, nous trouvons à la ligne « Ardennes », 6 caisses de crédit agricole dans la colonne réservée aux institutions suivant la loi de 1894 et aucune dans la colonne réservée à celles suivant la loi de 1867.

Nous avons encore consulté les collections du « Bulletin (« Annales », depuis 1902) du ministère de l'Agriculture », et du « Bulletin mensuel de l'office de renseignements agricoles ». Nous n'avons pas été plus heureux, et nous n'y avons rencontré que des renseignements, soit sur le fonctionnement des caisses régionales, auxquelles le gouvernement a consenti des avances, soit des statistiques dressées selon la seule différence des lois sous l'égide desquelles fonctionnent les caisses de crédit rural.

—	1899	—	46	—
—	1900	—	46	—
—	1901	—	47	—
—	1902	—	40	—
—	1903	—	64	—
—	1904	—	96	—
—	1905	—	70	—
—	1906	—	66	—
—	1907 (1)	—	70	—
	Total.................		1265	caisses (2)

On remarque combien l'arrêt de décembre 1897 du Conseil d'Etat défavorable aux caisses et les violentes attaques qui ont suivi, de la part de certaines gens qui cherchaient à faire considérer ces associations comme illégales, ont été funestes à leur extension. Jusqu'à ce moment, les fondations, chaque année depuis 1894, dépassent la centaine. Depuis, elles ne l'on plus jamais atteinte, et c'est surtout pendant les 5 années immédiatement postérieures à cette date, que la marche ascensionnelle des caisses subit un fléchissement. A partir de 1903, un mouvement de reprise

1. Caisses inscrites à l'Union de Lyon avant le 1er janvier 1908.

2. Notes sur ce tableau.

Ce tableau s'arrête aux caisses nouvelles inscrites à Lyon pendant le mois de décembre 1907 et publiées par le « Bulletin mensuel » de janvier 1908 inclusivement.

Nous ont manqué : 5 numéros du « Bulletin » de l'année 1894, comportant les listes d'un certain nombre de caisses adhérentes à l'Union de Lyon fondées en 1893 et 1894. Nous avons retranché des 189 caisses fondées jusqu'au 1er janvier 1895, (à partir de ce moment nous avons la collection complète du « Bulletin »), 17 caisses fondées en 1893, d'après le rapport de M. de Pelleport-Burète au congrès de Tarbes. Nous avons obtenu : 172. Puis nous avons ajouté à ces chiffres, les caisses signalées sur le « Bulletin » à partir de janvier 1895, comme s'étant fondées en 1894 pour obtenir le nombre des fondations de cette année.

Nos relevés sont en contradiction avec ceux fournis par M. de Pelleport au congrès de Tarbes : 1894, 167 caisses ; 1895, 173, 1896, 153. Nous ne pouvons que signaler ce désaccord sans l'expliquer car nous avons à plusieurs reprises vérifié les totaux pour ces années

se dessine, léger à vrai dire : nous souhaitons qu'il s'accentue et qu'on revoie les riches récoltes des premiers âges.

Toutes ces fondations raiffeisénistes ne sont pas des caisses rurales ; on rencontre des caisses rurales, on rencontre aussi des caisses mixtes, des caisses ouvrières et çà et là une caisse maritime (1). Elles ne sont pas non plus également réparties sur la face de notre sol. Nous allons donner à la fois, (autant que nous le pouvons) (2) et leur répartition par département et leur nature.

sur les listes du « Bulletin mensuel » sans obtenir d'autres résultats que ceux indiqués.

Notons encore que sur ces listes ne figurent pas les numéros 636 637, 641, 643, 644, 645, 646 et 648, (Bulletin de mars 1898). Comme ce numéro renferme pour la première fois une liste de fondations nouvelles depuis l'arrêt du Conseil d'Etat, nous supposons qu'il s'agit de caisses fondées en décembre 1897, qui avaient envoyé leur adhésion à l'Union, se sont dissoutes après l'arrêt et ne s'étaient pas reconstituées au moment où parut le « Bulletin » de mars. Un autre numéro le 701, manque également. Le « Bulletin » d'août 1898 s'arrête en effet au chiffre 700, celui de septembre ne contient l'énonciation d'aucune caisse nouvelle, oubli sans doute, puisque celui d'octobre commence sa liste au 702...

Enfin, dans les trois ou quatre dernières années du « Bulletin », on rencontre une dizaine de caisses sans date de fondation. Comme l'habitude des sociétés Raiffeisen françaises est de se faire inscrire à l'Union dès leur naissance, nous les avons attribuées à l'année en cours au moment où elles s'affiliaient à ladite Union.

1. Ces caisses maritimes ont pour but de procurer aux populations côtières qui s'adonnent à la pêche, les fonds nécessaires à l'achat des filets, (ou à leur réparation) des appâts, à la construction des bateaux, etc. La première fut fondée dans la Loire-Inférieure, à Batz, le 2 février 1904. En cas de construction de bateau, voici la combinaison préconisée par l'Union de Lyon. Un syndicat de marins se forme qui s'affilie à la caisse maritime et en obtient les avances nécessaires. Le bateau, grâce à une hypothèque, sert de gage à ces avances. Mais comme il court des risques de mer, on l'assure suivant les mêmes règles que lorsqu'il s'agit pour une caisse de prêter pour l'achat, ou la construction d'une maison. L'avantage de ceci consiste en ce que de pauvres gens peuvent, se procurer une barque au lieu de s'engager chez un armateur ; que d'autres sont susceptibles de devenir propriétaires de bâtiments mieux armés et d'un plus fort tonnage.

2. Parce que, nous l'avons dit, cinq numéros du « Bulletin mensuel » nous font défaut et que 9 caisses ne sont point mentionnées dans les listes du « Bulletin », quoique inscrites sur celles de l'Union. Ces lacunes portent à 99, le nombre de caisses sur lesquelles nous n'avons pas de renseignement. En retranchant ces 99 caisses des 1265 fondées en fin de 1907 (Voir « Bulletin » de janvier 1908) nous obtenons 1166 caisses. C'est de ces 1166 sociétés que nous indiquons la répartition dans les colonnes suivantes.

	Caisses rurales	Mixtes	Ouvrières	Maritimes	Total
	—	—	—	—	—
Ain	15				15
Aisne	17	2	1		20
Allier	4				4
Alpes (Basses-). . .	11				11
Alpes (Hautes-). . .	2				2
Alpes-Maritimes . .	2				2
Ardèche.	6				6
Ardennes	16				16
Ariège.	10				10
Aube	3				3
Aude	3				3
Aveyron.	11	3			14
Bouches-du-Rhône .	4				4
Calvados	2				2
Cantal.	2				2
Charente	6				6
Charente-Inférieure.	5		1		6
Corrèze	2				2
Côte-d'Or.	15	1	1		17
Côtes-du-Nord . . .	31	2		1 rurale, ouvrière et maritime.	34
Dordogne	5	1			6
Doubs	103		1		104
Drôme.	9		1		10
Eure.	3				3
Eure-et-Loire	1				1
Finistère	9				9
Garonne (Haute-). .	12	1	2		15
Gers.	45	2			47
Gironde	22	3			25
Hérault	2				2
Ille-et-Vilaine. . . .	10		2		12
Indre	2				2
Indre-et-Loire. . . .	5				5
Isère.	29				29
Jura	32				32
Landes	14	1			15
Loire-et-Cher	3				3
Loire	4				4
Loire (Haute-). . . .	3				3
Loire-Inférieure . .	82			1 rurale et maritime.	83
Loiret	9		1		10
Lot	8	1			9

	Caisses rurales	Mixtes	Ouvrières	Maritimes	Total
	—	—	—	—	—
Lot-et-Garonne . . .	24	2			26
Lozère.	2				2
Maine-et-Loire . . .	21				21
Manche	1				1
Marne.	34	3	3		40
Marne (Haute-). . .	3				3
Mayenne	8	1			9
Meurthe-et-Moselle.	5				5
Meuse.	21				21
Morbihan	38				38
Nièvre.	19				19
Nord	16		3		19
Oise.	2				2
Orne	1				1
Pas-de-Calais	48	1	1		50
Puy-de-Dôme. . . .	7				7
Pyrénées (Basses-).	28	1	2		31
Pyrénées (Hautes-).	72	1	1		74
Pyrénées-Orientales. . .	3	1			4
Rhône.	4				4
Saône-et-Loire . . .	19	1			20
Saône (Haute-) . . .	51				51
Sarthe.	6				6
Savoie.	10	1			11
Savoie (Haute-). . .	32				32
Seine	1				1
Seine-et-Marne. . .	1				1
Seine-et-Oise	1				1
Seine-Inférieure . .	1				1
Sèvres (Deux-) . . .	1				1
Somme	8		1		9
Tarn.	1	1			2
Tarn-et-Garonne . .	7				7
Territ. de Belfort. .	2	1			3
Var	1				1
Vaucluse	1				1
Vendée	17	1			18
Vienne	3				3
Vienne (Haute-) . .	1	1			2
Vosges	6	1			7
Algérie	3				3

Si nous jetons un coup d'œil attentif sur les tables qui nous ont servi à établir ces statistiques, nous constaterons que les centres de propagande raiffeiséniste se déplacent.

Jusqu'en fin de 1897, ce sont surtout les départements du sud-est et du sud-ouest qui voient éclorent des caisses : le Doubs, le Gers, la Gironde, le Jura, l'Isère, les Basses-Pyrénées, les Hautes-Pyrénées, la Haute-Saône. Deux autres départements seulement : le Pas-de-Calais et la Meuse marquent une réelle activité.

De 1898 à 1903, les fondations sont peu nombreuses : on se remet du péril encouru par suite de l'arrêt du Conseil d'Etat.

En 1903, une reprise s'accuse, mais les principaux centres de créations sont remontés vers le Nord : la Bretagne, et l'Est émergent ; on trouve alors les plus nombreuses fondations dans l'Aisne, les Côtes-du-Nord, la Vendée, la Loire-Inférieure, la Marne, le Morbihan, le Pas-de-Calais encore.

Le dénombrement des 1166 associations sur lesquelles porte notre statistique donne:

1109 caisses rurales
34 caisses rurales et ouvrières
21 caisses ouvrières
1 caisse rurale et maritime
1 caisse rurale, ouvrière et maritime

Total : 1166

Venons-en maintenant, aux statistiques publiées par l'Union elle-même pour donner une idée des opérations et de l'état des caisses, et remarquons d'abord que, par insouciance, beaucoup de caisses n'envoient pas leurs relevés en temps voulu. Sans doute sur les 1.265 caisses rurales qui ont jusqu'en janvier dernier adhéré à l'Union de Lyon, un certain nombre sont dissoutes, ou tout au moins ne fonctionnent pas, mais ce serait une erreur de croire que seules existent celles qui prennent part aux statistiques. Chaque année, M. Durand répète que certaines caisses qu'il sait vivantes, prospères souvent, négligent leur examen de conscience annuel. C'est dommage, il manque ainsi de précieux éléments pour apprécier le bien fait par les caisses Raiffeisen et pour constater leurs progrès. Telles quelles, ces statistiques sont déjà édifiantes. Les voici depuis l'origine du mouvement :

Statistiques (1) (tableau n° 1)

Années	Nombre de caisses prenant part à la statistique	Nombre de caisses inscrites à l'union en décembre	Nombre d'adhérents des caisses ayant fourni leur statistique
—	—	—	—
1894	72 (2)	164	1.684
1895	209	349	5.479
1896	317	505	8.648
1897	L'Union n'a pas dressé de statistique pour cette année.		
1898	301	713	10.121
1899 (3)	337	753 (471 existantes)	11.720
1900	322	793 (497 »)	10.395
1901	345	852 (543 »)	10.682
1902	371	888	12.551
1903	384	937	13.448
1904	442	1030	15.687
1905	413	1108	16.580
1906	516	1169	19.693

1. On remarquera qu'aucune statistique ne fut dressée pour 1897. L'arrêt du Conseil d'État avait fait momentanément disparaître trop de caisses, entravé trop d'opérations, apporté une pertubation trop profonde dans la vie des caisses françaises pour que, de longtemps, une statistique fût possible.

2. Sur ces 72 caisses, 6 avaient fonctionné 1 mois ; 8 : 2 mois ; 7 : 3 mois ; 5 : 4 mois ; 3 : 5 mois ; 8 : 6 mois ; 4 : 7 mois ; 5 : 8 mois ; 7 : 9 mois ; 4 : 10 mois ; 6 : 11 mois ; 3 : 12 mois ; 1 : 13 mois ; 3 : 15 mois ; 2 : 18 mois.

3. On voit qu'il ne faut pas ne considérer comme existantes que les caisses qui envoient des statistiques pour les relevés annuels. Outre les 471 caisses sûrement en vie au 31 décembre 1899, 86 étaient aussi douteuses. — De même en 1901, outre les 543 caisses d'existence certaine, il y en avait 76 douteuses.

Statistiques (tableau 2)

Années	Actif (1)		
	Mouvement de caisse	Nombre de prêts en cours au 31 décembre	Montant de l'actif
—	—	—	—
1894	335.633,84	421	125.739,99
1895	1.466.711,94	1.344	554.343,02
1896	2.322.950,85	2.501	1.016.587,99
1897			
1898	3.474.683,44	4.132	1.594.762,20
1899	3.766.605	4.895	1.905.123
1900	4.097.911,27	4.073	2.016.089,73
1901	5.324.258,64	4.319	2.535.852,90
1902	6.066.796,87	4.208	2.876.734,01
1903	5.826.377,98	5.301	3.409.024,98
1904	8.432.073,53	6.474	4.644.427,24
1905	9.725.560,63	5.724	5.335.845,47
1906	12.449.522,49	7.247	6.653.947,91

Statistiques (tableau 3)

Années	Passif		
	Nombre de déposants	Montant des dépots	Emprunts aux caisses centrales ou régionales
—	—	—	—
1894	300	127.187,48	
1895	769	555.752,42	
1896	1.293	1.014.328,92	
1897			
1898	2.177	1.582.737,54	
1899	Les statistiques ne comportent pas les chiffres du passif.		
1900		—	
1901		—	
1902		—	
1903		—	
1904		—	
1905	4.302	4.884.309,08	331.109,83
1906	5.193	6.011.287,92	496.930,08

1. L'actif comprend : l'encaisse, les dépôts de la caisse locale à la caisse centrale, les prêts en cours consentis par elle.

Statistiques (tableau 4)

Années	Bénéfices et pertes		Créances douteuses	
	Bénéfices	Pertes	Nombre	Montant
1894	1.363,72	29,38	0	0
1895	3.553,24	325,45	0	0
1896	7.443,27	405,32	0	0
1897				
1898	8.154,21	1.698,22 (1)	0	0
1899	15.109	240	?	484
1900	13.153,53	657,64	4	490
1901	15.449,42	2.605,83	2	3.743,25
1902	16.196,97	558,45	4	4.804,44
1903	19.114,62	51,72	5	2.769,91
1904	21.530,04	153,75	9	2.453,80
1905	24.851,23	486,57	14	3.489,21
1906	26.621,75	684,56	13	3.759,71

Quelles constatations imposent ces statistiques ?

D'abord et à première vue, le nombre presque constamment croissant des caisses qui y prennent part et de leurs membres ; ceux presque toujours en progrès du mouvement de fonds, du montant de leur actif ; enfin, quoique avec plus d'hésitation, le nombre sans cesse plus considérable des prêts eux-mêmes. Ce sont autant de preuves que la Caisse Raiffeisen gagne du terrain en France.

S'il en fallait une autre, les moyennes des membres inscrits à une caisse suivant les années la fourniraient. En 1894 en effet on trouve une moyenne de 23 membres par caisse ; 26 en 1895 ; 27 en 1896 ; 33 en 1898 ; 34 en 1899 ; 31 en 1900 ; 30 en 1901 ; 33 (presque 34) en 1902 ; 35 en 1903 ; 35 encore en 1904 ; 37 en 1905 ; 38 en en 1906. Si

1. Pour cette année 1898, le chiffre des pertes, relativement élevé, provient des frais entraînés par les modifications de statuts qui ont suivi l'arrêt du Conseil d'État de 1897.

les habitants des endroits où fonctionnent les caisses viennent à elles de plus en plus nombreux, c'est que les services rendus aux associés leur ont ouvert les yeux sur leur utilité.

Au reste, comment ne pas accorder sa confiance à des caisses dont les pertes n'ont jamais atteint le cinquième des bénéfices nets réalisés, dans l'année la plus défavorable, et dont elles se sont tenues en moyenne à 1/18 de ces bénéfices ?

Avant de quitter cette Union de Lyon qui fut l'initiatrice, du Raiffeisénisme français, qui en est restée le défenseur le plus autorisé, la conseillère la plus sage et la plus propagatrice la plus zélée, un mot nous reste encore à dire.

L'Union est loin des caisses et son bureau, ou plutôt le bureau de son président M. Durand, qui avec un admirable dévouement s'occupe seul de la correspondance, est bien encombré. Il le serait plus encore, si pour lier entre elles les caisses par des relations [illegible] terroir, mettre à leur portée des centres de renseignements et de conseils proches d'elles ; si pour avoir sur place autant que possible, des organes de propagande plus au courant des besoins particuliers des provinces, pour avoir des centres de conférenciers, des organismes pouvant s'aboucher avec la presse locale ; si enfin pour organiser l'inspection des caisses, on n'avait institué des groupements régionaux.

D'après les statuts de l'Union de Lyon, approuvés par le congrès de Tarbes de 1897,, (art. 3 et 4) il ne peut se former de groupes régionaux proprement dits de moins de

10 caisses (1). Là où 10 caisses ne se trouvent pas, il peut se fonder seulement un comité de propagande.

En avril 1907, on comptait 18 groupes régionaux et deux comités de propagande, envoyant des délégués au conseil de l'Union.

Deux groupes ayant plus de 50 caisses, ceux du Doubs et de Loire-inférieure.

Trois groupes ayant de 25 à 50 caisses, ceux de Haute-Saône, Pas-de-Calais, Champagne.

Treize groupes ayant de 10 à 25 caisses ; Gers, Hautes-Pyrénées, Ariège, Basses-Pyrénées, Jura, Saône-et-Loire, Lot-et-Garonne, Côtes-du-Nord, Haute-Savoie, Morbihan, Côte-d'Or, Maine, Anjou et Vendée (2).

Comités de propagande : Gironde et Charente-Inférieure.

Les groupements régionaux correspondent à des circonscriptions d'étendue variée ; comme on a pu s'en rendre compte, il s'agit tantôt d'une province : Champagne (3)

1. Ces groupes et les comités de propagande doivent envoyer leurs statuts à l'union ainsi que ceux des sociétés qu'ils fondent, pour que celle-ci soit à même de constater s'ils ne contiennent rien de contraire à ses principes. Leur propre création doit elle-même être effectuée par un délégué de l'union. Chaque groupement a le droit d'envoyer un représentant au Conseil de l'union lorsqu'il comprend de 10 à 25 caisses, deux s'il en a de 25 à 50, trois s'il dépasse 50. (Seules sont comptées les caisses ayant fourni leurs statistiques pour l'exercice précédent).

Notons bien que l'Union de Lyon et les groupes régionaux sont non des chefs, mais des conseillers : les caisses locales restent indépendantes. Le seul pouvoir des fédérations auxquelles elles sont affiliées est de les exclure si elles violent leurs règles.

2. Un comité de propagande fonctionne ou a fonctionné dans le Loiret, un dans la Saintonge, un dans la Vienne, etc. Certains comités se sont transformés en groupes régionaux, quand ils ont eu le nombre de caisses nécessaire : témoin celui du Lot-et-Garonne qui avait été organisé en 1898 avec 4 sous-commissions d'arrondissement : Agen, Nérac, Marmande et Villeneuve-sur-Lot.

3. Par province, il faut plutôt parfois entendre région. Ainsi, le groupe champenois ne réunit nullement les caisses fondées dans les limites de l'ancienne Champagne, mais celles des départements de la Marne, des Ardennes, de l'Aisne et de la Meuse.

tantôt de plusieurs : Maine et Anjou, tantôt d'un département. Mais presque toujours, ces groupes admettent, à titre provisoire, les caisses des contrées limitrophes qui n'ont pas assez de sociétés pour former elles-mêmes une fédération provinciale. Certains groupes d'étendue moindre se rencontrent aussi. C'est ainsi qu'un groupe régional existe ou a existé à Barcelonnette, un à Guingey (Doubs), un à Gray, etc. Ces groupements sont donc essentiellement modifiables suivant les nécessités du moment (1).

Un de leurs principaux rôles, l'un de ceux que l'absence de ressources les empêche malheureusement trop souvent de tenir chez nous d'une manière satisfaisante, est l'organisation de l'inspection des caisses. Nul ne conteste l'utilité de cette inspection, surtout avec des comptables improvisés comme ceux d'un grand nombre de nos caisses. Mais tandis que cette mission est facilitée dans la plupart des autres pays par l'aide matérielle de l'Etat, le gouvernement chez nous s'en désintéresse et nos unions n'ont pas les ressources suffisantes pour se payer des inspecteurs. Il faut donc recourir aux bonnes volontés spontanées. Tantôt l'on préconise la vérification mutuelle par les directeurs de caisses voisines, tantôt l'on fait appel, aux membres d'une association favorablement disposée pour les caisses (cela s'est produit dans le Nord avec l'Association de la jeunesse catholique), disposant d'un peu de temps et de pas mal de dévouement, tantôt on recourt à des particuliers complaisants. C'est quelque chose, mais c'est peu, et rares sont, hélas ! les groupes qui, comme celui de la

1. Certains groupes ont disparu ou du moins n'ont pas envoyé de délégués au Conseil de l'Union en 1907 ; ainsi le groupe des Landes.

Champagne, possèdent un inspecteur titulaire chargé officiellement de contrôler toutes les caisses de sa région. Il faudra attendre encore longtemps malheureusement, avant que les caisses soient assez denses dans une contrée, pour permettre d'en inspecter beaucoup sans grands frais de déplacement, et assez nombreuses pour que les cotisations à leur imposer afin d'organiser les tournées d'inspection ne soient pas trop lourdes pour leurs maigres budgets (1).

Les groupes régionaux apportent aux caisses locales l'appui moral ; un appui pécuniaire leur est fourni par les caisses centrales.

Nous ne reviendrons pas ici sur leur utilité.

La première fut créée en 1896. « Créée » est un terme impropre : le Crédit mutuel de Poligny existait en effet bien avant 1896, mais à cette date, il s'affilia à l'union de Lyon en qualité de caisse centrale pour le Jura, le Doubs et la Haute-Saône.

La même année, le 31 mai, fut établie par le groupe régional des Hautes-Pyrénées, une caisse centrale pour ce département. Elle fut basée sur la responsabilité illimitée de ses membres, les caisses locales, et établie suivant les principes raiffeisénistes présidant au fonctionnement de ces caisses. Ceci ne laisse pas d'être remarquable, car, sauf la caisse centrale de Neuwied à ses débuts, toutes les caisses centrales étrangères sont, pensons-nous, des

---

1. Quelquefois, comme dans les Hautes-Pyrénées, un syndicat agricole prête son concours matériel aux caisses trop modestes pour subvenir par elles-mêmes aux frais d'inspection (Cf. pour détails le « Bulletin mensuel » de décembre 1900).

sociétés à responsabilité limitée. Encore Raiffeisen dut-il bientôt, devant les attaques passionnées dont ils étaient l'objet, modifier les statuts de la caisse de Neuwied et en faire une société par actions. La caisse des Hautes-Pyrénées peut donc être considérée comme la première caisse centrale raiffeiséniste non seulement par l'appui prêté aux caisses locales de ce type, mais par son esprit et ses règles.

D'autres caisses centrales se sont depuis fondées : Crédit mutuel de Genlis, caisse régionale de Gray et de la Haute-Saône, caisse de la Loire-Inférieure, caisse de la Champagne, de la région du Nord, du Lot-et-Garonne.

Par une lettre du 4 décembre dernier de M. L. Durand, nous apprenons que le Crédit mutuel de Poligny et celui de Genlis se sont effacés devant la caisse régionale de Bourgogne et de Franche-Comté. Celle-ci ne fait point partie de l'Union de Lyon, mais ne compte guère comme membres que des caisses Raiffeisen.

Voici la liste des caisses centrales adhérentes de l'Union en fin de 1907 :

Caisse des Hautes-Pyrénées, caisse centrale à responsabilité illimitée.

Caisse de la région du Nord, caisse centrale à responsabilité illimitée.

Caisse de Champagne, caisse centrale à responsabilité illimitée.

Caisse du Lot-et-Garonne, caisse centrale à responsabilité illimitée.

Caisse de la Loire-Inférieure, caisse régionale à responsabilité illimitée.

Caisse de la Haute-Saône, caisse régionale anonyme.

CENTRE FÉDÉRATIF (fondé en 1893)

Nous avons dit que le *Centre fédératif de crédit populaire en France*, s'occupait lui aussi de fondations raiffeisénistes. Malheureusement il est très difficile d'obtenir sur les caisses de ce genre appartenant à cette union des renseignements exacts, car dans les questionnaires que le groupe envoie à ses adhérentes de tous types, ne figure pas la question du caractère raiffeiséniste de l'association. Nous nous bornerons donc à reproduire les passages principaux de la lettre que M. Dufourmantelle, secrétaire du Centre, eût la bienveillance de nous adresser le 24 octobre dernier.

« ... Il est assez difficile de vous dire combien le Centre Fédératif compte de sociétés affiliées du type Raifeisen, car nos statistiques, pour lesquelles il ne faut pas trop multiplier les demandes, ne comportent pas celle-là. J'estime néanmoins que, sur 856 sociétés adhérentes à notre groupement, il peut y en avoir environ 250 du type Raiffeisen...

C'est en 1893, que le Centre Fédératif a fondé sa première caisse du type Raiffeisen (Caisse de Castellar, Alpes-Maritimes, juillet 1893).

Je vous signale que notre mouvement s'étend à l'Algérie, à la Tunisie et à l'île de la Réunion. La plupart de nos caisses de la province d'Oran et plusieurs de la Tunisie, sont du type Raiffeisen... »

CONCLUSION

Nous voici donc parvenu au terme de cette étude sommaire du Raiffeisénisme. Nous l'avions entreprise avec ardeur il y a plus d'un an, parce que l'institution du philanthrope de Neuwied nous apparaissait, après une foule d'hommes politiques ou d'économistes de haute valeur, comme une solution pratiquement parfaite apportée aux besoins de crédit des petite et moyenne classes, — rurales tout au moins. Nous l'avons continuée jusqu'à ce jour, sans nous laisser rebuter par d'assez graves difficultés d'information, que nous avons parfois rencontrées.

Nous n'ignorons pas qu'il était possible, tentant même, de donner à notre troisième partie : *le développement du Raiffeisénisme*, une ampleur plus grande que nous ne l'avons fait. Répétons-le notre intention n'a jamais été de présenter un exposé complet de cette question ; dix années peut-être de recherches et la connaissance de dix langues y eussent été nécessaires. Nous avons prétendu seulement offrir un aperçu assez détaillé pour faire apprécier la force d'expansion immense du système, fondée sur la bienfaisance de ses effets. Notre enquête a porté sur onze pays, plus de 27.000 caisses, dont le nombre de sociétaires doit atteindre ou même dépasser le deuxième million : nous espérons avoir réalisé le but modeste que nous nous étions assigné.

APPENDICE

ALLEMAGNE

NOTICE I

Liste des unions faisant partie du *Reichsverband der deutschen landwirtschaftlichen Genossenschaften*, à la date du 31 décembre 1905 et comprenant des caisses de crédit rural à responsabilité illimitée, avec le nombre de leurs sociétés de ce genre (d'après le *Jahrbuch für 1906)* :

Verband wirtschaftlicher Genossenschaften des Ermlanses in Wormditt. . . . . **68** (*)

Verband lændlicher Genossenschaften der Provinz Astpreussen zu Kœnigsberg. **246**

Verband lændlicher Genossenschaften der Provinz Westpreussen zu Danzig. **238**

Verband der landwirtschaftlichen Genossenschaften der Provinz Brandenburg zu Berlin. 318 (14)

Verband lændlicher Genossenschaften Raiffeisenscher Organisation für Brandenburg, Pommern und beide Mecklenburg zu Berlin **370**

Verband der landwirtschaftlichen Genossenschaften für die Provinz Posen zu Posen. 255 (14)

(*). Les chiffres mis en caractères gras sont ceux des unions qui groupent uniquement des associations de crédit comportant la responsabilité illimitée. Le nombre mis entre parenthèses indique celui des sociétés de crédit de l'union établies sur une autre base. Une seule fédération affiliée au « Reichsverband », le « Verband pommerscher landw. Genossenschaften » de Stettin a exclusivement des caisses de crédit agricole à responsabilité limitée. Notons que ces nombres ne contiennent que des caisses rurales ayant envoyé leurs statistiques pour 1905.

Verband deutscher Genossenschaften in der Provinz Posen zu Posen 165

Provinzialverband schlesischer landwirtschaftlicher Genossenschaften zu Breslau 650

Revisionsverband schlesischer lændlicher Genossenschaften zu Breslau 253

Verband lændlicher Genossensch[illegible] Raiffeisen'scher Organisation für die Provinz Schlesien zu Breslau 412

Verband der landwirtschaftlichen Genossenschaften der Provinz Sachsen und der angrenzenden staaten zu Halle a. S. 2 (491)

Verband lændlicher Genossenschaften für Thüringen zu Erfurt 407

Verband lændlicher Genossenschaften im Herzogtum Braunschweig zu Braunschweig 102 (2)

Verband der schlesurg-hoslteinischen landw. Genossenschaften zu Kiel 244 (1)

Verband hannoverscher landw. Genossenschaften zu Hannover 333 (5)

Verband lændlicher Genossenschaften der Provinz Westfalen zu Münster i. W. 506

Verband der landw. Genossenschaften des Regierungsbezirks Cassel und angrenzender Gebiete zu Cassel. 60 (3)

Hessischer Verband lændlicher Genossenschaften zu Cassel 358

Verband der nassanischen landwirtschaftlichen Genossenschaften zu Wiesbaden 102 (6)

Verband lændlicher Genossenschaften Raiffeisenscher Organisation in Nassau zu Wiesbaden 182

Verband der rheinprenssischen landw. Genossenschaften zu Bonn 95 (8)

Verband rheinischer Genossenschaften zu Cœln . . . 492

— lændlicher Genossenschaften der Rheinlande zu Coblentz 385

Bayerischer Landesverband landw. Darlehenskassenvereine und sonstiger landw. Genossenschaften mit

unbeschrænkter Haftpflicht 2220
Verband lændlicher Genossenschaften Raiffeisen'scher Organisation für Bayern rechtsrheinisch in Nürnberg 425
Verband lændlicher Genossenschaften Raiffeisen'scher Organisation für Rheinpfalz, Baden, Grossherzogtum, Hessen in Ludwigshafen. 247
Verband der landw. Genossenschaften im Kœnigreiche Sachsen zu Dresden 171 (3)
Verband der hessischen landw. Genossenschaften, . 383
— von Molkerei-und anderen landw. Genossenschaften und Gesellschaften zu Rostock i. M., . . . 28
Verband oldenburgischer landw. Genossenschaften zu Oldenburg. 45
Revisionsverband landw. Genossenschaften in Elsass-Lothringen zu Strassburg i. E. 24
Verband lændlicher Genossenschaften Raiffeisen'scher Organisation für Elsass-Lothringen zu Strassburg i. E. 384

NOTICE II

Depuis l'origine de nos recherches sur la situation du mouvement raiffeiséniste à l'étranger, c'est-à-dire depuis mars 1907, jusqu'à ce jour (20 février 1908), nous nous sommes efforcé par tous moyens, de connaître le nombre des caisses Raiffeisen ouvrières existant en Allemagne. Toutes nos demandes de renseignements comprenaient une question sur ce point.

Outre les sources déjà citées en tête de notre étude sur l'Empire allemand dans notre IIIe partie, nous avons reçu une lettre de M. le Dr Heiligenstadt, président de la *Preussische Central Genossenschafts-Kasse*, le 12 février. Cette lettre était accompagnée du très bienveillant envoi suivant :

Mitteilungen zur deutschen Genossenschaftsstatistik für 1904, (Caisse centrale prussienne des sociétés). Berlin, 1906.

Mitteilungen zur deutschen Genossenschaftsstatistik für 1905, (Caisse centrale prussienne des sociétés). Berlin, 1907.

Pages 31 à 34 des « Mitteilungen » für 1906, actuellement sous presse.

Pages 401 à 480 du Jahr-und Adressbuch der Erwerbs-und Wirtschaftsgenossenschaften in Deutschen Reiche, de 1908, non encore paru.

Nous nous sommes procuré en outre le *Jahr und Adressbuch 1906*, à la librairie Carl Heymann de Berlin, qui l'édite.

Nulle part, dans aucun livre ou lettre, nous n'avons découvert le renseignement désiré.

Ce que nous pouvons dire seulement c'est qu'il y avait en Allemagne au 1er janvier 1906, 606 sociétés de crédit à responsabilité illimitée, que les documents en notre possession *n'empêchent pas* de considérer comme des Raiffeisen ouvrières. Mais rien non plus n'autorise à penser que ce sont précisément des associations de cette forme. Aussi notre conclusion reste trop dans le vague, pour que nous croyons utile de rétablir ici les raisonnements par lesquels nous y avons abouti.

Autriche-Hongrie

AUTRICHE

Liste des unions faisant partie de l'*Allgemeiner Verband landwirtschaftlicher Genossenschaften in Œsterreich*, à la date du 31 décembre 1906, avec le nombre de leurs caisses Raiffeisen, (d'après l'*Œsterreichische landw. Genossenschaften presse*, du 27 mars 1907).

Niederœsterreichische Genossenschafts-Zentralkasse, r. G. m. b. H. in Wien. 530

Landesansschuss des Herzogtumes Œsterreich ob der Enns, in Linz. 225

Salzburgische Genossenschafts-Zentralkasse, r. G. m. b. H. in Salzburg. 42

Verband der landw. Genossenschaften in Steiermark, r.

G. m. b. H. in Graz. 252

Landesverband der landw. Genossenschaften in Kærnten, r. G. m. b. H. in Klagenfurt. 82

Genossenschaftsverband, r. G. m. b. H. in Laibach. . . 172

— r. G. m. b. H. in Gilli. 55

Gœrzer Verband landw. Genossenschaften und Vereine, r. G. m. b. H. in Gœrz. 17

Verband der Spar-und Darlehenskassen und landw. Genossenschaften für den italienischen Teil der Provinz Gœrz-Gradisca, in Gœrz. 19

Zentralkasse der Raiffeisenvereine Deutschtirols, in Innsbruck. 244

Verband der Spar-und Darlehenskassenvereine und anderer landw. Genossenschaften in Vorarlberg, r. G. m. b. H. in Lauterach. 70

Zentralverband der deutschen landw. Genossenschaften Bœhmens, r. G. m. b. H. in Kgl. Weinberge. 570

Zentralverband der bœhmischen landw. Genossenschaften in Kœnigreiche Bœhmen, r. G. m. b. H. in Prag. . . 1039

Zentralverband der deutschen landw. Genossenschaften Mahrens und Schlesiens, r. G. m. b. H. in Brünn. . . 256

Verband landw. Genossenschaften in Schlesien, r. G. m. b. H. in Bielitz. 161

Verband der bœhmischen landw. Genossenschaften im Herzogtum Schlesien, r. G. m. b. H. in Troppau. . . 46

Verband der deutschen landw. Genossenschaften, in der Bukowina, r. G. m. b. H. in Czernowitz. 60

Verband der ruthenischen landw. Genossenschaften, r. G. m. b. H. in Czernowitz. 139

HONGRIE

Nous recevons au début de février, une lettre de M. le Dr Bernat, député, directeur de l'*Hangya*. On verra par les passages suivants que nous en extrayons, l'opinion de M. le comte Mailath, conforme à celle de M. H. W. Wolff, sur le caractère raiffeiséniste des caisses de crédit dont nous avons parlé aux pages 173 et 174 de cette thèse. Cette opinion est en contradiction formelle avec celle exprimée par M. Gjermanovitch ; elle semble peu en accord avec les explications données au Congrès de Tarbes, par MM. le comte de Karolyi et Gyorgy Endre. Comme le temps nous manque pour demander le détail des statuts qui régissent les associations dont il va être question, nous nous abstenons de prendre parti dans la divergence de vues qui s'est élevée entre d'éminents coopérateurs. Notons toutefois que, quoi qu'il en soit, il s'agit de sociétés d'un type Raiffeisen au moins bâtard.

Voici les fragments importants de la lettre de M. Bernat.

« De longues semaines se sont écoulées depuis la réception de votre lettre, dans laquelle vous nous demandiez des renseignements au sujet des coopératives de crédit de Hongrie. Nous vous en demandons bien pardon, mais nous nous sommes adressés à M. le comte Mailath, dont vous faisiez mention dans votre lettre.

« Le comte Mailath, dont la réponse s'est fait attendre longtemps, car il est occupé de mille façons, nous écrit récemment en nous donnant les renseignements suivants que nous avons le plaisir de vous faire parvenir de suite.

« Il nous dit que vous vous trompez, Monsieur, en le supposant d'avis que seules les sociétés coopératives de crédit de Zagreb (Agrám) et Nagyszeben (Hermannstadt) ont adopté la forme Raiffeisen. Bien au contraire, quoiqu'on ne puisse nier qu'il y a quelques différences de peu d'importance, les sociétés de crédit fondées en 1898 par la loi XXIII, aussi bien que celle de la vieille union coopérative du comitat de Pest, sont des sociétés Raiffeisen. Le type n'est pas aussi pur que dans les sociétés créées par M. le Dr Charles Wolff, — lesquelles ont servi de modèle à quelques sociétés serbes, — mais existe tout de même. »

Puis, M. le Dr Bernat nous cite ce passage extrait de l'étude sur les associations de crédit rural en Hongrie, présentée par M. le comte Mailath à la première section du VIe Congrès international d'agriculture, tenu à Paris en 1900 : « Ces caisses rurales (celles du comitat de Pest), prirent pour modèle le type Raiffeisen. Sans le copier entièrement, elles en gardèrent cependant les principes ondamentaux : limitation du ressort territorial, administration gratuite, fonds de réserve indivisible » (1). Et M. le Dr Bernat ajoute : « Tout naturellement ces principes ont été adoptés par la loi XXIII de 1898 et par les sociétés fondées postérieurement... »

---

1. M. le comte Mailath ne parle pas de la forme de responsabilité dans ces sociétés. Or, d'après la lettre du 22 avril 1907 de M. Gjermanovitch, — qui paraît bien se concilier avec les rapports produits au Congrès de Tarbes, — ces caisses seraient à responsabilité limitée. Elles exigeraient aussi la souscription de grosses parts sociales). Une part sociale suffisamment modique, ne saurait être considérée ici comme une dérogation volontaire aux principes raiffeisénistes, car en Hongrie, comme en Autriche, elle est imposée par la législation). A l'heure actuelle, il y aurait en Hongrie près de 4.000 sociétés semblables.

FRANCE

Modèles des deux sortes de statuts élaborés par l'Union de Lyon pour les caisses françaises, et auxquels se sont conformées toutes les associations affiliées.

STATUTS D'UNE CAISSE RURALE DE DROIT COMMUN
STATUTS D'UNE CAISSE RURALE SYNDICALE

STATUTS DE LA CAISSE RURALE

De la commune de

SOCIÉTÉ A CAPITAL VARIABLE

ARTICLE PREMIER. — Entre les soussignés :
et toutes les personnes qui adhéreront aux présents statuts, il est fondé une Société en nom collectif à capital variable, sous le nom de *Caisse rurale de*. . . . .

Cette Société a pour but de procurer à ses membres le crédit qui leur est nécessaire pour leurs exploitations.

ART. 2. — Peuvent seules faire partie de la Société les personnes majeures, jouissant de leurs droits civils, habitant la commune de. . . . ou y étant inscrites au rôle de l'impôt foncier.

Les nouveaux membres doivent être agréés par le Conseil d'administration de la Société et accepter toutes les obligations que les présents statuts imposent aux associés. Tout candidat refusé par le Conseil d'administration peut en appeler à l'Assemblée générale, qui statue en dernier ressort dans sa plus prochaine réunion.

ART. 3. — On perd la qualité d'associé :

1° Par démission volontaire : elle peut être donnée en tout temps ;

2° Par décès : les héritiers du décédé ne peuvent jouir d'aucun des droits ou prérogatives de leur auteur ;

3° Par la cessation des conditions de résidence ou d'inscription au rôle de l'impôt foncier, exigées par les présents statuts ;

4° Par exclusion : elle peut être prononcée par le Conseil d'administration :

a) Si l'associé est condamné à une peine correctionnelle ou criminelle ;

b) S'il est déclaré en faillite ou s'il se trouve en état de déconfiture notoire ;

c) S'il ne remplit pas ses obligations vis-à-vis de la Société ; s'il n'affecte pas les fonds empruntés à l'emploi qui a été déterminé ; s'il oblige la Société à recourir contre lui aux voies judiciaires.

L'associé qui n'accepterait pas la décision du Conseil d'administration pourra appeler à l'Assemblée générale, qui statuera en dernier ressort. L'exclusion ne pourra être prononcée qu'à la majorité des deux tiers des membres présents.

L'acquisition ou la perte de la qualité d'associé est constatée, vis-à-vis de l'associé, de la Société et des tiers, par une inscription sur le registre des entrées et sorties des associés, signée par l'associé, le directeur et un membre du Conseil d'administration, en cas d'entrée et de démission, et par ces derniers seulement en cas d'exclusion ou de décès.

Art. 4. — L'associé a le droit :

1° De prendre part aux Assemblées générales avec voix délibérative ;

2° De faire avec la Société toutes les opérations prévues par les statuts, autant que l'état de la caisse et la solvabilité de l'associé le permettent.

Art. 5. — L'associé est, vis-à-vis des tiers, tenu sur tous ses biens des obligations de la Société. Entre les associés, les dettes de la Société se divisent par parts viriles. Mais chaque associé n'est tenu que des dettes antérieures à sa démission ou à son exclusion. Cette responsabilité est soumise à la prescription quinquennale établie par l'article 52 de la loi du 24 juillet 1867.

Art. 6. — Les associés ne peuvent engager la Société qui est représentée exclusivement par son administration, d'après les règles ci-après déterminées.

Art. 7. — Les organes de la Société se composent :

1° Du Conseil d'administration ; 2° du directeur ; 3° du Conseil de surveillance ; 4° de l'Assemblée générale ; 5° du comptable.

Du conseil d'administration

Art. 8. — Le Conseil d'administration se compose de (1). . . . . membres élus par l'Assemblée générale pour (2). . . ans ; il est renouvelable par (3). . . .

---

1. Ecrire le nombre des membres du Conseil d'administration : habituellement c'est *trois*.

2. *Trois*, ou *six*, ou *neuf*. Ecrire le nombre d'années qui est adopté par la Caisse.

3. Tiers chaque année, ou par tiers tous les deux ans *si le Conseil est élu pour six ans*, ou par tiers tous les trois ans *si le Conseil est élu pour neuf ans*.

Les premières fois, le sort désigne le membre qui doit être soumis à la réélection. Les membres du Conseil d'administration sont indéfiniment rééligibles.

En cas de décès, démission ou empêchement durable d'un membre du Conseil d'administration, le Conseil nomme un membre provisoire, qui restera en fonctions jusqu'à la plus prochaine Assemblée générale. Cette nomination doit être approuvée par le Conseil de surveillance.

Le Conseil d'administration choisit dans son sein le directeur qui préside ses délibérations, et le vice-directeur qui supplée le directeur en cas d'absence ou d'empêchement.

Le Conseil d'administration nomme et révoque le comptable, qui peut être pris dans son sein, s'il n'est pas rétribué.

Le Conseil d'administration se réunit au moins une fois par mois et plus souvent si c'est nécessaire. Pour la validité de ses délibérations, il faut la présence de deux membres En cas de partage, la voix du directeur est prépondérante,

Le Conseil d'administration a pour mission :

1° De recevoir les demandes d'emprunt et d'accorder les prêts selon les règles établies par l'Assemblée générale, après examen du but de l'emprunt et fixation des termes de remboursement ; de donner son avis sur les demandes d'emprunt et les délais de remboursement dépassant le maximum fixé par l'Assemblée générale et prévu par l'article 11, n° 3 ; de fixer le taux des prêts et des emprunts, de rédiger les titres de créances et toutes pièces qui se rapportent aux affaires de la Société ; de surveiller l'emploi que l'emprunteur fait des sommes à lui prêtées ;

2° De décider sur l'admission ou l'exclusion des membres ;

3° De décider tous payements ou recettes ; de veiller à la rentrée des fonds empruntés ;

4° De surveiller, de concert avec le directeur, la gestion du comptable, de vérifier la caisse tous les mois et de faire faire inventaire tous les trois mois ;

5° D'établir chaque année les comptes et le bilan ;

6° D'autoriser le directeur à intenter une action en justice ou à y défendre ; de l'autoriser à transiger ou à compromettre sur toutes les affaires, mais, dans ce cas, avec l'approbation du Conseil de surveillance.

Du directeur

ART. 9. — Le directeur représente la Société vis-à-vis de tous. Néanmoins, sa signature n'oblige la Société qu'autant qu'elle est contresignée par un autre membre du Conseil d'administration. Le directeur peut être suppléé par le vice-directeur.

Le directeur gère les affaires de la Société et est chargé notamment :

1° De représenter la Société en justice ou dans tous les actes extra-judiciaires;

2° De signer la correspondance de la Société ;

3° De surveiller les opérations du comptable ; de faire exécuter les décisions du Conseil d'administration relativement aux opérations de caisse ; de vérifier la caisse tous les mois et de faire dresser l'inventaire trimestriel ;

4° De surveiller la tenue régulière du registre des entrées et sorties des sociétaires ;

5° De présider les séances du Conseil d'administration ou de l'Assemblée générale, sauf dans le cas prévu à l'article 11.

Du conseil de surveillance

ART. 10. — Le Conseil de surveillance se compose de cinq membres élus pour deux ans par l'Assemblée générale. Chaque année, trois ou deux membres sont alternativement soumis à réélection. La première année, le sort désigne les deux membres sortants. Ils sont indéfiniment rééligibles.

Le Conseil de surveillance nomme chaque année, dans son sein, un président, un vice-président et un secrétaire.

Pour délibérer valablement, il faut au moins la présence de trois membres. Dans le cas où la présence de trois membres n'aurait pas été obtenue dans deux réunions successives, les membres absents sans excuse légitime seront considérés comme démissionnaires, et une Assemblée générale sera convoquée pour compléter le Conseil de surveillance.

Le Conseil de surveillance a pour mission :

1° De vérifier les écritures, la comptabilité et les opérations de la Caisse, et d'en faire un rapport écrit à l'Assemblée générale annuelle ;

2° De statuer en dernier ressort sur la concession des prêts alloués au-dessus de la somme ou pour des échéances supérieures à celles fixées par l'Assemblée générale, conformément à l'article 2, n° 3 ;

3° De statuer sur les demandes d'emprunts faites par les membres du Conseil d'administration et sur l'admission de ces mêmes membres comme caution ;

4° D'approuver la décision du Conseil d'administration autorisant le directeur à transiger ou à compromettre ;

5° De procéder tous les trois mois à l'examen de la Caisse et de l'inventaire trimestriel, à la vérification de la solvabilité des emprunteurs et de leur caution, de la réalité du gage garantissant les emprunts, etc. Le Conseil de surveillance vérifiera notamment si l'argent prêté par la Caisse a été employé à l'usage indiqué par l'emprunteur. Dans le cas où cet argent aurait été détourné de sa destination première, ou si la solvabilité de l'emprunteur ou de la caution paraît avoir diminué, le Conseil de surveillance pourra ordonner le remboursement du prêt, immédiatement dans le premier cas, et dans le délai d'un mois dans le second, malgré toutes stipulations contraires de l'acte de prêt.

Le Conseil de surveillance se réunit au moins tous les trois mois, après la confection de l'inventaire, et plus souvent si c'est nécessaire. Il est convoqué par son président chaque fois que le président, le directeur ou trois membres de surveillance le jugent nécessaire.

De l'Assemblée générale

Art. 11. — L'Assemblée générale se compose de tous les sociétaires ; ils n'ont qu'une voix. Elle se réunit en session ordinaire tous les ans, après la confection de l'inventaire annuel. Des sessions extraordinaires ont lieu toutes les fois que le Conseil d'administration, le Conseil de surveillance ou un quart des associés le demandent. Les motifs de la convocation doivent, dans ces deux derniers cas, être présentés par écrit au directeur.

L'Assemblée générale est convoquée par le directeur. S'il se refusait à faire une convocation réclamée par le Conseil de surveillance, le président de ce Conseil pourrait procéder à cette convocation. Si le directeur et le président du Conseil de surveillance refusaient de convoquer l'Assemblée générale réclamée par un quart des sociétaires, ceux-ci pourraient donner mandat écrit à l'un d'entre eux pour procéder à cette convocation.

La convocation de l'Assemblée générale est faite au moins huit jours à l'avance par (1)..

1. Ecrire le mode de convocation qui aura été adopté. Les plus usités sont : 1° *Par un simple avis inséré dans le journal...* ; 2° *par un simple avis affiché à la porte de la mairie* ; 3° *par un simple avis affiché à la porte de l'église* ; 4° *par un simple avis publié à son de caisse* ; 5° *par lettre personnelle adressée aux sociétaires.*

La Caisse ne doit adopter qu'*un seul* de ce ces modes de convocation.

Pour les Assemblées générales extraordinaires, l'avis mentionnera les objets portés à l'ordre du jour.

L'Assemblée générale est présidée par le directeur, sauf dans le cas où l'on doit délibérer sur l'approbation des comptes et la gestion du Conseil d'administration, et sauf aussi le cas où le directeur aurait refusé de convoquer l'Assemblée générale. Celle-ci élit alors son président.

L'Assemblée générale ordinaire ou extraordinaire ne délibère valablement qu'en présence d'un quart des sociétaires. Si le *quorum* n'est pas atteint, on convoque une nouvelle Assemblée générale dans le délai de huit jours ; elle délibère valablement, quel que soit le nombre des membres présents.

Les membres personnellement intéressés dans une discussion ne prennent pas part au vote.

Les décisions sont prises à la majorité des membres présents, sauf ce qui est dit aux articles 3, 11, § 5, 20 et 21. En cas de partage, la voix du président est prépondérante.

Dans la réunion ordinaire annuelle qui a eu lieu dans le courant du mois de février, après la confection de l'inventaire annuel et du bilan, l'Assemblée générale procède aux opérations suivantes :

1° Elle élit les membres du Conseil d'administration et du Conseil de surveillance en remplacement des membres sortants, démissionnaires ou décédés. Les membres qui remplacent les démissionnaires ou les décédés ne sont nommés que pour le temps qui restait à courir pour leur prédécesseur.

Au premier tour de scrutin, la majorité absolue est nécessaire. Au second tour de scrutin, la majorité relative suffit. En cas de partage, le sort décide.

Les élections en remplacement de membres démissionnaires ou décédés peuvent se faire dans n'importe quelle session.

2° L'Assemblée générale ordinaire reçoit les comptes et bilan du Conseil de surveillance, et, s'il y a lieu, approuve la gestion du directeur et du comptable et leur donne décharge.

Les comptes et bilans et le rapport du conseil de surveillance devront être à la disposition des sociétaires, au siège social, au moins huit jours avant l'Assemblée générale.

3° L'Assemblée générale détermine le chiffre maximum que ne devront pas dépasser les emprunts et engagements de la Société. Elle détermine aussi le maximum des prêts que le Conseil d'administration pourra accorder à l'un quelconque des sociétaires. Elle détermine, s'il y a lieu, un autre maximum que ne pourra dépasser le Conseil d'administration, même autorisé par le Conseil de surveillance, conformément aux articles 8 et 10.

A défaut de décision spéciale à ce sujet, le Conseil de surveillance pourra autoriser des prêts sans autres limites que celles fixées pour le total des engagements de la Caisse.

4° L'Assemblée générale fixe, s'il y a lieu, la rétribution à allouer au comptable.

5° Elle décide, en dernier ressort, de l'admission ou de l'exclusion de certains membres, dans le cas où ceux-ci auraient fait appel des décisions du Conseil d'administration. L'exclusion ne peut être prononcée qu'à la majorité des deux tiers des membres présents, conformément à l'article 3 des présents statuts.

Les Assemblées générales extraordinaires peuvent délibérer aussi sur les objets visés aux numéros 3, 4 et 5, pourvu qu'ils aient été portés régulièrement à l'ordre du jour.

L'Assemblée vote, en général, à mains levées avec contre-épreuve. Mais le scrutin secret est de rigueur quand il s'agit d'élection ou quand un quart de l'Assemblée le demande.

Du Comptable

ART. 12. — Le comptable est nommé et révoqué par le Conseil d'administration. Il peut être choisi dans le sein de ce conseil, s'il n'est pas rétribué. S'il reçoit une rétribution, il ne peut faire partie d'aucun Conseil, mais il peut seulement assister aux séances de l'un ou l'autre Conseil, sur convocation du directeur ou du président, avec voix consultative.

Le comptable est le chargé d'affaires de la Société, et, comme tel, il a le devoir :

1° D'exécuter les décisions du Conseil d'administration en ce qui concerne la gestion de la Caisse, d'effectuer les recettes et dépenses conformément à ces décisions, de tenir les livres, de garder en dépôt les titres, les actes et le numéraire en caisse. Mais sa signature n'oblige pas la Société.

2° De tenir la comptabilité, le registre des entrées et des sorties des sociétaires, et d'établir les comptes mensuels, les inventaires trimestriels et le bilan annuel.

Le comptable est tenu à fournir une ou plusieurs cautions ou à déposer un cautionnement, s'il n'en est dispensé par le Conseil de surveillance, après avis conforme du Conseil d'administration. La fixation du cautionnement ou l'acceptation des cautions, si le comptable n'en est dispensé, appartiennent au Conseil de surveillance.

Dans le cas où le comptable n'est pas rétribué, il peut lui être adjoint un secrétaire rétribué ou non, chargé du travail matériel des écritures. Ce secrétaire ne peut, en aucun cas, avoir la garde des effets ou valeurs, ni le maniement de l'argent. Il opère sous le contrôle et la responsabilité du comptable.

Dispositions générales

Art. 13. — Les membres des Conseils exercent leurs fonctions gratuitement et ne peuvent réclamer que le remboursement des dépenses faites pour le compte de la société.

Le comptable ou son secrétaire peuvent seuls recevoir, s'il y a lieu, une rétribution en rapport avec leurs services. Cette rétribution est fixée par l'Assemblée générale. Elle doit être exprimée comme somme fixe et non comme tantième.

Art. 14. — Les associés ne possèdent pas d'actions, ne font aucun versement et ne reçoivent pas de dividendes. Le capital social se compose exclusivement de la réserve qui est constituée par l'accumulation de tous les bénéfices réalisés par la Caisse sur ses opérations. Quand la réserve atteint le quart du capital suffisant aux opérations de la Caisse, le taux des prêts est abaissé par le Conseil d'administration de manière que la Caisse ne réalise que les bénéfices nécessaires pour couvrir ses frais généraux.

Art. 15 — La Société emprunte, soit à ses membres, soit à des étrangers, les capitaux strictement nécessaires à la réalisation des emprunts contractés par ses membres,

Art. 16. — Elle prête des capitaux à ses seuls membres, à l'exclusion de tous les autres, mais seulement en vue d'un usage déterminé et jugé utile par le Conseil d'administration qui est tenu d'en surveiller l'emploi. Tout emprunteur qui affecterait les fonds empruntés à un usage autre que celui en vue duquel ce prêt a été consenti est déchu du bénéfice du terme, obligé à rembourser immédiatement la somme à la Caisse, et exclu de la Société.

La Société se fait souscrire, en échange du prêt, soit une obligation civile, soit une obligation hypothécaire.

Art. 17. — Le Conseil d'administration ne peut consentir des prêts supérieurs à la somme fixée par l'Assemblée générale.

Si, dans certains cas exceptionnels, un membre de la Société voulait emprunter une somme supérieure, le Conseil de surveillance devrait statuer en dernier ressort, après avis favorable du Conseil d'administration. Si l'Assemblée générale a fixé une limite au Conseil de surveillance, conformément à l'article 11, n° 3, le Conseil de surveillance ne pourra dépasser cette limite.

Art. 18. — Les prêts peuvent être consentis pour une durée maxima de cinq ans. Dans le cas où le terme excéderait une année, le prêt doit être remboursé par paiements fractionnés au moins annuels; l'obligation doit indiquer les diverses échéances qui correspondront aux époques où l'emprunteur réalise normalement ses principales recettes par la vente de ses récoltes ou de ses autres produits.

Art. 19. — Quelle que soit la solvabilité de l'emprunteur, aucun prêt ne peut être consenti sans bonnes garanties: caution, gage ou hypothèque.

Art. 20. — Les présents statuts ne pourront être modifiés que sur la proposition du Conseil d'administration, et par une Assemblée générale extraordinaire. La modification des statuts ne pourra être votée qu'à la majorité des deux tiers des membres présents.

Dans tous les cas, il ne pourra être dérogé aux dispositions des articles 13 et 14, qui interdisent la rémunération des membres du Conseil d'administration et du Conseil de surveillance et la distribution des dividendes.

Art. 21. — La Société est fondée pour un temps illimité. En cas de dissolution, sa réserve est employée à rembourser aux associés les intérêts payés par chacun d'eux en commençant par les plus récents, et en remontant jusqu'à épuisement complet de la réserve.

La dissolution ne peut être prononcée que par l'Assemblée générale extraordinaire, réunie et statuant dans les conditions établies par l'article précédent.

Si sept membres déclarent s'opposer à la dissolution de la Société et vouloir continuer ses opérations, la dissolution ne pourra être prononcée, la réserve et la comptabilité seront remises à ces associés, les autres ayant seulement le droit de se retirer, conformément à l'article 3 des présents statuts.

Les membres qui veulent s'opposer à la dissolution de la Société devront en faire la déclaration à l'Assemblée générale qui prononcera cette dissolution, ou notifier leur résolution, par acte d'huissier, au directeur de la Société, dans les deux mois qui suivront la résolution de dissolution. Passé ce délai, ils seront déchus de leur droit d'opposition, et la réserve pourra être employée au remboursement des derniers intérêts payés, comme il est dit ci-dessus.

Fait et signé en autant d'exemplaires que de parties

à .... *le* ....

Statuts de Caisse rurale syndicale

D'après la loi de 1894

STATUTS DE LA CAISSE RURALE

De la commune de

SOCIÉTÉ A CAPITAL VARIABLE

ARTICLE PREMIER. — Entre les soussignés, membres du Syndicat de..... et toutes les personnes qui adhéreront aux présents statuts, il est fondé une Société en nom collectif à capital variable, régie par la loi du 5 novembre 1894, sous le nom de *Caisse rurale de*..............................

Elle a son siège dans la commune de..............................

Cette Société a pour but de procurer à ses membres le crédit qui leur est nécessaire pour leurs exploitations.

ART. 2. — Peuvent seules faire partie de la Société les personnes majeures, jouissant de leurs droits civils, membres du Syndicat de............. habitant la commune de........... ou y étant inscrites au rôle de l'impôt foncier.

Les nouveaux membres doivent être agréés par le Conseil d'administration de la Société, et accepter toutes les obligations que les présents statuts imposent aux associés. Tout candidat refusé par le Conseil d'administration peut en appeler à l'Assemblée générale qui statue en dernier ressort dans sa plus prochaine réunion.

ART. 3. — On perd la qualité d'associé :

1° Par démission volontaire : elle peut être donnée en tout temps ;

2° Par décès : les héritiers du décédé ne peuvent jouir d'aucun des droits ou prérogatives de leur auteur ;

3° Par la cessation des conditions exigées par l'article 2, § 1er, des présents statuts;

4° Par exclusion : elle peut être prononcée par le Conseil d'administration :

a) Si l'associé est condamné à une peine correctionnelle ou criminelle ;

b) S'il est déclaré en faillite ou s'il se trouve en état de déconfiture notoire ;

c) S'il ne remplit pas ses obligations vis-à-vis de la Société, s'il n'affecte pas les fonds empruntés à l'emploi qui a été déterminé, s'il oblige la Société à recourir contre lui aux voies judiciaires.

L'associé qui n'accepterait pas la décision du Conseil d'administration pourra en appeler à l'Assemblée générale, qui statuera en dernier ressort. L'exclusion ne pourra être prononcée qu'à la majorité des deux tiers des membres présents.

L'acquisition ou la perte de la qualité d'associé est constatée, vis-à-vis de l'associé, de la Société et des tiers, par une inscription sur le registre des entrées et des sorties des associés, signé par l'associé, le directeur et un membre du Conseil d'Administration, en cas d'entrée ou de démission, et par ces derniers seulement, en cas d'exclusion.

Art. 4. — L'associé a le droit :

1° De prendre part aux Assemblées générales avec voix délibérative ;

2° De faire avec la Société toutes les opérations prévues par les statuts, autant que l'état de la caisse et la solvabilité de l'associé le permettent.

Art. 5. — L'associé est, vis-à-vis des tiers, tenu sur tous ses biens des obligations de la Société. Entre les associés, les dettes de la Société se divisent par parts viriles. Mais chaque associé n'est tenu que des dettes antérieures à sa démission ou son exclusion.

Art. 6. — Les associés ne peuvent engager la Société, qui est représentée exclusivement par son administration, d'après les règles ci-après déterminées.

Art. 7. — Les organes de la Société se composent :

1° Du Conseil d'administration ; 2° du directeur ; 3° du Conseil de surveillance ; 4° de l'Assemblée générale ; 5° du comptable.

Du Conseil d'administration.

Art. 8. — Le Conseil d'administration se compose de . . . membres élus par l'Assemblée générale pour. . . ans ; il est renouvelable par. . .

Les premières fois, le sort désigne le membre qui doit être soumis à la réélection. Les membres du Conseil d'administration sont indéfiniment rééligibles.

En cas de décès, démission ou empêchement durable d'un membre du Conseil d'administration, le Conseil nomme un membre provisoire, qui restera en fonctions jusqu'à la plus prochaine Assemblée générale. Cette nomination doit être approuvée par le Conseil de surveillance.

Le Conseil d'administration choisit dans son sein le directeur qui préside ses délibérations, et le vice-directeur qui supplée le directeur en cas d'absence ou d'empêchement.

Le Conseil d'administration nomme et révoque le comptable, qui peut être pris dans son sein, s'il n'est pas rétribué.

Le Conseil d'administration se réunit au moins une fois par mois, et plus souvent si c'est nécessaire. Pour la validité de ses délibérations, il faut la présence de deux membres. En cas de partage, la voix du directeur est prépondérante.

Le Conseil d'administration a pour mission :

1° De recevoir les demandes d'emprunts et d'accorder les prêts selon les règles établies par l'Assemblée générale, après examen du but de l'emprunt et fixation des termes de remboursement; de donner son avis sur les demandes d'emprunt et les délais de remboursement dépassant le maximum fixé par l'Assemblée générale et prévu par l'article 11, n° 3; de rédiger les titres de créances et toutes pièces qui se rapportent aux affaires de la Société; de surveiller l'emploi que l'emprunteur fait des sommes à lui prêtées;

2° De décider sur l'admission ou l'exclusion des membres;

3° De décider tous paiements ou recettes; de veiller à la rentrée des fonds empruntés;

4° De surveiller, de concert avec le directeur, la gestion du comptable, de vérifier la caisse tous les mois, et de faire faire inventaire tous les trois mois;

5° D'établir chaque année les comptes et le bilan;

6° D'autoriser le directeur à intenter une action en justice ou à y défendre, de l'autoriser à transiger ou à compromettre sur toutes les affaires, mais, dans ce cas, avec l'approbation du Conseil de surveillance.

7° De modifier l'article 17 des statuts, déterminant le taux des opérations faites par la Caisse rurale.

Du Directeur.

Art. 9. — Le directeur représente la Société vis-à-vis de tous. Néanmoins, sa signature n'oblige la Société qu'autant qu'elle est contresignée par un autre membre du Conseil d'administration. Le directeur peut être suppléé par le vice-directeur.

Le directeur gère les affaires de la Société, et est chargé notamment :

1° De représenter la Société en justice ou dans tous e actes extra-judiciaires.

2° De signer la correspondance de la Société;

3° De surveiller les opérations du comptable; de faire exécuter les décisions du Conseil d'administration relativement aux opérations de la Caisse; de vérifier la caisse tous les mois, et de faire dresser l'inventaire trimestriel;

4° De surveiller la tenue régulière du registre des entrées et sorties des sociétaires;

5° De présider les séances du Conseil d'administration ou de l'Assemblée générale, sauf dans le cas prévu à l'article 12.

Du Conseil de surveillance

Art. 10. — Le Conseil de surveillance se compose de cinq membres élu pour deux ans par l'Assemblée générale. Chaque année, trois ou deux membres sont alternativement soumis à réélection. La première année, le sort désigne les deux membres sortants. Ils sont indéfiniment éligibles.

Le Conseil de surveillance nomme chaque année, dans son sein, un président, un vice-président et un secrétaire.

Pour délibérer valablement, il faut au moins la présence de trois membres. Dans le cas où la présence de trois membres n'aurait pas été obtenue dans deux réunions successives, les membres absents sans excuse légitim seront considérés comme démissionnaires, et une Assemblée générale sera convoquée pour compléter le Conseil de surveillance.

Le Conseil de surveillance a pour mission :

1° De vérifier les écritures, la comptabilité et les opérations de la Caisse, et d'en faire un rapport écrit à l'Assemblée générale annuelle;

2° De statuer en dernier ressort sur la concession des prêts alloués au-dessus de la somme ou pour les échéances supérieures à celles fixées par l'Assemblée générale conformément à l'article 11, n° 3;

3° De statuer sur les demandes d'emprunts faites par les membres du Conseil d'administration et sur l'admission de ces mêmes membres comme caution;

4° D'approuver la décision du Conseil d'administration autorisant le directeur à transiger ou à compromettre;

5° De procéder tous les trois mois à l'examen de la Caisse et de l'inventaire trimestriel, à la vérification de la solvabilité des emprunteurs et de leur caution, de la réalité du gage garantissant les emprunts etc. Le Conseil de sur veillance vérifiera notamment si l'argent prêté par la Caisse a été employé à l'usage indiqué par l'emprunteur. Dans le cas où cet argent aurait été détourné de sa destination première, ou si la solvabilité de l'emprunteur ou de la caution paraît avoir diminué, le Conseil de surveillance pourra ordonner le remboursement du prêt, immédiatement dans le premier cas, et dans le délai d'un mois dans le second, malgré toutes stipulations contraires de l'acte de prêt.

Le Conseil de surveillance se réunit au moins tous les trois mois, après la confection de l'inventaire, et plus souvent si c'est nécessaire. Il est convoqué par son président, chaque fois que le président, le directeur, ou trois membres du Conseil de surveillance le jugent nécessaire.

De l'Assemblée générale.

ART 11. — L'Assemblée générale se compose de tous les sociétaires ; ils n'ont qu'une voix. Elle se réunit en session ordinaire tous les ans, après la confection de l'inventaire annuel. Des sessions extraordinaires ont lieu toutes les fois que le Conseil d'administration, le Conseil de surveillance ou un quart des associés le demandent. Les motifs de la convocation doivent, dans ces deux derniers cas, être présentés par écrit au directeur.

L'Assemblée générale est convoquée par le directeur. S'il se refusait à faire une convocation réclamée par le Conseil de surveillance, le président de ce Conseil pourrait procéder à cette convocation. Si le directeur et le président du Conseil de surveillance refusaient de convoquer l'Assemblée générale réclamée par un quart des sociétaires, ceux-ci pourraient donner mandat écrit à l'un d'entre eux pour procéder à cette convocation.

La convocation de l'Assemblée générale est faite au moins huit jours à l'avance par...

Pour les Assemblées générales extraordinaires, l'avis mentionnera les objets portés à l'ordre du jour.

L'Assemblée générale est présidée par le directeur, sauf dans le cas où l'on doit délibérer sur l'approbation des comptes et la gestion du Conseil d'administration, et sauf aussi le cas où le directeur aurait refusé de convoquer l'Assemblée générale. Celle-ci élit alors son président.

L'assemblée générale ordinaire ou extraordinaire ne délibère valablement qu'en présence d'un quart des sociétaires. Si le *quorum* n'est pas atteint, on convoque une nouvelle assemblée générale dans le délai de huit jours ; elle délibère valablement, quel que soit le nombre des membres présents.

Les membres personnellement intéressés dans une discussion ne prennent pas part au vote.

Les décisions sont prises à la majorité des membres présents, sauf ce qui est dit aux articles 3, 11, §§ 5, 20 et 21. En cas de partage, la voix du président est prépondérante.

Dans la réunion ordinaire annuelle qui a lieu dans le courant du mois de janvier, après la confection de l'inventaire annuel et du bilan, l'Assemblée générale procède aux opérations suivantes :

1° Elle élit les membres du Conseil d'administration et du Conseil de surveillance en remplacement des membres sortants, démissionnaires ou décédés. Les membres qui remplacent les démissionnaires ou les décédés ne sont nommés que pour le temps qui restait à courir pour leur prédécesseur.

Au premier tour de scrutin, la majorité absolue est nécessaire. Au second tour de scrutin, la majorité relative suffit. En cas de partage, le sort décide.

Les élections en remplacement de membres démissionnaires ou décédés peuvent se faire dans n'importe quelle session ;

2° L'Assemblée générale ordinaire reçoit les comptes et bilans du Conseil de surveillance, et, s'il y a lieu, approuve la gestion du directeur ou du comptable et leur donne décharge.

Les comptes et bilans et le rapport du Conseil de surveillance devront être à la disposition des sociétaires, au siège social, au moins huit jours avant l'Assemblée générale ;

3° L'Assemblée générale détermine le maximum des prêts que le Conseil d'administration pourra accorder à l'un quelconque des sociétaires. Elle détermine, s'il y a lieu, un autre maximum que ne pourra dépasser le Conseil d'administration, même autorisé par le Conseil de surveillance, conformément aux articles 8 et 10. A défaut de décision spéciale à ce sujet, le Conseil de surveillance pourra autoriser des prêts sans autres limites que celles fixées pour le total des engagements de la Caisse ;

4° L'Assemblée générale fixe, s'il y a lieu, la rétribution à allouer au comptable ;

5° Elle décide en dernier ressort de l'admission ou de l'exclusion de certains membres, dans le cas où ceux-ci auraient fait appel des décisions du Conseil d'administration. L'exclusion ne peut être prononcée qu'à la majorité des deux tiers des membres présents, conformément à l'article 3 des présents statuts.

Les Assemblées générales extraordinaires peuvent délibérer aussi sur les objets visés aux numéros 3, 4 et 5, pourvu qu'ils aient été portés régulièrement à l'ordre du jour.

L'Assemblée vote, en général, à mains levées avec contre-épreuve. Mais le scrutin secret est de rigueur quand il s'agit d'élection, ou quand un quart de l'Assemblée le demande.

II. Comptable

Art. 12. — Le comptable est nommé et révoqué par le Conseil d'administration. Il peut être choisi dans le sein de ce Conseil, s'il n'est pas rétribué. S'il reçoit une rétribution, il ne peut faire partie d'aucun Conseil, mais il peut seulement assister aux séances de l'un ou de l'autre Conseil, sur convocation du directeur ou du président, avec voix consultative.

Le comptable est le chargé d'affaires de la Société, et, comme tel, il a le devoir :

1° D'exécuter les décisions du Conseil d'administration en ce qui concerne la gestion de la Caisse ; d'effectuer les recettes et dépenses conformément à ces décisions ; de tenir les livres ; de garder en dépôts les titres, les actes et le numéraire en caisse. Mais sa signature n'oblige pas la Société.

2° De tenir la comptabilité, le registre des entrées et des sorties des sociétaires, et d'établir les comptes mensuels, les inventaires trimestriels et le bilan annuel.

Le comptable est tenu à fournir une ou plusieurs cautions ou à déposer un cautionnement, s'il n'en est dispensé par le Conseil de surveillance après avis conforme du Conseil d'administration. La fixation du cautionnement ou l'acceptation des cautions, si le comptable n'en est dispensé, appartiennent au Conseil de surveillance.

Dans le cas où le comptable n'est pas rétribué, il ne peut lui être adjoint un secrétaire, rétribué ou non, chargé du travail matériel des écritures. Ce secrétaire ne peut, en aucun cas, avoir la garde des effets ou valeurs ni le maniement de l'argent. Il opère sous le contrôle et la responsabilité du comptable.

Dispositions générales

Art. 13. — Les membres des Conseils exercent leurs fonctions gratuitement et ne peuvent réclamer que le remboursement des dépenses faites pour le compte de la Société.

Le comptable ou son secrétaire peuvent seuls recevoir, s'il y a lieu, une rétribution en rapport avec leurs services. Cette rétribution est fixée par l'Assemblée générale. Elle doit être exprimée comme somme fixe et non comme tantième.

Art. 14. — Les associés ne possèdent pas d'actions, ne font aucun versement, et ne reçoivent pas de dividendes. Le capital social se compose exclusivement de la réserve qui est constituée par l'accumulation de tous les bénéfices réalisés par la Caisse sur ses opérations.

Art. 15. — La Société emprunte soit à ses membres soit à des étrangers les capitaux nécessaires à son fonctionnement. Le maximum des dépôts à recevoir en comptes courants ne pourra dépasser la somme de......

Art. 16. — Elle prête des capitaux à ses seuls membres, à l'exclusion de tous les autres, mais seulement en vue d'un usage déterminé, concernant l'industrie agricole, et jugé utile par le Conseil d'administration qui est tenu d'en surveiller l'emploi. Tout emprunteur qui affecterait les fonds empruntés à un usage autre que celui en vue duquel le prêt a été consenti est déchu du bénéfice du terme, obligé à rembourser immédiatement la somme à la Caisse, et exclu de la Société.

La Société se fait souscrire, en échange du prêt, soit une obligation civile, soit une obligation hypothécaire, soit un billet à ordre.

Le Conseil d'administration ne peut consentir des prêts supérieurs à la somme fixée par l'Assemblée générale.

Si, dans certains cas exceptionnels, un membre de la Société voulait emprunter une somme supérieure, le Conseil de surveillance devrait statuer en dernier ressort, après avis favorable du Conseil d'administration. Si l'Assemblée générale a fixé une limite au Conseil de surveillance, conformément à l'article 11, n° 3, le Conseil de surveillance ne pourra dépasser cette limite.

Art. 17. — La Société sert à ses prêteurs un intérêt de .... o/o par an.

Elle fait payer par les emprunteurs un intérêt de ..... o/o par an pour les prêts civils, et elle prélève un escompte de ..... o/o par an sur les billets à ordre.

Art. 18. — Les prêts peuvent être consentis pour une durée maxima de cinq ans. Dans le cas où le terme excéderait une année, le prêt doit être remboursé par payements fractionnés au moins annuels : l'obligation doit indiquer les diverses échéances qui correspondront aux époques où l'emprunteur réalise normalement ses principales recettes par la vente de ses récoltes ou de ses autres produits.

Art. 19. — Quelle que soit la solvabilité de l'emprunteur, aucun prêt ne peut être consenti sans bonnes garanties : caution, gage ou hypothèque.

Art. 20. — Des modifications pourront être apportées aux présents statuts d'après les règles suivantes :

L'article 17, fixant le taux des diverses opérations de la Société, peut être modifié par une délibération du Conseil d'administration, publiée conformément à l'article 5 de la loi du 5 novembre 1894.

Le dernier paragraphe de l'article 15 fixant le maximum des dépôts à recevoir en comptes courants peut être modifié par une décision de l'Assemblée générale ordinaire en la forme à la majorité requise pour ses délibérations ordinaires.

Cette modification des statuts doit être également publiée dans les formes légales.

Toutes les autres dispositions des statuts ne peuvents être modifiées que sur la proposition du Conseil d'administration par une Assemblée générale extraordinaire statuant à la majorité des deux tiers des membres présents.

Art. 21. — La Société est fondée pour un temps illimité. En cas de dissolution, sa réserve est affectée à une œuvre d'intérêt agricole qui sera désignée par l'Assemblée qui aura voté la dissolution.

La dissolution ne peut être prononcée que par l'Assemblée générale extraordinaire, réunie et statuant dans les conditions établies par le dernier paragraphe de l'article 20.

Si sept membres déclarent s'opposer à la dissolution de la Société et vouloir continuer ses opérations, la dissolution ne pourra être prononcée, la réserve et la comptabilité seront remises à ces associés, les autres ayant seulement le droit de se retirer, conformément à l'article 3 des présents statuts.

Les membres qui veulent s'opposer à la dissolution de la Société devront en faire la déclaration à l'Assemblée générale qui prononcera cette dissolution, ou notifier leur résolution, par acte d'huissier au directeur de la Société, dans les deux mois qui suivront la résolution de dissolution. Passé ce délai, ils seront déchus de leur droit d'opposition, et la réserve recevra l'affectation déterminée par l'Assemblée générale.

L'Assemblée générale qui prononce la dissolution de la Société nomme un ou plusieurs liquidateurs qui auront les pouvoirs les plus étendus, et qui pourront exercer tous les droits qui appartiennent, pendant le fonctionnement de la Société, au Conseil d'administration ou au Conseil de surveillance.

L'Assemblée générale de la Société dissoute conserve ses pouvoirs jusqu'à la fin de la liquidation, et approbation des comptes des liquidateurs.

Complément bibliographique

Dans ce complément nous insérons les titres d'ouvrages connus de nous comme traitant, au moins dans une notable partie de leurs développements, du système ou des caisses de Raiffeisen. Seuls se trouvent à cette place ce que nous n'avons pas cités dans le cours de notre travail soit que, les ayant lus, nous n'en n'avons rien tiré pour cette thèse, soit que nous ne les ayons pas entre les mains (1).

OUVRAGES DE LANGUE FRANÇAISE

Les caisses rurales, par un Ami des paysans et des ouvriers. B. Boise, Pau, 1894.

Le manuel du propagateur des caisses rurales, par un directeur de caisse rurale, 1895.

Du crédit agricole personnel et mobilier, thèse de M. Roger d'Anglade, devant la Faculté de droit de Bordeaux, 1896.

Supplément au manuel des caisses rurales à l'usage des caisses syndicales, par M. de Laage de Meux, 1898.

Les associations de crédit rural en Hongrie, par le comte Mailath, chez Lahure, Paris, 1900.

XIe Congrès organisé par le Centre fédératif du crédit de France ; actes du Congrès. Imprimerie coopérative, Menton, 1900.

VIe Congrès international d'agriculture, Paris, 1-8 juillet 1900 ; compte rendu des travaux du Congrès, chez Masson, Paris, 1900.

Du crédit agricole ; fédération des caisses rurales, par J. Terrel,

1. Naturellement, nous n'indiquons pas dans cette liste les collections de rapports ordinairement publiés chaque année par les unions raiffeisénistes ou agricoles, et par les instituts officiels de statistique que nous avons mentionnés au cours de notre travail.

président de la Société d'écocomie populaire de Lyon, Lyon, 1905.

Les jardins ouvriers de Saint-Etienne, par J.-B. Piolet, chez Victor Lecoffre, Paris.

Une caisse ouvrière de prêts pour habitations ouvrières, par l'abbé Thellier de Joncheville, chez Victor Lecoffre, Paris.

Monographie d'une caisse ouvrière à Reims, par l'abbé G. de Becquincourt, chez Victor Lecoffre, Paris.

Les caisses rurales d'épargne et de crédit d'après le système Raiffeisen, par l'abbé J.-F. Mellaerts, chez Istas, Louvain, 1894.

Manuel des sociétés coopératives de crédit agricole, par Mahillon, directeur général, de la Caisse d'épargne de Belgique, 1895.

Les prêts des caisses Raiffeisen et leurs garanties, par M. Damoisseaux, chez Oscar Schepens, Bruxelles, 1903.

Les caisses Raiffeisen et les prêts de nature immobilière, par G. Malherbe, chez Oscar Schepens, Bruxelles, 1903.

Les caisses Raiffeisen et les prêts collectifs, par G. Malherbe, — chez Oscar Schepens, Bruxelles, 1903.

La comptabilité des caisses Raiffeisen, par G. Malherbe, chez Oscar Schepens, Bruxelles, 1904.

Les relations des caisses Raiffeisen avec la Caisse générale d'épargne, par G. Malherbe, chez Oscar Schepens, Bruxelles, 1905.

Les caisses Raiffeisen du Hainaut, par G. Malherbe, chez Oscar Schepens, Bruxelles, 1905.

OUVRAGES DE LANGUE ALLEMANDE

Die Raiffeisenschen Darlchenskassen, par Schulze-Delitzsch, — Leipzig, 1875.

Die Raiffeisenschen Darlchenskassen in der Rheimprovinz, par Krauss. Bonn, 1875.

Der Kredit der Landwirte, par Marchet. Berlin, 1878.

Die lændlichen Spar-und Darlchenskassevereine nach Raiffeisen, par Fassbender et Kirchem, 2e édition, Münster, 1890.

Handbuch für Darlchenkassen, par Loyer. Stuttgard, 1890.

Die Organisation der Spar-und Darlchenskassenvereine in Mittel und Westdeutschland, par Rieger. Breslau, 1895.

Die Raiffeisenvereine, par Standinger. 2e édition, Passau, 1895.

Die lændlichen Genossenschaften in Kampfe mit der wirtschaltlichen Not, vom Pfarrer A. Meyenschein (conférence à Meningen, 31 mai 1898). Imprimerie Raiffeisen, Neuwied.

Die geschichtliche Entwickelung des landwitschaftlichen Genossenschaftswesens in Deutschland von 1848-49 bis zur Gegenwart, par F. Müller. Leipzig, 1901.

F.-W. Raiffeisen in seinem Leben, Deuken und Wirken im Zusammenhange mit der Gesamtentwickelung des neuzeitlichen Genossenschaftswesens in Deutschland, par le prof. Martin Fassbender. Berlin, 1902.

Die wirtschaftliche und soziale Bedeutung der lændlichen Genossenschaften, par A. Hesse. Imprimerie Raiffeisen. Neuwied.

Sind lændlichen Spar-und Darlchenskassen-Vereine nach Raiffeisenschem system besser als andere Genossenschaften und Kassen, par le baron Daël von Kœth-Wanscheid. Imprimerie Raiffeisen, Neuwied.

Die Darlehenkassen-Vereine in ihrer wirtschaftlichen sozialen und sittlichen Bedentung, par Mgr Schick. Imprimerie Raiffeisen, Neuwied, 1903.

Raiffeisen, em lændlicher Sorgenbrecher und christlich sozialer Segenstifter, vom Pfarrer Oels, 9e édition, Neuwied, 1904.

Die Raiffeisenschen Spar-und Darlehenkassen-Vereine segensreiche Werkstætten christlicher Nœchstensliche, par G. Eucken-Addenhausen. 3e édition, Neuwied, 1905.

Die soziale Bedeutung der deutchen lændlichen Genossenschaften, par M. Grabein. Tubingue, 1905.

Raiffeisen im Kampf anno 05, vom Pfarrer A. Meyenschein, Neuwied, 1906.

Tugenden eines Raffeisen-Manne, vom Pfarrer Kempf. Neuwied, 1906.

Bericht über den ersten internationalen landwirtschaftlichen Bundestag, Wien., 1907. Darmstadt, 1907.

OUVRAGES DE LANGUE ITALIENNE

Studio sulle casse rurali cattoliche, par Mgr L. Cerrutti, chez Mander (?), Trévise, 1894.

Manuale pratico per le casse rurali, par Mgr L. Cerutti, chez L. Buffetti, Trévise, 1894.

La cassa operaia, par Mgr L. Cerutti, chez L. Buffetti, Trévise.

La contabilita della cassa rurale, par A. Rovigati, chez L. Buffetti, Trévise.

Contabilita della cassa operaia, par E. Busanel, chez L. Buffeti, Trévise.

OUVRAGES DE LANGUE ESPAGNOLE

Las cajas rurales de prestamos sistema Raiffeisen, par J. Diaz de Rabago, 1894.

Algunas consideraciones sobre el credito agricola y su organisa, cion en la Republica, par D. G. Acevedo. Montévidéo, 1895.

Las cajas rurales ; el credito agricola, la cooperacion, el ahorro, el problema agrario, par Rivas-Moreno. Valence, 1904.

OUVRAGE DE LANGUE PORTUGAISE

El credito agricola,, par da Costa Goodolphim.

TABLE DES MATIÈRES

Pages

Imp. de la Librairie A. Leclerc, 19, rue Monsieur-le-Prince, Paris.

www.ingramcontent.com/pod-product-compliance
Ingram Content Group UK Ltd.
Pitfield, Milton Keynes, MK11 3LW, UK
UKHW020557230726
13926UKWH00005B/2077